Mario Vargas Llosa

El lenguaje de la pasión

Mario Vargas Llosa

El lenguaje de la pasión

 AGUILAR

D.R. © 2000, Mario Vargas Llosa

D.R. © 2000, Grupo Santillana de Ediciones, S.A.
Ediciones El País, S.A.
Torrelaguna, 60. 28043 Madrid

 AGUILAR

De esta edición:
  D.R. Aguilar, Altea, Taurus, Alfaguara, S.A. de C.V., 2001
  Av. Universidad 767, Col. del Valle
  México, 03100, D.F. Teléfono 688 8966

- Distribuidora y Editora Aguilar, Altea,Taurus, Alfaguara, S.A.
  Calle 80 No. 10-23. Santafé de Bogotá, Colombia
  Tel: 6 35 12 00
- Santillana S.A.
  Torrelaguna, 60-28043. Madrid
- Santillana S.A., Avda. San Felipe 731. Lima.
- Editorial Santillana S.A.
  Av. Rómulo Gallegos, Edif. Zulia 1er. piso
  Boleita Nte. Caracas 1071. Venezuela.
- Editorial Santillana Inc.
  P.O. Box 5462 Hato Rey, Puerto Rico, 00919.
- Santillana Publishing Company Inc.
  2043 N. W. 86 th Avenue Miami, Fl., 33172 USA.
- Ediciones Santillana S.A. (ROU)
  Javier de Viana 2350, Montevideo 11200, Uruguay.
- Aguilar, Altea, Taurus, Alfaguara, S.A.
  Beazley 3860, 1437. Buenos Aires.
- Aguilar Chilena de Ediciones Ltda.
  Dr. Aníbal Ariztía 1444.
  Providencia, Santiago de Chile. Tel. 600 731 10 03
- Santillana de Costa Rica, S.A.
  Apdo. Postal 878-150, San José 1671-2050, Costa Rica.

Primera edición en México: abril de 2001

ISBN: 968-19-0817-1

Proyecto gráfico de la colección:
  © Óscar Mariné. OMB 1999

Impreso en México

Los textos que componen este libro son una selección de los que aparecieron en mi columna "Piedra de Toque", en el diario *El País*, de Madrid, y en una cadena de publicaciones afiliadas, entre 1992 y 2000. A diferencia de los de una recopilación anterior (*Desafíos a la libertad*, 1994), reunidos por su vecindad temática, los de este abarcan un abanico de temas, y en ellos la política alterna con la cultura, los problemas sociales, las notas de viaje, la literatura, la pintura, la música y sucesos de actualidad.

Uso para título del libro el que lleva mi pequeño homenaje a Octavio Paz, no porque estos textos hayan sido escritos con una vocación apasionada y beligerante. La verdad es que siempre trato de escribir de la manera más desapasionada posible, pues sé que la cabeza caliente, las ideas claras y una buena prosa son incompatibles, aunque sé también que no siempre lo consigo. En todo caso, la pasión no les es ajena, a juzgar por las reacciones que han merecido en distintas partes del mundo, de un variado elenco de objetores, entre los que el arzobispo de Buenos Aires se codea con una socióloga mundana de Londres, un burócrata de Washington con un ideólogo catalán, y escribidores supuestamente progres con carcas a más no poder. No celebro ni lamento estas críticas a mis artículos; las consigno como una prueba de la independencia y libertad con que los escribo.

7

He añadido como prólogo la nota con que agradecí el Premio de Periodismo José Ortega y Gasset conferido a uno de estos textos, "Nuevas inquisiciones", en España, en 1998.

Quiero dejar constancia de mi reconocimiento, por la ayuda que me prestaron al preparar el material de este libro, a mis colaboradoras y amigas Rosario de Bedoya y Lucía Muñoz-Nájar Pinillos.

Londres, agosto de 2000

8

Piedra de Toque

Desde niño me fascinó la idea de esa "piedra de toque" que, según el diccionario, sirve para medir el valor de los metales, una piedra que nunca vi, que todavía no sé si es real o fantástica.

Pero el nombre se me impuso de inmediato a la hora de bautizar mi columna periodística. Una columna en la que, un domingo sí y otro no, me esfuerzo por comentar algún suceso de actualidad que me exalte, irrite o preocupe, sometiéndolo a la criba de la razón y cotejándolo con mis convicciones, dudas y confusiones. Una columna que me obliga a tratar de ver claro en la tumultuosa actualidad y que me gustaría ayudara a mis presuntos lectores a tomar posición sobre lo que ocurre a su alrededor.

La escribo con dificultad pero con inmenso placer, tratando de no olvidar la sentencia de Raimundo Lida: "Los adjetivos se han hecho para no usarlos" (mandato que va contra mis impulsos naturales). Ella me sirve para sentirme inmerso en la vida de la calle y de mi tiempo, en la historia haciéndose que es el reino del periodismo. Descubrí este reino cuando tenía catorce años, en el diario *La Crónica*, de Lima, y desde entonces lo he frecuentado sin interrupción, como redactor, reportero, cabecero, editorialista y columnista. El periodismo ha sido la sombra de mi vocación literaria; la ha seguido, alimentado e impedido alejarse de la realidad viva y actual, en un viaje puramente imaginario.

Por eso, "Piedra de Toque" refleja lo que soy, lo que no soy, lo que creo, temo y detesto, mis ilusiones y mis desánimos, tanto como mis libros, aunque de manera más explícita y racional.

Sartre escribió que las palabras eran armas y que debían usarse para defender las mejores opciones (algo que no siempre hizo él mismo). En el mundo de la lengua española nadie practicó mejor esta tesis que José Ortega y Gasset, un pensador de alto rango capaz de hacer periodismo de opinión sin banalizar las ideas ni sacrificar el estilo. Ganar un premio que lleva su nombre es un honor, una satisfacción, y, sobre todo, un desafío.

París, 4 de mayo de 1999

La señorita de Somerset

La historia es tan delicada y discreta como debió serlo ella misma y tan irreal como los romances que escribió y devoró hasta el fin de sus días. Que haya ocurrido y forme ahora parte de la realidad es una conmovedora prueba de los poderes de la ficción, engañosa mentira que, por los caminos más inesperados, se vuelve un día verdad.

El principio es sorprendente y con una buena dosis de suspenso. La Sociedad de Autores de Gran Bretaña es informada, por un albacea, que una dama recién fallecida le ha legado sus bienes —400.000 libras esterlinas, unos 700.000 dólares— a fin de que establezca un premio literario anual para novelistas menores de 35 años. La obra premiada deberá ser "una historia romántica o una novela de carácter más tradicional que experimental". La noticia llegó en el acto a la primera página de los periódicos porque el premio así creado —70.000 dólares anuales— es cuatro o cinco veces mayor que los dos premios literarios británicos más prestigiosos: el Booker-McConwell y el Whitebread.

¿Quién era la generosa donante? Una novelista, por supuesto. Pero los avergonzados directivos de la Sociedad de Autores tuvieron que confesar a los periodistas que ninguno había oído hablar jamás de Miss Margaret Elizabeth Trask. Y, a pesar de sus esfuerzos, no habían podido encontrar en las librerías de Londres uno solo de sus libros.

Sin embargo, Miss Trask publicó más de cincuenta "historias románticas" a partir de los años treinta, con un nombre de pluma que acortaba y aplebeyaba ligeramente el propio: Betty Trask. Algunos de sus títulos sugieren la naturaleza del contenido: *Vierto mi corazón*, *Irresistible*, *Confidencias*, *Susurros de primavera*, *Hierba amarga*. La última apareció en 1957 y ya no quedan ejemplares de ellas ni en las editoriales que las publicaron ni en la agencia literaria que administró los derechos de la señorita Trask. Para poder hojearlas, los periodistas empeñados en averiguar algo de la vida y la obra de la misteriosa filántropa de las letras inglesas tuvieron que sepultarse en esas curiosas bibliotecas de barrio que, todavía hoy, prestan novelitas de amor a domicilio por una módica suscripción anual.

De este modo ha podido reconstruirse la biografía de esta encantadora Corín Tellado inglesa, que, a diferencia de su colega española, se negó a evolucionar con la moral de los tiempos y en 1957 colgó la pluma al advertir que la distancia entre la realidad cotidiana y sus ficciones se anchaba demasiado. Sus libros, que tuvieron muchos lectores a juzgar por la herencia que ha dejado, cayeron inmediatamente en el olvido, lo que parece haber importado un comino a la evanescente Miss Trask, quien sobrevivió a su obra por un cuarto de siglo.

Lo más extraordinario en la vida de Margaret Elizabeth Trask, que dedicó su existencia a leer y escribir sobre el amor, es que no tuvo en sus 88 años una sola experiencia amorosa. Los testimonios son concluyentes: murió soltera y virgen, de cuerpo y corazón. Los que la conocieron hablan de ella como de una figura de otros tiempos, un anacronismo victoriano o eduardiano perdido en el siglo de los *hippies* y los *punkis*.

Su familia era de Frome, en Somerset, industriales que prosperaron con los tejidos de seda y la manufactura de ropa. Miss Margaret tuvo una educación cuidadosa, puritana, estrictamente casera. Fue una jovencita agraciada, tímida, de maneras aristocráticas, que vivió en Bath y en el barrio más encumbrado de Londres: Belgravia. Pero la fortuna familiar se evaporó con la muerte del padre. Esto no perjudicó demasiado las costumbres, siempre frugales, de la señorita Trask. Nunca hizo vida social, salió muy poco, profesó una amable alergia por los varones y jamás admitió un galanteo. El amor de su vida fue su madre, a la que cuidó con devoción desde la muerte del padre. Estos cuidados y escribir "romances", a un ritmo de dos por año, completaron su vida.

Hace 35 años las dos mujeres retornaron a Somerset y, en la localidad familiar, Frome, alquilaron una minúscula casita, en un callejón sin salida. La madre murió a comienzos de los años sesenta. La vida de la espigada solterona fue un enigma para el vecindario. Asomaba rara vez por la calle, mostraba una cortesía distante e irrompible, no recibía ni hacía visitas.

La única persona que ha podido hablar de ella con cierto conocimiento de causa es el administrador de la biblioteca de Frome, a la que Miss Trask estaba abonada. Era una lectora insaciable de historias de amor aunque también le gustaban las biografías de hombres y mujeres fuera de lo común. El empleado de la biblioteca hacía un viaje semanal a su casa, llevando y recogiendo libros.

Con los años, la estilizada señorita Margaret comenzó a tener achaques. Los vecinos lo descubrieron por la aparición en el barrio de una enfermera de la National Health que, desde entonces, vino una vez por semana a hacerle masajes. (En su testamento, Miss Trask ha pagado estos desvelos con la cauta suma de 200 libras). Hace cinco años, su estado empeoró tanto que ya no pudo vivir sola. La llevaron a un asilo de ancianos donde, entre las gentes humildes que la rodeaban, siguió llevando la vida austera, discreta, poco menos que invisible, que siempre llevó.

Los vecinos de Frome no dan crédito a sus ojos cuando leen que la solterona de Oakfield Road tenía todo el dinero que ha dejado a la Sociedad de Autores, y menos que fuera escritora. Lo que les resulta aún más imposible de entender es que, en vez de aprovechar esas 400.000 libras esterlinas para vivir algo mejor, las destinara ¡a premiar novelas románticas! Cuando hablan de Miss Trask a los reporteros de los diarios y la televisión, los vecinos de Frome ponen caras condescendientes y se apenan de lo monótona y triste que debió ser la vida de esta reclusa que jamás invitó a nadie a tomar el té.

Los vecinos de Frome son unos bobos, claro está, como lo son todos a quienes la tranquila rutina que llenó los días de Margaret Elizabeth Trask merezca compasión. En verdad, Miss Margaret tuvo una vida maravillosa y envidiable, llena de exaltación y de aventuras. Hubo en ella amores inconmensurables y desgarradores heroísmos, destinos a los que una turbadora mirada desbocaba como potros salvajes y actos de generosidad, sacrificio, nobleza y valentía como los que aparecen en las vidas de santos o los libros de caballerías.

La señorita Trask no tuvo tiempo de hacer vida social con sus vecinas, ni de chismorrear sobre la carestía de la vida y las malas costumbres de los jóvenes de hoy, porque todos sus minutos estaban concentrados en las pasiones imposibles, de labios ardientes que al rozar los dedos marfileños de las jovencitas hacen que estas se abran al amor como las rosas y de cuchillos que se hunden con sangrienta ternura en el

14

corazón de los amantes infieles. ¿Para qué hubiera salido a pasear por las callecitas pedregosas de Frome, Miss Trask? ¿Acaso hubiera podido ese pueblecito miserablemente real ofrecerle algo comparable a las suntuosas casas de campo, a las alquerías remecidas por las tempestades, a los bosques encabritados, las lagunas con mandolinas y glorietas de mármol que eran el escenario de esos acontecimientos de sus vigilias y sueños? Claro que la señorita Trask evitaba tener amistades y hasta conversaciones. ¿Para qué hubiera perdido su tiempo con gentes tan banales y limitadas como las vivientes? Lo cierto es que tenía muchos amigos; no la dejaban aburrirse un instante en su modesta casita de Oakfield Road y nunca decían nada tonto, inconveniente o chocante. ¿Quién, entre los carnales, hubiera sido capaz de hablar con el encanto, el respeto y la sabiduría con que musitaban sus diálogos, a los oídos de Miss Trask, los fantasmas de las ficciones?

La existencia de Margaret Elizabeth Trask fue seguramente más intensa, variada y dramática que la de muchos de sus contemporáneos. La diferencia es que, ayudada por cierta formación y una idiosincrasia particular, ella invirtió los términos habituales que suelen establecerse entre lo imaginario y lo experimentado —lo soñado y lo vivido— en los seres humanos. Lo corriente es que, en sus atareadas existencias, estos "vivan" la mayor parte del tiempo y sueñen la menor. Miss Trask procedió al revés. Dedicó sus días y sus noches a la fantasía y redujo lo que se llama vivir a lo mínimamente indispensable.

¿Fue así más feliz que quienes prefieren la realidad a la ficción? Yo creo que lo fue. Si no ¿por qué hubiera destinado su fortuna a fomentar las novelas románticas? ¿No es esta una prueba de que se fue al otro mundo convencida de haber hecho bien sustituyendo la verdad de la vida por las mentiras de la literatura? Lo que muchos creen una extravagancia —su testamento— es una severa admonición contra el odioso mundo que le tocó y que ella se las arregló para no vivir.

Londres, mayo de 1983

Sombras de amigos

Advierto, con cierta alarma, que muchos amigos que hice y frecuenté en los años sesenta, en Barcelona, ya no están más. Tampoco de la ciudad condal que conocí quedan casi trazas. Barcelona era entonces, todavía, pobretona, cosmopolita y universal; ahora es riquísima, nacionalista y provinciana. Como antes se desbordaba, culturalmente, hacia el resto del mundo, ahora parece fascinada por su propio ombligo. Este ensimismamiento está de moda en Europa y es la respuesta natural del instinto conservador y tradicionalista, en los pueblos antiguos, a la internacionalización creciente de la vida, a ese —imparable— proceso histórico moderno de disolución de las fronteras y confusión de las culturas. Pero en Cataluña el regreso al "espíritu de la tribu", de poderoso arraigo político, contradice otra antiquísima vocación, la del universalismo, tan obvia en sus grandes creadores, de Foix a Pla y de Tàpies a Dalí.

Aquellos amigos eran, todos, ciudadanos del mundo. Gabriel Ferraté escribía sus poemas en catalán, porque, decía, en su lengua materna podía "meter mejores goles" que en castellano (le gustaba el fútbol, como a mí) pero no era nacionalista ni nada que exigiera alguna fe. Salvo, tal vez, la literatura, todas las otras convicciones y pasiones le provocaban unos sarcasmos con púas y estricnina, unas feroces metáforas cínicas y exterminadoras. Como otros derro-

17

chan su dinero o su tiempo, Gabriel derrochaba su genio escribiendo informes de lectura para editores, papeletas para enciclopedias, hablando con los amigos o lo iba destruyendo a demoledores golpes de ginebra.

"Genio" es una palabra de letras mayúsculas, pero no sé con cuál otra describir esa monstruosa facultad que tenía Gabriel para aprender todo aquello que le interesaba y convertirse, al poco tiempo, en un especialista. Entonces, se desinteresaba del tema y movía en una nueva dirección. Un diletante es un superficial y él no lo fue cuando hacía crítica de arte y desmenuzaba a Picasso, ni cuando discutía gesticulando como un molino de viento las teorías lingüísticas del Círculo de Praga, ni cuando pretendía demostrar, citando de memoria, que el alemán de Kafka provenía de los atestados policiales. Yo sí creo que aprendió polaco en un dos por tres, sólo para leer a Gombrowicz y poder traducirlo. Porque leía todos los idiomas del mundo y todos los hablaba con un desmesurado acento catalán.

Tal vez, con "genialidad", fuera "desmesura" la palabra que mejor le convenía. Todo en él era exceso, desde sus caudalosas lecturas y conocimientos hasta esas larguísimas manos incontinentes que, después del primer trago, hacían dar brincos a todas las damas que se ponían a su alcance. Por haber votado en favor de Guimarães Rosa y en contra de Gombrowicz, en un jurado del cual formábamos parte, a mí me castigó privándome un año de su amistad. El día trescientos sesenta y cinco recibí un libro de Carles Riba, con estas líneas: "Pasado el año del castigo, podemos reanudar, etcétera. Gabriel".

Dicen que siempre dijo que era inmoral cumplir cincuenta años y que esa coquetería fue la razón de su suicidio. Puede ser cierto: casa muy bien con la curiosa mezcla de anarquía, insolencia, disciplina, ternura y narcisismo que componía su personalidad. La última vez que lo vi eran las diez de la mañana y ahí estaba, en el Bar del Colón. Llevaba casi veinticuatro horas bebiendo y se lo veía congestionado y exultante. Bajo la paciente atención de Juanito García Hortelano, ronco y a gritos, recitaba a Rilke en alemán.

A diferencia de Gabriel, García Hortelano era discreto, medido, servicial y, sobre todo, modesto para exhibir su inteligencia, a la que disimulaba detrás de una actitud bonachona y una cortina de humor. No era de Barcelona, pero en esta ciudad lo conocí y allí lo vi muchas veces —más que en su Madrid—, y el día que nos presentaron fuimos a comprar juntos una gramática catalana y nos confesamos nuestra idéntica debilidad por esa tierra, de modo que mi recuerdo no puede disociarlo de Barcelona ni de los sesenta, en que se publicaron sus primeras novelas, esos años que, con el agua que ha corrido, van pareciendo ahora prehistóricos.

De muchachos jugábamos con un amigo en Lima tratando de adivinar qué escritores se irían al cielo (caso de existir) y nos parecía que pocos, entre los antiguos, y entre los contemporáneos ninguno. Mucho me temo que, si aquel hipotético reparto póstumo tiene lugar, nos quedemos privados de Juan, que a él se lo lleven allá arriba. Pues entre todos los letraheridos que me ha tocado frecuentar él es el único que califica. Trato de bromear, pero hablo muy en serio. Nunca conocí, entre las gentes de mi oficio, a alguien que me pareciera tan íntegro y tan limpio, tan naturalmente decente, tan falto de vanidad y de dobleces, tan generoso como Juan. La bondad es una misteriosa y atrabiliaria virtud, que, en mi experiencia —deprimente, lo admito— tiene mucho que ver con la falta de imaginación y la simpleza de espíritu, con una ingenuidad que a menudo nos parece candidez. Por eso, no

19

está nada de moda y por eso, en los círculos de alta cultura, se la mira con desconfianza y desdén, como una manifestación de bobería. Y por eso un hombre bueno que es, a la vez, un espíritu extremadamente sutil y una sensibilidad muy refinada, resulta una rareza preocupante.

Es verdad que los malvados suelen ser más divertidos que los buenos y que la bondad es, generalmente, aburrida. Pero García Hortelano rompía también en esto la regla pues era una de las personas más graciosas del mundo, un surtidor inagotable de anécdotas, fantasías, piruetas intelectuales, inventor de apodos y carambolas lingüísticas, que podían mantener en vilo a todos los noctámbulos del angosto Bar Cristal. Con la misma seriedad que aseguraba que Walter Benjamin era un seudónimo de Jesús Aguirre, le oí yo jurar, alguna vez, que sólo iba a las Ramblas, al amanecer, a comprar *La Vanguardia*.

Entre las muchas cosas que alguna vez me propuse escribir pero que no escribiré, figura un mágico encuentro con él, una madrugada con niebla, en el mar de Calafell. Como en sus novelas, ocurrían muchas cosas y no pasaba nada. Habíamos oído el disco de un debutante llamado Raimón, traído por Luis Goytisolo, y, guiados por el señor del lugar, Carlos Barral, recorrido bares, restaurantes, trajinado entre barcas y pescadores, encendido una fogata en la playa. Durante largo rato, Jaime Gil de Biedma nos tuvo fascinados con electrizantes maldades. A medianoche nos bañamos, en una neblina que nos volvía fantasmas. Salimos, nos secamos, conversamos y, de pronto, alguien preguntó por Juan. No aparecía por ninguna parte. Se habría ido a dormir, sin duda. Mucho después, volví a zambullirme en el agua y en la niebla. Entre las gasas blancuzcas apareció, tiritando, el escritor. ¿Qué hacía allí, pingüinizado? Los dientes castañeteando, me informó que no encontraba el rumbo de la playa. Cada vez que intentaba salir, tenía la impresión de estar enfilando hacia Sicilia o Túnez. ¿Y por qué no había pedido socorro, gritado? ¿Socorro? ¿Gritos? Eso, sólo los malos novelistas.

A diferencia de Juan, Jaime Gil de Biedma exhibía su inteligencia con total impudor y cultivaba, como otros cultivan su jardín o crían perros, la arrogancia intelectual. Provocaba discusiones para pulverizar a sus contendores y a los admiradores de su poesía que se acercaban a él llenos de unción, solía hacerles un número que los descalabraba. Hacía lo imposible para parecer antipático, altanero, inalcanzable. Pero era mucho menos malvado de lo que hubiera querido ser y menos duro y cerebral de lo que se presenta en su *Diario*, cuando, en un círculo restringido de amigos, en la alta noche, se cansaba de posar, ponía de lado la máscara del maldito, y aparecía el fino lector, el hombre descuartizado entre una vocación y un oficio, el de la ambivalencia sexual, el vulnerable y atormentado muchacho que escribía versos.

Cuando no se contemplaba a sí mismo, su inteligencia podía ser deslumbrante. Tenía un instinto infalible para detectar la idea original o el matiz exquisito en un verso, en una frase, o para advertir la impostura y el puro relumbrón, y uno podía seguir a ciegas sus advertencias literarias. Pero, aunque su poesía y sus ensayos se leen con placer, hay en la obra de Jaime algo que pugna por aparecer y que parece reprimido, algo que se quedó en mero atisbo: aquel territorio de la experiencia que está fuera del orden intelectual. Tal vez porque en su estética sólo había sitio para la elegancia, y los sentimientos y las pasiones son siempre algo cursis, en su poesía se piensa más que se vive, como en los cuentos de Borges.

Fue por Carlos Barral que conocí a Gabriel, a Juan, a Jaime y a casi todos mis amigos españoles de aquellos años. Él publicó mi primera novela, luchando como un tigre para que salvara el obstáculo de la censura, me hizo dar premios, traducir a varias lenguas, me inventó como escritor. Ya se ha dicho todo lo que hace falta sobre el ventarrón refrescante que fue, para la embotellada cultura de España de hace treinta años, la labor de Carlos en Seix Barral. Pero nunca se dirá lo suficiente sobre el encanto del personaje que creó de sí mismo y sobre el hechizo que era capaz de ejercer, entonces, antes de las durísimas pruebas que tuvo que sobrellevar.

¿Con qué me asombrará esta vez?, me preguntaba yo cuando iba a verlo. Siempre había algo: su perro Argos ladraba histérico si los poemas que le leía eran malos, se había puesto a usar capas dieciochescas y bastones con estiletes por las calles de La Bonanova o me recitaba un catálogo, en latín, de las doscientas maderitas de un bote en el que, según él, había navegado Ulises. Era todo un señor, de grandes gestos y adjetivos fosforescentes. Su generosidad no tenía límites y aunque posaba a veces de cínico, pues el cinismo resultaba ya entonces de buen ver, era bueno como un pan. Para parecer malo, se había inventado la risa del diablo: una risa con la boca abierta, trepidante, pedregosa, volcánica, que contorsionaba su flaca figura quijotesca de la cabeza a los pies y lo dejaba exhausto. Una risa formidable, que a mí se me quedaba resonando en la memoria.

Tenía fijaciones literarias que había que respetar, so pena de perder su amistad: Mallarmé y Bocángel eran intocables, por ejemplo, y a la literatura inglesa le perdonaba a duras penas la vida, con la excepción, tal vez, de Shakespeare y de Marlowe. Pero de los autores que le gustaban podía hablar horas, diciendo cosas brillantísimas y citándolos de memoria, con apasionamiento de adolescente. Su amor a las formas era tal que, en los restaurantes, en una época le dio por pedir sólo "ostras y queso", porque sonaba bien. Soñaba con tener un tigrillo, para pasearse con él por Calafell, y se lo traje, desde el fondo de la Amazonía, a costa de ímprobos esfuerzos. Pero en el aeropuerto de Barcelona un guardia civil lo bañó con una manguera y le dio a comer chorizo, malhiriendo de muerte al pobre animal. Conservo la bellísima carta de Carlos sobre la muerte de Amadís como uno de mis tesoros literarios.

Debajo de la pose y el teatro había, también, algo menos perecedero: un creador de talento y un editor y promotor literario que dejó una huella profunda en todo el mundo hispánico. Esto, en la España abierta a todos los vientos del mundo de nuestros días, es difícil advertirlo. Pero quienes, como yo, llegaron a Madrid en 1958, y descubrieron que el aislamiento y la gazmoñería de la vida cultural española eran aún peor que los de Lima o Tegucigalpa, saben que los esfuerzos de Carlos Barral por perforar esos muros y familiarizar al lector español con lo que se escribía y publicaba en el resto del mundo, y por sacar del anonimato y la catacumba a los jóvenes o reprimidos escritores de la Península, fueron un factor decisivo en la modernización intelectual de España. Y también, por supuesto, en redescubrir a los españoles a Hispanoamérica y a los hispanoamericanos entre sí. ¿Cuántos de las decenas de jóvenes poetas y narradores del Nuevo Mundo que emigraron a Barcelona en los setenta y ochenta, y convirtieron a esta ciudad, por un tiempo, en la capital literaria de América Latina, sabían que quien les había entreabierto aquellas puertas era el filiforme caballero, ya sin editoriales y ahora con úlceras, a quien se podía divisar aún, con capa, bastón, barba, cade-

23

nas y melena, paseando un perro como un aparecido por las calles de Sarriá?

Cosas que se llevó el viento y amigos que son sombras. Pero que aún están ahí.

Berlín, mayo de 1992

La moral de los cínicos

En una conferencia sobre la vocación política (*Politik als Beruf*) ante una Asociación de Estudiantes, en Múnich, en 1919, Max Weber distinguió entre dos formas de moral a las que se ajustarían todas las acciones humanas "éticamente orientadas": la de la convicción y la de la responsabilidad. La fórmula, que se hizo célebre, contribuyó casi tanto como sus estudios anticipadores sobre la burocracia, el líder carismático o el espíritu de la reforma protestante y el desarrollo del capitalismo al merecido prestigio del sociólogo alemán.

A primera vista cuando menos, aquella división parece nítida, iluminadora e irrefutable. El hombre de convicción dice aquello que piensa y hace aquello que cree sin detenerse a medir las consecuencias, porque para él la autenticidad y la verdad deben prevalecer siempre y están por encima de consideraciones de actualidad o circunstancias. El hombre responsable sintoniza sus convicciones y principios a una conducta que tiene presente las reverberaciones y efectos de lo que dice y hace, de manera que sus actos no provoquen catástrofes o resultados contrarios a un designio de largo alcance. Para aquel, la moral es ante todo individual y tiene que ver con Dios o con ideas y creencias permanentes, abstractas y disociadas del inmediato acontecer colectivo; para este, la moral es indisociable de la vida concreta, de lo social, de la eficacia, de la historia.

25

Ninguna de las dos morales es superior a la otra; ambas son de naturaleza distinta y no pueden ser relacionadas en un sistema jerárquico de valores, aunque, en contados casos —los ideales— se confundan en un mismo individuo, en una misma acción. Pero lo frecuente es que aparezcan contrastadas y encarnadas en sujetos diferentes, cuyos paradigmas son el intelectual y el político. Entre estos personajes aparecen, en efecto, quienes mejor ilustran aquellos casos extremos donde se vislumbra con luminosa elocuencia lo diferente, lo irreconciliable de las dos maneras de actuar.

Si fray Bartolomé de las Casas hubiera tenido en cuenta los intereses de su patria o su monarca a la hora de decir su verdad sobre las iniquidades de la conquista y colonización de América, no habría escrito aquellas denuncias —de las que arranca la "leyenda negra" contra España— con la ferocidad que lo hizo. Pero, para él, típico moralista de convicción, la verdad era más importante que el imperio español. También a Sartre le importó un comino "desprestigiar" a Francia, durante la guerra de Argelia, acusando al Ejército francés de practicar la tortura contra los rebeldes, o ser considerado un antipatriota y un traidor por la mayoría de sus conciudadanos, cuando hizo saber que, como la lucha anticolonial era justa, él no vacilaría en llevar "maletas con armas" del FLN (Frente de Liberación Nacional Argelino) si se lo pedían.

El general De Gaulle no hubiera podido actuar con ese olímpico desprecio a la impopularidad sin condenarse al más estrepitoso fracaso como gobernante y sin precipitar a Francia en una crisis aún más grave que la que provocó la caída de la IV República. Ejemplo emblemático del moralista responsable, subió al poder, en 1958, disimulando detrás de ambiguas retóricas e inteligentes malentendidos sus verdaderas intenciones respecto al explosivo tema colonial. De este modo, pacificó e impuso orden en una sociedad que estaba al borde de la anarquía. Una vez en el Elíseo, el hombre en quien una mayoría de franceses confiaba para que salvase Argelia, con suprema habilidad fue, mediante silencios, medias verdades y medias mentiras, empujando a una opinión pública al principio muy reacia, a resignarse a la idea de una descolonización que De Gaulle terminaría por llevar a cabo no sólo en Argelia sino en todas las posesiones africanas de Francia. El feliz término del proceso descolonizador retroactivamente mudó lo que podían parecer inconsistencias, contradicciones y engaños de un gobernante, en coherentes episodios de una visión de largo alcance, en la sabia estrategia de un estadista.

En los casos de Bartolomé de las Casas, Sartre y De Gaulle, y en otros como ellos, todo esto resulta muy claro porque, debajo de las formas de actuar de cada uno, hay una integridad recóndita que da consistencia a lo que hicieron. El talón de Aquiles de aquella división entre moralistas convencidos y moralistas responsables es que presupone, en unos y otros, una integridad esencial, y no tiene para nada en cuenta a los inauténticos, a los simuladores, a los pillos y a los frívolos.

Porque hay una distancia moral infranqueable entre el Bertrand Russell que fue a la cárcel por excéntrico —por ser consecuente con el pacifismo que postulaba— y la moral de la convicción de un Dalí, cuyas estridencias y excentricidades jamás lo hicieron correr riesgo alguno y, más bien, servían para promocionar comercialmente sus cuadros. ¿Debemos poner en un mismo plano las extravagancias "malditas" que llevaron a un Antonin Artaud a la marginación y al manicomio y las que hicieron de Cocteau

27

el niño mimado de la alta sociedad y miembro de la Academia de los inmortales?

Pero es sobre todo entre los políticos donde aquella moral de la responsabilidad se bifurca en conductas que, aunque en apariencia se asemejen, íntimamente se repelen. Las mentiras de De Gaulle a los activistas de la Algérie Française —"*Je vous ai compris*"— cobran una cierta grandeza en perspectiva, juzgadas y cotejadas dentro del conjunto de su gestión gubernamental. ¿Se parecen ellas, en términos morales, a la miríada de mentiras que tantos gobernantes profieren a diario con el solo objetivo de durar en el poder o de evitarse dolores de cabeza, es decir, por razones menudas, sin la menor sombra de trascendencia histórica?

Esta interrogación no es académica, tiene que ver con un asunto de tremenda actualidad: ¿cuál va a ser el futuro de la democracia liberal en el mundo? El desplome del totalitarismo en Europa y parte del Asia ha insuflado, en teoría, nueva vitalidad a la cultura democrática. Pero sólo en teoría, pues, en la práctica, asistimos a una crisis profunda del sistema aun en países, como Francia o Estados Unidos, donde parecía arraigado e invulnerable. En muchas sociedades emancipadas de la tutela marxista, la democracia funciona mal, como en Ucrania, o es una caricatura, como en Serbia, o parece pender de un hilo, como en Rusia y Polonia. Y en América Latina, donde parecía vencida, la bestia autoritaria ha vuelto a levantar cabeza en Haití y Perú, y acosa sin descanso a Venezuela.

Una triste comprobación es que, en casi todas partes, para la mayoría de las gentes la democracia sólo parece justificarse por contraste con lo que anda peor, no por lo que ella vale o pudiera llegar a valer. Comparada con la satrapía fundamentalista de Irán, la dictadura de Cuba o el régimen despótico de Kim Il Sung, la democracia resulta preferible, en efecto. Pero ¿cuántos estarían dispuestos a meter sus manos al fuego —a defender con sus vidas— un sistema que, además de mostrar una creciente ineptitud para resolver los problemas, parece en tantos países paralizado por la corrupción, la rutina, la burocracia y la mediocridad?

En todas partes y hasta el cansancio se habla del desprestigio de la clase política, la que habría expropiado para sí el sistema democrático, gobernando en su exclusivo provecho, a espaldas y en contra del ciudadano común. Esta prédica, que ha permitido a Jean Marie Le Pen y al neofascista Frente Nacional echar raíces en un espacio considerable del electorado francés, se halla en boca del aprendiz de dictador peruano, Fujimori, quien despotrica contra la partidocracia, y es el caballito de batalla del tejano Ross Perot, quien podría dar la gran sorpresa en las elecciones de Estados Unidos, derrotando, por primera vez en la historia de ese país, a los partidos tradicionales.

Excluido todo lo que hay de exageración y de demagogia en esas críticas, lo que queda es todavía mucho, y muy peligroso para el futuro del sistema que, pese a sus defectos, ha traído más prosperidad, libertad y respeto a los derechos humanos a lo largo de la historia. Y lo más grave que queda es la distancia, a veces grande, a veces enorme, entre gobernantes y gobernados en la sociedad democrática. La razón principal de este alejamiento e incomunicación entre el ciudadano común y aquellos que, allá arriba, en los alvéolos de la Administración, en los gabinetes ministeriales o en los escaños parlamentarios, deciden su vida (y a veces su muerte) —la clase política— no es la complejidad creciente de las responsabilidades de gobierno, y su consecuencia inevitable, tan bien analizada por Max Weber, la burocratización del

Estado, sino la pérdida de la confianza. Los electores votan por quienes legislan y gobiernan, pero, con excepciones cada vez más raras, no creen en ellos. Van a las urnas a depositar su voto cada cierto tiempo, de manera mecánica, como quien se resigna a un ritual despojado de toda sustancia, y a veces ni siquiera se toman ese trabajo: el abstencionismo, fenómeno generalizado de la democracia liberal, alcanza en algunos países cotas abrumadoras.

Esta falta de participación es ostensible en ocasión de los comicios; pero, es aún más extendida, y ciertamente más grave, en el funcionamiento cotidiano de esas instituciones claves de una democracia que son los partidos políticos. Aquella no es concebible sin estos, instrumentos nacidos para asegurar, de un lado, el pluralismo de ideas y propuestas, la crítica al poder y la alternativa de gobierno, y, de otro, para mantener un diálogo permanente entre gobernados y gobernantes, a escala local y nacional. Los partidos democráticos cumplen cada vez menos con esta última función porque en casi todas partes —democracias incipientes o avanzadas— se van quedando sin militantes, y el desafecto popular los convierte en juntas de notables o burocracias profesionalizadas, con pocas o nulas ataduras al grueso de la población, de la que un partido recibe el flujo vital que le impide apolillarse.

Se esgrimen muchas explicaciones sobre este desgano colectivo para con unas instituciones de cuya renovación y creatividad permanentes depende en buena medida la salud de una democracia, pero muchas de ellas suelen confundir el efecto con la causa, como cuando se dice que los partidos políticos no atraen adhesiones porque carecen de líderes competentes, de dirigentes dotados de aquel carisma de que hablaba Weber (sin imaginar qué clase de líder carismático le sobrevendría muy pronto a Alemania). La verdad es la inversa, claro está: aquellos dirigentes no aparecen porque las masas ciudadanas se desinteresan de los partidos. Y de la vida política, en general. (No hace mucho leí una encuesta sobre el destino de los jóvenes graduados con los calificativos más altos en las universidades norteamericanas: la gran mayoría elegía las corporaciones y, después, distintas profesiones liberales; la política era elección de una insignificante minoría).

La falta de fe, la pérdida de confianza del ciudadano común en sus dirigentes políticos —cuyo resultado es la pérdida de autoridad de la clase política en general— se debe, básicamente, a que la realidad ha convertido en un simulacro bochornoso aquella moral de la responsabilidad, supuestamente connatural al político, que Max Weber distinguió con sutileza de la moral de la convicción, lujo de irresponsables. Una suerte de consenso se ha establecido que hace de la actividad política, en las sociedades democráticas, una mera representación, donde las cosas que se dicen, o se hacen, carecen del respaldo de las convicciones, obedecen a motivos y designios opuestos a los confesados explícitamente por quienes gobiernan, y donde las peores picardías y barrabasadas se justifican en nombre de la eficacia y del pragmatismo. En verdad, la sola justificación que tienen es la tácita aceptación a que ha llegado la sociedad de que la política es un espacio reservado y aparte, parecido a aquel que definió Huizinga para el juego, con sus propias reglas y su propio discurso y su propia moral, al margen y a salvo de las que regulan las del hombre y la mujer del común.

Es esta cesura entre dos mundos impermeabilizados entre sí lo que está empobreciendo a la democracia, desencantando de ella a muchos ciudadanos y volviéndolos vulnerables

31

a los cantos de sirena xenófobos y racistas de un Le Pen, a la chamuchina autoritaria de un Fujimori, a la demagogia nacionalista de un Vladimir Meciar, o al populismo antipartidos de Ross Perot, y lo que mantiene todavía viva la romántica solidaridad en muchos beneficiarios de la democracia con dictaduras tercermundistas.

Por eso conviene, como primer paso para el renacimiento del sistema democrático, abolir aquella moral de la responsabilidad que, en la práctica —donde importa—, sólo sirve para proveer de coartadas a los cínicos, y exigir de quienes hemos elegido para que nos gobiernen, no las medias verdades responsables, sino las verdades secas y completas, por peligrosas que sean. Pese a los indudables riesgos que implica para un político no mentir, y actuar como lo hizo Churchill —ofreciendo sangre, sudor y lágrimas a quienes lo habían llamado a gobernar—, los beneficios serán siempre mayores, a mediano y largo plazo, para la supervivencia y regeneración del sistema democrático. No hay dos morales, una para los que tienen sobre sus hombros la inmensa tarea de orientar la marcha de la sociedad, y otra para los que padecen o se benefician de lo que aquellos deciden. Hay una sola, con sus incertidumbres, desafíos y peligros compartidos, en la que convicción y responsabilidad son tan indisociables como la voz y la palabra o como las dos caras de una moneda.

Berlín, julio de 1992

Posmodernismo y frivolidad

En una excelente y polémica colección de ensayos titulada *Mirando el abismo* (*On Looking into the Abyss*, New York, Alfred A. Knopf, 1994), la historiadora Gertrude Himmelfarb arremete contra la cultura posmoderna y, sobre todo, el estructuralismo de Michel Foucault y el deconstruccionismo de Jacques Derrida y Paul de Man, corrientes de pensamiento que le parecen frívolas y artificiales comparadas con las escuelas tradicionales de crítica literaria e histórica.

Su libro es también un homenaje a Lionel Trilling, el autor de *La imaginación liberal* (1950) y muchos otros ensayos sobre la cultura que tuvieron gran influencia en la vida intelectual y académica de la posguerra en Estados Unidos y Europa y al que hoy día pocos recuerdan y ya casi nadie lee. Trilling no era un liberal en lo económico (en este dominio abrigaba más bien tesis socialdemócratas), pero sí en lo político, por su defensa pertinaz de la virtud para él suprema de la tolerancia, de la ley como instrumento de la justicia, y sobre todo en lo cultural, con su fe en las ideas como motor del progreso y su convicción de que las grandes obras literarias enriquecen la vida, mejoran a los hombres y son el sustento de la civilización.

Para un "posmoderno" estas creencias resultan de una ingenuidad arcangélica o de una estupidez supina, al extremo de que nadie se toma siquiera el trabajo de refutarlas. La profesora Himmelfarb muestra cómo, pese a los pocos años que separan a la generación de un Lionel Trilling de las de un Derrida o un Foucault, hay un verdadero abismo infranqueable entre aquel, convencido de que la historia humana era una sola, el conocimiento una empresa totalizadora, el progreso una realidad posible y la literatura una actividad de la imaginación con raíces en la historia y proyecciones en la moral, y quienes han relativizado las nociones de verdad y de valor hasta volverlas ficciones, entronizado como axioma que todas las culturas se equivalen y disociado la literatura de la realidad, confinando aquella en un mundo autónomo de textos que remiten a otros textos sin relacionarse jamás con la experiencia humana.

Aunque no comparto del todo la devaluación que Gertrude Himmelfarb hace de Foucault, a quien, con todos los sofismas y exageraciones que puedan reprochársele, por ejemplo en sus teorías sobre las supuestas "estructuras de poder" implícitas en todo lenguaje (el que, según el filósofo francés, transmitiría siempre las palabras e ideas que privilegian a los grupos sociales hegemónicos), hay que reconocerle el haber contribuido como pocos a dar a ciertas experiencias marginales (de la sexualidad, de la represión social, de la locura) un derecho de ciudad en la vida cultural, sus críticas a los estragos que la deconstrucción ha causado en el dominio de las humanidades me parecen irrefutables. A los deconstruccionistas debemos, por ejemplo, el que en nuestros días sea ya poco menos que inconcebible hablar de humanidades, un síntoma de apolillamiento intelectual o de ceguera científica.

Cada vez que me he enfrentado a la prosa oscurantista y a los asfixiantes análisis literarios o filosóficos de Jacques Derrida he tenido la sensación de perder miserablemente el tiempo. No porque crea que todo ensayo de crítica deba ser útil —si es divertido o estimulante me basta— sino porque si la literatura es lo que él supone —una sucesión o archipiélago de "textos" autónomos, impermeabilizados, sin contacto posible con la realidad exterior y por lo tanto inmunes a toda valoración y a toda interrelación con el desenvolvimiento de la sociedad y el comportamiento individual— ¿cuál es la razón de deconstruirlos? ¿Para qué esos laboriosos esfuerzos de erudición, de arqueología retórica, esas arduas genealogías lingüísticas, aproximando o alejando un texto de otro hasta constituir esas artificiosas deconstrucciones intelectuales que son como vacíos animados? Hay una incongruencia absoluta entre una tarea crítica que comienza por proclamar la ineptitud esencial de la literatura para influir sobre la vida (o para ser influida por ella) y para transmitir verdades de cualquier índole asociables a la problemática humana y que, al mismo tiempo, se vuelca tan afanosamente a desmenuzar —a menudo con alardes intelectuales de inaguantable pretensión— esos monumentos de palabras inútiles. Cuando los teólogos medievales discutían sobre el sexo de los ángeles no perdían el tiempo: por trivial que pareciera, esta cuestión se vinculaba de algún modo para ellos con asuntos tan graves como la salvación o la condena eternas. Pero, desmontar unos objetos verbales cuyo ensamblaje se considera, en el mejor de los casos, una intensa nadería formal, una gratuidad verbosa y narcisista que nada enseña sobre nada que no sea ella misma y que carece de moral, es hacer de la crítica literaria una masturbación.

No es de extrañar que, luego de la influencia que ha ejercido la deconstrucción en tantas universidades occidentales (y, de manera especial, aquí, en Estados Unidos), los departamentos de literatura se vayan quedando vacíos de alumnos (y que se filtren en ellos tantos embaucadores), y que haya cada vez menos lectores no especializados para los libros de crítica literaria (a los que hay que buscar con lupa en las librerías y donde no es raro encontrarlos, en rincones legañosos, entre manuales de yudo y kárate u horóscopos chinos).

Para la generación de Lionel Trilling, en cambio, la crítica literaria tenía que ver con las cuestiones centrales del quehacer humano, pues ella veía en la literatura el testimonio por excelencia de las ideas, los mitos, las creencias y los sueños que hacen funcionar a la sociedad y de las secretas frustraciones o estímulos que explican la conducta individual. Su fe en los poderes de la literatura sobre la vida era tan grande que, en uno de los ensayos de *La imaginación liberal* (del que Gertrude Himmelfarb ha tomado el título de su libro), Trilling se preguntaba si la mera enseñanza de la literatura no era ya, en sí, una manera de desnaturalizar y empobrecer el objeto del estudio. Su argumento se resumía en esta anécdota: "Les he pedido a mis estudiantes que 'miren el abismo' (las obras de un Eliot, un Yeats, un Joyce, un Proust) y ellos, obedientes, lo han hecho, tomado sus notas, y luego comentado: muy interesante ¿no?". En otras palabras, la academia congelaba, superficializaba y volvía saber abstracto la trágica y revulsiva humanidad contenida en aquellas obras de imaginación, privándolas de su poderosa fuerza vital, de su capacidad para revolucionar la vida del lector. La profesora Himmelfarb advierte con melancolía toda el agua que ha corrido desde que Lionel Trilling expresaba estos escrúpulos de que al convertirse en materia de estudio la literatura fuera despojada de su alma y de su poderío, hasta la alegre ligereza con que un Paul de Man podía veinte años más tarde valerse de la crítica literaria para deconstruir el Holocausto, en una operación intelectual no muy distante de la de los historiadores revisionistas empeñados en negar el exterminio de seis millones de judíos por los nazis.

Ese ensayo de Lionel Trilling sobre la enseñanza de la literatura yo lo he releído varias veces, sobre todo cuando, como ahora en Washington, por unos meses, me toca hacer de profesor. Es verdad que hay algo engañoso y paradojal en reducir a una exposición pedagógica, de aire inevitablemente esquemático e impersonal —y a deberes escolares que, para colmo, hay que calificar— unas obras de imaginación que nacieron de experiencias profundas, y, a veces, desgarradoras, de verdaderas inmolaciones humanas, y cuya auténtica valoración sólo puede hacerse, no desde la tribuna de un auditorio, sino en la discreta y reconcentrada intimidad de la lectura y medirse cabalmente por los efectos y repercusiones que ellas tienen en la vida privada del lector.

Yo no recuerdo que alguno de mis profesores de literatura me hiciera sentir que un buen libro nos acerca al abismo de la experiencia humana y a sus efervescentes misterios. Los críticos literarios, en cambio, sí. Recuerdo sobre todo a uno, de la misma generación de Lionel Trilling y que para mí tuvo un efecto parecido al que ejerció este sobre la profesora Himmelfarb, contagiándome su convicción de que lo peor y lo mejor de la aventura humana pasaba siempre por los libros y de que estos ayudaban a vivir. Me refiero a Edmond Wilson, cuyo extraordinario ensayo sobre la evolución de las ideas y la literatura socialistas, desde que Michelet descubrió a Vico hasta la llegada de Lenin a San Petersburgo, *Hacia la estación de Finlandia*, cayó en mis manos en mi época de estudiante. En esas páginas de estilo diáfano, pensar, imaginar e inventar valiéndose de la pluma era una forma magnífica de actuar y de imprimir una marca en la historia; en cada capítulo se comprobaba que las grandes convulsiones sociales o los menudos destinos individuales estaban visceralmente articulados con el impalpable mundo de las ideas y de las ficciones literarias.

Edmond Wilson no tuvo el dilema pedagógico de Lionel Trilling en lo que concierne a la literatura pues nunca quiso ser profesor universitario. En verdad, ejerció un magisterio mucho más amplio del que acotan los recintos universitarios. Sus artículos y reseñas se publicaban en revistas y periódicos (algo que un crítico deconstruccionista consideraría una forma extrema de degradación intelectual) y algunos de sus mejores libros —como el que escribió sobre los manuscritos hallados en el Mar Muerto— fueron reportajes para *The New Yorker*. Pero el escribir para el público profano no le restó rigor ni osadía intelectual; más bien lo obligó a tratar de ser siempre responsable e inteligible a la hora de escribir.

Responsabilidad e inteligibilidad van parejas con una cierta concepción de la crítica literaria, con el convencimiento de que el ámbito de la literatura abarca toda la experiencia humana, pues la refleja y contribuye decisivamente a modelarla, y de que, por lo mismo, ella debería ser patrimonio de todos, una actividad que se alimenta del fondo común de la especie y a la que se puede recurrir incesantemente en busca de un orden cuando parecemos sumidos en el caos, de aliento en momentos de desánimo y de dudas e incertidumbres cuando la realidad que nos rodea parece excesivamente segura y confiable. A la inversa, si se piensa que la función de la literatura es sólo contribuir a la inflación retórica de un dominio especializado del conocimiento, y que los poemas, las novelas, los dramas proliferan con el único objeto de producir ciertos desordenamientos formales en el cuerpo lingüístico, el crítico puede, a la manera de tantos posmodernos, entregarse impunemente a los placeres del desatino conceptual y la tiniebla expresiva.

Washington D.C., marzo de 1994

Tragicomedia de un judío

Como sobre Cervantes, Goethe o Dante, sobre Shakespeare se ha dicho todo lo que hay que decir y mucho más, de modo que cada nuevo análisis e interpretación nacen por lo general gastados, erudiciones o trivialidades que van a engrosar las montañas de literatura crítica que cercan, y a veces parecen asfixiar, la obra genial. Y, sin embargo, el libro que John Gross ha dedicado a uno de los más imperecederos personajes shakespeareanos, Shylock, se lee con el placer y el interés que provocan las obras genuinamente originales.

Un personaje literario se inmortaliza y vuelve leyenda cuando, como el Quijote, Hamlet o el rey Artús resume en su imagen y peripecias una condición o ideal alimentado, a lo largo del tiempo, por hombres y mujeres de muy distinta procedencia, que en aquella figura de ficción ven encarnados ciertos miedos o ambiciones o experiencias que necesitan para vivir o de los que no encuentran modo de librarse. El prestamista de Venecia, empeñado en cobrar la libra de carne de su acreedor Antonio, que no pudo pagar en el tiempo debido el dinero que aquel le prestó, pertenece a esa misteriosa genealogía de personajes míticos, amasados por el prejuicio, el miedo y la fascinación por la crueldad que han cruzado los siglos y las culturas sin envejecer y que lucen en nuestros días tan lozanos como cuando aparecieron, en los endebles corrales del teatro isabelino.

El antisemitismo que produjo a Shylock era, en tiempos de Shakespeare, religioso, y en los años inmediatamente anteriores a la elaboración de *El mercader de Venecia*, había habido en Inglaterra un escándalo político, en el que el médico de la Reina, un judío portugués acusado de querer envenenar a la soberana, fue ahorcado y descuartizado. El clima de hostilidad hacia los judíos, de viejas raíces medievales, se había crispado con motivo de este episodio y los críticos ven una reverberación de ello, por ejemplo, en *El judío de Malta*, de Christopher Marlowe, cuyo personaje principal es un monstruo de maldad. Cuando Shakespeare se dispone a escribir su obra, aprovechando una antiquísima leyenda con versiones romanas e italianas, lo hace, a todas luces, con el propósito de halagar los sentimientos antisemitas de sus contemporáneos, reavivados por el episodio del médico portugués.

Sin embargo, el resultado final sería mucho más indefinible y complejo que la cristalización de un prejuicio religioso en una truculenta ficción y en un personaje caricatural. Como John Gross muestra en su libro, es una pretensión risible la de querer, leyendo entre líneas y deconstruyendo *El mercader de Venecia*, ver en la obra una intención de denuncia o de rechazo del prejuicio antisemita. Este se halla presente en el texto en su versión de época, y negarlo es desnaturalizar la obra tanto como la desnaturalizaron quienes, en la Alemania de los años treinta, la representaban para ilustrar y justificar las teorías racistas de los nazis. En verdad, el concepto racial no aparece para nada en la historia de Shylock, cuya hija Jessica, y él mismo al final de la pieza, pasan a formar parte de la normalidad social, es decir, a integrar la grey cristiana. Para Hitler la condición judía no era reversible, por eso había que liquidarla físicamente.

Religioso o racial, el antisemitismo es siempre repulsivo, uno de los desaguaderos más nocivos de la estupidez y la maldad humanas. Lo que profundamente se expresa en él es la tradicional desconfianza del hombre por quien no forma parte de su tribu, ese "otro" que habla una lengua distinta, tiene una piel de otro color y practica ritos y magias desconocidas. Pero se trata de un sentimiento genérico, que en su incomprensión y odio abraza a todos quienes forman parte de la otra tribu y no hace distingos ni excepciones. ¿Es Shylock un personaje genérico, representativo de todos quienes, como él, niegan la divinidad de Cristo y esperan aún la venida del Mesías? Lo es sólo por momentos, cuando recuerda a sus adversarios que los judíos tienen también ojos y manos y de cuyas venas, si son pinchados, brota sangre roja, como la de los demás mortales. Pero no lo es cuando, loco de furor por la fuga de su hija, que además de escaparse con un cristiano le ha robado, clama venganza y quiere desfogar su rencor y su cólera contra Antonio, a quien las circunstancias convierten en víctima propiciatoria. Y tampoco lo es cuando, ante los jueces del tribunal, exige que se aplique la ley, a pie juntillas, sin desfallecimientos sentimentales, y recuerda que los contratos, como los reglamentos y los decretos y ordenanzas, están hechos de palabras concretas, de ideas traducibles en actos, no de emociones ni gestos virtuosos.

Como padre celoso, como prestamista burlado, como frío defensor del cumplimiento estricto de la ley (de cualquier ley), Shylock alcanza formas terribles de inhumanidad, pero en su violenta postura reconocemos muchas otras expresiones de lo humano, ajenas a lo judío, y también a un individuo singular, soliviantado hasta lo bestial por una fermentación del odio, la sed de venganza, el despecho o el rencor de los que no está exento ningún cristiano. Este fondo de humanidad en la inhumanidad de Shylock, en la que todos los espectadores de *El mercader de Venecia* no pueden dejar de reconocer (con un escalofrío) algo de sí mismos, es, acaso, el atributo más extraordinario del personaje y la principal razón de su perennidad.

La contrapartida de estos brotes de humanidad en la inhumanidad de Shylock son los abundantes rasgos de escasa o nula humanidad, e, incluso de inhumana conducta, entre los cristianos de la obra. Salvo Antonio, quien aparece como un ser generoso, dispuesto a servir a un amigo aun a costa de su propia vida, los otros personajes están lejos de ser un dechado de virtudes. La astuta Porcia juega su amor a la lotería, o poco menos, y el marido que le depara el azar, Bassanio, busca y consigue a la bella dama atraído por su dinero, y gracias a una operación mercantil, financiada por su amigo Antonio. En cuanto a los amores de Lorenzo y Jessica, pretexto para la efusión lírica más hermosa de la pieza, ¿no resultan acaso de una fuga/secuestro y un robo cometido por una hija que destroza el corazón de su padre?

El libro de John Gross, en su fascinante inventario de las transformaciones que ha experimentado la figura de Shylock y su terrible historia en sus casi cinco siglos de existencia, revela cómo, de esa siniestra urdimbre de conflictos y contradicciones morales, cada época, sociedad y cultura extrajo una enseñanza diferente, y cómo *El mercader de Venecia* fue representada con propósitos políticos e ideológicos diversos —a veces radicalmente antagónicos— sin que esta diversidad de variantes traicionara la proteica naturaleza de la obra.

Por lo menos en un aspecto es obvio que los espectadores de hoy podemos juzgar con mayor conocimiento de causa la conducta de Shylock. La función que desempeñan en ella el dinero y el comercio aparecía como algo muy distinto a los contemporáneos de Shakespeare. Estos temas son centrales en la historia de "la libra de carne", recordémoslo. El desprecio de los caballeros cristianos de Venecia hacia Shylock se debe tanto a su religión como al oficio con el que se gana la vida: prestamista que presta dinero a cambio de un interés. Obtener un beneficio con el dinero prestado —como hace Shylock y como lo harán todos los banqueros del futuro— les parece al noble Antonio y a sus amigos un acto indigno, una canallesca inmoralidad. El sarcástico comentario de Shylock, profetizando a Antonio que si sigue actuando como lo hace —prestando dinero sin interés— arruinará su negocio, podía parecer en el siglo XVI de un pragmatismo repugnante a la ética cristiana. Hoy sabemos que Shylock, diciendo lo que dice y trabajando para incrementar su patrimonio, anunciaba la modernidad y ponía en práctica un principio básico de la actividad económica —la búsqueda de un beneficio o plusvalía—, punto de partida de la generación de la riqueza y del progreso de la sociedad.

Que ese principio, librado a sí mismo, sin el freno de una cultura de la solidaridad y una cierta ética de la responsabilidad, puede llegar a extremos monstruosos también es cierto y eso está alegóricamente anticipado en *El mercader de Venecia* en el aberrante compromiso del prestatario de entregar una libra de carne de su cuerpo al prestamista si no devuelve a tiempo el dinero que recibió. Las dos caras de Jano del sistema capitalista, que, a la vez que lanzaba el imparable desarrollo de Occidente, producía enormes desigualdades de ingreso y sacrificios tremendos en ciertos sectores sociales, aparecen anunciadas en la peripecia tragicómica del judío veneciano.

La crítica literaria de nuestro tiempo, sobre todo en versión académica, se ha vuelto difícil de leer, con sus jeroglíficas deconstrucciones que disparan la literatura a una artificiosa irrealidad, o con su obsesión lingüística, que reduce la poesía, el teatro y la novela a una experimentación con las formas gramaticales y desdeña lo ideológico, lo psicológico y lo histórico, como si todo ello no formara también parte sustancial de la literatura. La obra que John Gross ha dedicado al inagotable Shylock forma parte de la gran tradición crítica europea, la que vinculaba el quehacer literario y artístico a todas las experiencias sociales e individuales. En ella rastreamos las fuentes que sirvieron a Shakespeare para construir al personaje y el contexto histórico y social que orientó el desenvolvimiento de la anécdota, la fascinante carrera de la obra desde sus primeros montajes hasta los más recientes, y sus mutaciones a lo largo del espacio y del tiempo, así como los buenos y malos usos que han hecho de ella la religión, las doctrinas sociales, los fanatismos y la política.

Madrid, junio de 1994

Dios los cría

Ha sorprendido a muchas personas que el Vaticano se haya aliado a regímenes e instituciones fundamentalistas islámicos, como el Gobierno iraní y la Universidad Azhar de El Cairo, para oponerse a la Conferencia de las Naciones Unidas que, a partir de la próxima semana, estudiará en Egipto las consecuencias del crecimiento demográfico sobre el futuro de la humanidad. La sorpresa se debe a que, para aquellas personas, hay una incompatibilidad esencial entre la religión católica, moderna, civilizada y tolerante, y una fe oscurantista, intransigente y primitiva que retrocede a la Edad Media a las sociedades de las que se apodera, como ha ocurrido con Irán o Sudán.

Quienes piensan así son víctimas de una confusión que, aunque explicable y bastante extendida, resulta gravísima a la hora de formular juicios sobre conflictos de sesgo religioso como los que devastan la ex Yugoslavia o mantienen en perpetua efervescencia a Irlanda del Norte e Israel. Desde el punto de vista de los orígenes, la doctrina y la tradición no hay religiones modernas y primitivas, flexibles o inflexibles, democráticas y autoritarias. Todas, incluido el benigno budismo, que parece la más gaseosa de todas las creencias, son dogmáticas y autosuficientes, convencidas de poseer una verdad absoluta y la autoridad moral necesaria para imponerla a los demás, aunque sea mediante baños de sangre.

Si la religión católica ha dejado de mandar herejes a la hoguera y las tenazas y parrillas del Santo Oficio se han enmohecido, en tanto que, en cierta forma, el fundamentalismo islámico mantiene vivas dichas prácticas y se jacta de ellas sin rubor —como pueden atestiguar Salman Rushdie y Taslima Nasrim— ello se debe a que, a diferencia de las sociedades musulmanas que siguen siendo entrañablemente religiosas, las cristianas han experimentado un proceso de secularización —de separación de la religión de la cultura general y del poder político— que ata de pies y manos a la Iglesia y la obliga a actuar ahora dentro de los confines de una legalidad en la que ella puede influir, pero que no dicta ni controla. Gracias a este largo proceso, que comenzó con la Reforma protestante y que alcanzó una suerte de vértice con la Revolución Francesa, existe el sistema democrático y podemos hablar de una cultura de la libertad.

No se deduzca de lo anterior que coincido con los ácratas —o con los marxistas de la primera hora para quienes la religión era "el opio del pueblo"— en que hay que liberar a la sociedad de las Iglesias —aunque sea quemando conventos y asesinando curas y monjas— para que el hombre alcance su plena realización. Por el contrario, aunque en lo personal soy agnóstico, estoy firmemente convencido de que la religión cumple una función social de primer orden y que es insustituible para garantizar una vida espiritual y una guía moral a la inmensa mayoría de los seres humanos, a quienes una cultura exclusivamente laica sume en la confusión y en una peligrosa anomia moral (hay bastantes pruebas de ello en la realidad occidental contemporánea). A condición de que exista una nítida separación entre la Iglesia y el Estado, que permita a este frenar a aquella cuando tienda a transgredir los límites de lo espiritual y pretenda constituirse como poder temporal, la religión es un ingrediente básico de la civilización.

La separación de la Iglesia y el Estado no siempre es fácil. Implica un equilibrio tenso y está sujeta a continuos reajustes, pero, si no se preserva, aspectos fundamentales de la soberanía individual y de los derechos humanos se ven amenazados y pueden desplomarse los cimientos mismos de esa preciosa creación histórica que es la cultura de la libertad. Nada mejor para comprobarlo que el muy espinoso tema del control de la natalidad, o de "la capacidad de decisión de la mujer", como eufemísticamente dice el documento que han preparado las Naciones Unidas para la Conferencia de El Cairo, donde este asunto será objeto de una cerrada ofensiva por parte de la flamante alianza católico-islámica establecida con ese fin.

La Iglesia católica tiene todo el derecho del mundo de pedir a los fieles que se abstengan de usar otros métodos anticonceptivos que los "biológicos" y que repudien él aborto, y de hacer campañas públicas para que estas prohibiciones se conviertan en leyes; pero no tiene derecho a impedir que los ciudadanos de un país recurran a aquellos usos una vez que la ley los autoriza ni a desconocer el derecho de aquellos de movilizarse en favor de su legalización. El conflicto no tiene solución porque en este caso la ley de César y la ley de Dios —o, menos apocalípticamente, la razón y el dogma— se hallan en total entredicho y porque no se puede pedir a la Iglesia que analice racionalmente y acepte que se someta a deliberación y voto lo que para ella es una cuestión dogmática, un acto de fe.

Los argumentos racionales, no importa cuán sólidos y aplastantes sean, se hacen siempre añicos si se los refuta con el ucase terrible de la divinidad. Si Dios mismo ha decidido

47

que el hombre y la mujer "sólo" pueden hacer el amor para procrear hijos y que, por lo tanto, la razón de ser última del cuerpo femenino sea la trascendente y sagrada de la procreación, ¿de qué pueden valer, ante ello, mil estadísticas miserablemente pedestres de que, convertida en una práctica generalizada, aquella decisión condena a cientos de millones de mujeres a una vida de servidumbre animal, puebla el planeta de niños miserables, una gran mayoría de los cuales mueren de hambre y de enfermedades atroces antes de haber alcanzado la edad de la razón y eterniza a las naciones del Tercer Mundo, aquejadas todas de demografías galopantes, en el subdesarrollo y la pobreza? ¿Cómo podría hacer mella, en una ineluctable decisión fraguada desde el principio del tiempo por el Ser Supremo, la comprobación científica de que si no se pone en práctica lo antes posible a escala mundial una efectiva política de control de la natalidad, los 5.600 millones de seres actuales serán unos 12.000 millones a mediados del siglo XXI, lo que significa que los sufrimientos y tragedias sociales de hoy se habrán multiplicado y generarán indecibles holocaustos y apocalipsis para los pobres de este mundo, que serán la gran mayoría de los seres humanos?

El problema se complica mucho más cuando la Iglesia católica, en vez de limitarse a apoyar su negativa a toda forma de control de la natalidad en el argumento dogmático (e irracional) de la verdad revelada, de un Dios que en su infinita y misteriosa voluntad habría decidido hacer del amor físico una estricta inversión genética y de la mujer una permanente máquina reproductora —razón sólo válida para los creyentes y que la Iglesia no tiene por qué pretender que acepten quienes no lo son—, se empeña en apuntalar dicha creencia con consideraciones sociopolíticas e ideológicas laicas que tendrían validez universal. Así, los críticos vaticanos a la próxima Conferencia de El Cairo, dicen ahora oponerse a cualquier acuerdo sobre control de población en nombre de la dignidad y la soberanía de los pueblos del Tercer Mundo a quienes las naciones ricas, en actitud imperialista y neocolonialista, estarían tratando de imponer el uso de anticonceptivos y de prácticas abortistas para destruir sus culturas y poder explotarlos mejor.

Esta afirmación es demagógica y mentirosa, y debe ser entendida como una mera estrategia encaminada a reclutar el apoyo de públicos incultos e incautos, preparados por el ideologismo tercermundista a tragarse cualquier especie que parezca antioccidental, para lo que, en el fondo, no es más que una tesis religiosa y dogmática. Ella se parece como una gota de agua a otra a la cómica especie con la que el fundamentalismo islámico pretende justificar la *sharia* o imposición de la ley coránica que legitima el autoritarismo y hace de la mujer un ciudadano de segunda clase o un objeto: la defensa de la "identidad cultural" de las sociedades musulmanas a las que los pervertidos países occidentales de América y Europa, vendidos al diablo, quisieran corromper.

La verdad es que el documento que ha preparado la ONU en relación con la Conferencia de El Cairo es sumamente prudente y que, fuera de dar todas las informaciones pertinentes en torno al crecimiento de la población mundial y a las incidencias trágicas que esto tiene en los países del Tercer Mundo, evita pronunciarse de manera unilateral sobre políticas específicas de control de la natalidad. Más bien pone el énfasis en un hecho que la historia moderna corrobora por doquier: el aumento de población se reduce o detiene en un país cuando la mujer deja de ser discriminada y explotada y accede a la educación, al trabajo y a responsabilidades sociales a la par con el hombre. Por lo tanto, la promoción de la

49

mujer y la lucha contra todos los obstáculos legales y culturales (o religiosos) que limitan su capacidad de decisión y el ejercicio de su libertad es el paso más importante y de más fecundo efecto para atajar la explosión demográfica en el mundo.

Es obvio que toda política de control de natalidad, además de poner el énfasis en los derechos de la mujer, debe excluir de manera categórica toda forma de imposición, semejante a los casos de esterilización forzada que llegaron a implantarse en la India durante el Gobierno de Indira Gandhi, y el empleo de la coerción legal o de políticas intimidatorias que, como ocurre ahora en China Popular y en otros países del Asia, privan de sus empleos y de los beneficios sociales a las parejas que tienen más de un hijo. La obligación de los Gobiernos es proveer a sus ciudadanos de un marco legal adecuado, de una información y de unos servicios que les permitan planificar su familia de manera responsable, de acuerdo con sus convicciones y posibilidades. Ningún Estado debería obligar a nadie a tener menos hijos de los que quiere ni a tener más de los que quisiera o puede. Esta política tan simple, dictada por el sentido común, es sin embargo una utopía en sociedades que no han hecho suya aún la civilización democrática, y por eso cabe temer que en la Conferencia de El Cairo los flamantes aliados de la media luna y la cruz tengan, en su conspiración retrógrada y antifeminista, más éxito del que merecen.

Fuschl, 21 de agosto de 1994

Ayuda para el Primer Mundo

Me ha conmovido ver las fotos de esas trescientas tiendas de campaña que han levantado frente al Ministerio de Economía y Hacienda, en el Paseo de La Castellana, en Madrid, esos militantes de la organización Plataforma 0,7% —estudiantes y *hippies,* jóvenes y viejos, profesionales y amas de casa, artistas, funcionarios y parados—, que acampan allí, día y noche, para presionar al Gobierno a fin de que dedique el 0,7 por ciento del PIB (Producto Interior Bruto) de España a la ayuda al Tercer Mundo. Han anunciado una huelga de hambre en apoyo de su empeño y todas sus declaraciones así como los lemas de sus pancartas transpiran el desinterés, la generosidad y el idealismo más puros. Desde esta columna les hago llegar mi gratitud por su limpio gesto.

Es un agradecimiento que formulo, no en nombre de los países pobres, sino de los ricos, es decir, de las grandes democracias occidentales, entre las que por fortuna ahora también se halla España, que andan urgentemente necesitadas de iniciativas y movilizaciones que, como la de Plataforma 0,7%, las dinamicen y enriquezcan moralmente, mostrando a los españoles, a los europeos, algo que muchos ya no consiguen creer: que la acción cívica y la vida política no están sólo en manos de gentes inescrupulosas y ávidas de poder o profesionales sin principios o mediocridades lúgubres; que, por el contrario, estas actividades pueden canali-

51

zar también la solidaridad, la decencia, la imaginación y el altruismo de quienes quieren combatir la injusticia y mejorar este mundo.

Dicho esto, debo decir también que si Plataforma 0,7% lograra su objetivo y España dedicara ese porcentaje de la riqueza que produce a ayudar a los países pobres, la suerte de estos no cambiaría por ello de manera significativa. Más todavía. Esta suerte ni siquiera se modificaría en lo esencial aun cuando toda la Europa próspera y Estados Unidos y Japón decidieran seguir el ejemplo de la magnífica Dinamarca que, aunque parezca mentira, canaliza hacia los países en vías de desarrollo no el 0,7 por ciento sino ¡el 3 por ciento de su Producto Interior Bruto (PIB)!

Porque, en contra de lo que creen esos estupendos idealistas, a los que mi amiga Rosa Montero ha bautizado con el lindo apelativo de "los comanches" y a los que la prosperidad del Primer Mundo avergüenza y da mala conciencia cuando la contrastan con la miseria de los países africanos o latinoamericanos o (ahora sólo algunos) asiáticos, entre una y otra realidad económica no hay una relación de vasos comunicantes. No es cierto que los países ricos lo sean porque los otros son pobres y, a la inversa, que la miseria del Tercer Mundo sea resultado de la afluencia del Primer Mundo. Eso fue cierto, y de manera bastante relativa, en el pasado. En el presente no lo es. Y nada hace tanto daño a los países atrasados y misérrimos del planeta como esta falsa doctrina, que los exonera de culpa en lo que respecta a su condición y transfiere toda la responsabilidad del hambre y el desamparo que padecen sus pobres a los países desarrollados, los que se alimentarían de ellos succionándoles la riqueza, como los vampiros a sus víctimas. Pues, si esto fuera así, no habría esperanza para ellos, y no les quedaría otra alternativa que llorar y apiadarse de su suerte, o vociferar contra el malhadado Occidente, mientras, con la mano extendida, esperan pasivamente que los succionadores de su sangre se compadezcan, dejen de hacerlo y vengan más bien con sus ayudas a desempobrecerlos y desarrollarlos.

La verdad es que, hoy en día, la pobreza "se produce", al igual que la riqueza, y que ambas son opciones al alcance de cualquier pueblo. Y que muchos países subdesarrollados, debido a la infinita corrupción de sus clases dirigentes, a la demencial dilapidación de sus recursos y a las insensatas políticas económicas de sus Gobiernos, se han convertido en unas máquinas muy efectivas de producir esas condiciones atroces en las que viven sus pueblos. Atención: sus pueblos, no sus dirigentes, los que a menudo disfrutan de una opulencia milyunanochesca. Por ejemplo, el desorbitado derroche y las pillerías de los Gobiernos populistas han conseguido hacer de Venezuela, que es un país no rico sino riquísimo, una nación arruinada, donde la mayoría de la gente se empobrece cada día un poco más en tanto que sus millonarios sacan al extranjero sus millones a paso de polca.

En el Zaire diezmado por la hambruna y las epidemias sigue gobernando, impertérrito en medio de la peste y la muerte y siempre tocado con su coqueto sombrero de leopardo, el gran Mobutu, cuyo patrimonio personal, depositado en los bancos suizos y exclusivo producto de la rapiña, se calcula entre tres mil y cuatro mil millones de dólares, una suma no muy alejada de la que otro célebre mandatario tercermundista, el difunto presidente Marcos, le birló al pueblo filipino. ¿Y a cuánto ascenderá la fortuna de la familia Duvalier, la que forjó Papá Doc e incrementó Baby Doc, quien bebe ahora el amargo champagne del exilio en la Costa Azul? Los minimalistas la cifran en cien millones de dólares y los maximalistas en quinientos: en todo caso, una verdadera proeza empresarial y financiera, considerando que los latrocinios que la hicieron posible se cometieron esquilmando al pueblo de Haití, el más pobre del planeta. ¿Y cómo cuantificar la dilapidación, en aventuras militares y delirantes experimentos colectivistas y de ingeniería social, de la astronómica ayuda que recibió Fidel Castro de la URSS —entre cinco y diez mil millones de dólares anuales, a lo largo de tres décadas— y que ha hecho de Cuba un país de indigentes?

Pasando a asuntos más optimistas ¿cuál ha sido la nación que más billonarios ha producido en los últimos veinte años? ¿Estados Unidos? ¿Japón? ¿Alemania? No: México. Una estadística que puede ser positiva (si aquellos billones se ganaron en buena lid) o siniestra (si fueron hijos del privilegio mercantilista y del tráfico político) que me hizo conocer, hace apenas dos días, Kevin Rafferty, un destacado periodista económico británico que cubre el Oriente, y que ha documentado en sus crónicas de estos años la contrapartida de este fenómeno de pauperización del Tercer Mundo por obra de sus sanguijuelas gobernantes, es decir, el formidable desarrollo económico de países como Corea del Sur, Taiwan, Hong Kong, Singapur, Tailandia, Malasia, gracias a la apertura de sus economías y su inserción en los mercados mundiales.

La verdadera ayuda al Tercer Mundo no es la de la dádiva, por más noble y bien intencionada que sea la voluntad con que se dé. La triste realidad es que, en la gran mayoría de los casos, esta ayuda no va a parar a las bocas de los hambrientos a quienes se quiere ayudar, ni a los enfermos devorados por las pestes y sin hospitales, ni a los campesinos sin semillas ni tractores, sino a los bolsillos sin fondo de los Mobutus y los Marcos, o a los de los jefezuelos militares y caudillos de facciones que, cuando no se la roban y la regresan a los bancos occidentales donde tienen sus cuentas privadas, se la gastan en comprar armas para entrematarse a fin de conquistar el poder o eternizarse en él.

El verdadero servicio que el Occidente democrático debe prestar a esos pueblos tiranizados y saqueados del Tercer Mundo es ayudarlos a sacudirse de sus tiranos y saqueadores, pues estos son el obstáculo principal que tienen para romper el círculo infernal de la pobreza, y comerciar con ellos, abriéndoles esas fronteras que todavía se hallan cerradas, o apenas entreabiertas, en Europa como en Japón o en Estados Unidos, para tantos productos de los países en vías de desarrollo. Es el proteccionismo de las economías occidentales y la complacencia —en muchos casos, la complicidad— de sus gobiernos con los sátrapas tercermundistas lo que hay que combatir, exigiendo a los Gobiernos de las democracias desarrolladas que corten automáticamente las relaciones con las dictaduras y las sancionen con medidas diplomáticas y económicas a la vez que ayudan de una manera activa a quienes, en sus países, luchan por instalar gobiernos civiles, de legalidad y libertad y estrechan la cooperación y los intercambios comerciales con los regímenes democráticos.

Este es el mensaje que debe llegar a los pueblos del África, de América Latina y del Asia desde la Unión Europea: es posible salir de la pobreza y ello depende sobre todo de ustedes mismos. Para revertir la maldición del subdesarrollo, dejar de producir pobreza y empezar a producir riqueza, como lo están haciendo ya tantos países del Asia y comienzan a hacerlo algunos en América Latina, son indispensables la legalidad, la libertad y unas reformas que transfieran la

55

responsabilidad de la producción a la sociedad civil y se la arrebaten al Estado —la fuente principal de la corrupción, siempre—, que estimulen la competencia y la iniciativa individual, y abran las fronteras a las fuerzas del mercado exterior, el mecanismo que más rápidamente sanea y moderniza una economía, no importa cuán primitivo sea su punto de partida.

Si las cosas son así, ¿por qué alegrarse con una campaña como la de Plataforma 0,7%, que parece partir de una percepción errada de las verdaderas necesidades de los países pobres? Ya lo he dicho y ahora lo repito: porque lo que hacen "los comanches" puede que no sirva de mucho al Tercer Mundo pero sí le sirve a España y a Europa, pues nada hace tanta falta en estos momentos a la cultura democrática —que es también ahora la española— como esa inyección de transparencia de propósitos y de entusiasmo cívico, de fe en el sistema y en los métodos pacíficos de acción para cambiar las políticas de los gobiernos que encarnan quienes desafían la pulmonía y la tortícolis en las trescientas tiendas de campaña de La Castellana. Lo que están haciendo constituye una oxigenante contrapartida ética a la fea, asfixiante imagen del sistema que, como en Francia o en Italia, ha venido también dando la democracia en España en los últimos tiempos con los escándalos de los hombres del poder enriquecidos y fugados, o los banqueros de la bancarrota ensalzados como héroes por la prensa del corazón, y los pequeños y sórdidos tráficos perpetrados a la sombra del Gobierno que la prensa delata cada día. Uno puede discrepar de "los comanches", pero con cuánto respeto y admiración.

Londres, octubre de 1994

Italia no es Bolivia

El 3 de octubre pasado, el portavoz del Gobierno italiano, señor Giuliano Ferrara, para responder a las críticas de la oposición que acusaban al primer ministro Berlusconi de actuar fuera del marco constitucional, exclamó, indignado, en una conferencia de prensa: "¿En qué país cree usted que vivimos? ¿En Bolivia?". Y, según leo en *L'Espresso* del 21 de octubre, unos días después de aquella exclamación, el señor Ferrara reincidió, pues, criticando al Consejo Superior de la Magistratura de Italia, lo definió como un organismo "digno de un país sudamericano: *piú precisamente, di una Repubblica delle banane*" ("más precisamente, de una República bananera").

El señor Giuliano Ferrara quería decir, simplemente, en ambas ocasiones: "Por favor, no olviden ustedes que Italia representa la civilización y que, por lo tanto, ni su Gobierno ni sus otras instituciones pueden o deberían actuar como los de aquellas republiquetas que personifican la barbarie". Reconociéndole todo el derecho del mundo a criticar las múltiples manifestaciones de barbarie que todavía aparecen por doquier en América Latina, afirmo que el portavoz del Gobierno italiano es un hombre desactualizado, que debería poner al día su información política, o una inteligencia asfixiada por estereotipos que la privan de lucidez.

Porque, aunque muchas cosas andan todavía muy mal en los países latinoamericanos, una de las que andan bien es que ya no hay entre ellos ninguno que pueda ser llamado "República bananera". El único que se acerca a la ignominiosa calificación es Cuba, desde luego, por la naturaleza pterodáctila del régimen que desde hace treinta y cuatro años subyuga a la isla y porque Fidel Castro es el único superviviente de la dinastía de sátrapas omnipotentes que encarnaron un Somoza, un Trujillo, un Batista o un Stroessner. Pero ni siquiera Cuba depende ahora de una potencia extranjera o de un conglomerado económico como ocurría hace medio siglo, cuando, por ejemplo, la United Fruit Company era el poder real en la mitad, por lo menos, de los países centroamericanos y decidía qué leyes se dictaban, qué ministros se nombraba y quién ganaría las elecciones. Esa dependencia respecto de una empresa extranjera brilla hoy día por su ausencia también en América Central, gracias a la progresiva apertura de las economías de aquellos países, a los que abrirse al mundo de la competencia y de la diversidad les ha devuelto un margen de independencia inconcebible cuando sus principales recursos eran explotados de manera monopolística por una sola empresa. Un margen pequeño, desde luego, porque se trata de países todavía pobres y la verdadera independencia sólo la garantiza la prosperidad. (Aunque se podría alegar que, en el mundo interdependiente de nuestros días, ni siquiera los países más ricos gozan de soberanía total).

Da la impresión de que el señor Giuliano Ferrara no se hubiera percatado de que, luego de un puñado de países asiáticos, América Latina es hoy la región económica más dinámica del mundo, por los altos índices de su producción de riqueza y por el volumen de inversiones extranjeras que atrae —55.000 millones de dólares el año pasado, entre ellas, de un número creciente de inversores italianos—, a tal extremo de que algunos países, como Chile y Argentina, comienzan a tomar ciertas medidas para atenuar el ritmo, temerosos de que esa hemorragia de divisas dispare una inflación que tanto sacrificio les costó sofocar. Naturalmente que esta promisoria realidad —confirmada una vez más, hace pocas semanas, por los informes del Fondo Monetario y del Banco Mundial y por el último balance de la economía mundial preparado por la revista *The Economist*— no significa que la pobreza haya desaparecido ya en América Latina, que es la acusación idiota con la que suelen responder ciertos rezagados progresistas cuando oyen decir, por ejemplo, que el desarrollo económico chileno es tan efectivo que ha creado un millón de empleos en menos de cinco años. Que, en ese país, pese a su formidable avance, quedan todavía intolerables bolsones de pobreza, es evidente. Pero también lo es, y eso es lo que importa, que gracias a las reformas y al modelo económico sobre el que el pueblo chileno se ha pronunciado ya en dos procesos electorales, Chile ha dejado de producir pobreza y empieza a producir riqueza a un ritmo acelerado, cuyos beneficios alcanzan ya —aunque no en la misma proporción— incluso a los sectores más deprimidos de la sociedad.

Lo que ocurre en Chile está también empezando a ocurrir en una docena de países latinoamericanos, y en los otros la tendencia general es la de optar por el modelo de privatización de la economía, inserción en los mercados mundiales, presupuestos balanceados y, en una palabra, el establecimiento de economías de mercado, que es lo que permitió el despegue de aquella sociedad chilena a la que el resto del mundo observa hoy con el respeto que merece un país que de mendigar hace cuatro lustros la ayuda de los organismos internacionales para no desintegrarse, tiene hoy empresas que están financiando el desarrollo de Perú, Bolivia y Argentina. Desde luego que hay excepciones, manchas negras en lo que parece el renacimiento de un continente que buena parte de su historia se empeñó en hacer todo lo necesario para estancarse o retroceder. Y una de ellas es Venezuela, país privilegiado si los hay, que se empobrece hoy a pasos acelerados con el tipo de políticas populistas —nacionalizaciones, injerencia creciente del Gobierno en la vida económica, controles, subsidios— que en las décadas del sesenta y el setenta potenciaron la pobreza latinoamericana a extremos casi apocalípticos.

Lo que más me ha sorprendido en la desinformación del señor Giuliano Ferrara sobre lo que pasa en aquellos países es que buen número de ellos ha hecho ya, y sin demasiados traumas, lo que su propio Gobierno —quiero decir, el que preside el señor Berlusconi— está tratando de hacer en Italia, sin conseguirlo. Porque ¿acaso no asegura en cada exposición el primer ministro italiano que si no se reduce drásticamente el sector público jamás se reducirá el déficit fiscal en su país y que si no se abren a la competencia jamás podrán las empresas italianas resistir airosas el desafío de una economía mundial globalizada? Pues bien, muchas de las que el señor Ferrara llama *"Repubblica delle banane"* lo han entendido así, han procedido en consecuencia y comienzan en estos momentos a recibir los primeros frutos de las reformas.

Una de ellas es Bolivia. Estoy absolutamente seguro de que si el señor Giuliano Ferrara supiera lo que allí ha ocurrido tendría por ese país el mismo respeto y la misma admiración que yo le profeso. Hasta hace tres lustros, Bolivia era, en efecto, hablando en términos políticos, la pura barbarie: desde 1835 el promedio de duración de sus presidentes era de un año y su historia republicana, además de más de un centenar de golpes de Estado, tenía el triste galardón de un puñado de dictaduras que batieron todos los récords de salvajismo y de pintoresquismo en un continente en el que, como es sabido, ellas abundaban. En 1982, el presidente civil Siles Suazo inauguró, en política económica, unos excesos de incivilidad y estupidez comparables a las fechorías políticas de un Melgarejo (el célebre tiranuelo que, como es sabido, con gran despiste geográfico declaró la guerra a Inglaterra, lo que llevó a la reina Victoria a ordenar que se borrara a Bolivia de los mapamundis británicos). Es decir, empezó a imprimir moneda frenéticamente para costear las no menos frenéticas medidas populistas que adoptaba para satisfacer a todo el mundo. El resultado fue que Bolivia alcanzó una hiperinflación de cincuenta mil por ciento y que todo su aparato productivo se desintegró, a la vez que sus pobres, que eran la inmensa mayoría de esa nación del Altiplano, se volvieron miserables y empezaron a morirse literalmente de hambre. Sin entender lo que ocurría, y aún vociferando que la culpa de la tragedia la tenía el tenebroso imperialismo, el patético demagogo se vio obligado a adelantar las elecciones. Así subió al poder —por segunda vez en su vida— Paz Estenssoro. Tenía credenciales peligrosísimas, pues, en la Revolución de 1952 que llevó al poder al MNR (Movimiento Nacionalista Revolucionario), había expropiado las minas de estaño, la principal riqueza del país, y nacionalizado las tierras, además de practicar la política populista más ortodoxa en el ámbito social.

Pero, con los años, el viejo zorro se había vuelto lúcido y pragmático. En la primera semana de su segundo Gobierno adoptó un paquete de medidas de una audacia y trascendencia extraordinarias, que, además de yugular la inflación, liquidaron las empresas públicas, es decir las minas de estaño, fuente primera del inconmensurable déficit fiscal que arrastraba desde hacía cuatro décadas el Estado boliviano. Al mismo tiempo que ponía orden en las finanzas públicas, saneaba la moneda, clausuraba el sector público deficitario, abría las fronteras de su país al comercio internacional y llegaba a un acuerdo con los organismos internacionales de crédito para que Bolivia abandonara la condición de país apestado —"no elegible", según la jerga del Fondo Monetario— a que lo habían reducido los anteriores gobernantes.

Lo notable, más todavía que el radicalismo de estas reformas, es que ellas se hicieran en democracia, respetando la libertad de prensa y los derechos de una oposición política y sindical, y que, en gran parte, gracias al prestigio y al poder de persuasión de Paz Estenssoro, el pueblo boliviano las respaldara y que surgiera en torno de este modelo un consenso que le ha dado una estabilidad que dura ya casi diez años. El gobierno de Paz Zamora, que sucedió al de Paz Estenssoro, y que contó con el apoyo del ex dictador Banzer, lo respetó y ahora lo perfecciona el gobierno de Gonzalo Sánchez de Lozada (que fue el ministro de Economía de Paz Estenssoro en 1985), quien ha dado un nuevo impulso a la modernización de la economía boliviana, integrándola a los mercados mundiales. El gigantesco sacrificio que todo ello significó para el país comienza a dar resultados, pues, luego del dificilísimo trance de la estabilización, ahora Bolivia crece a un buen ritmo y es uno de los países latinoamericanos que, proporcionalmente, atrae más inversiones. Luego de siglos de inmovilismo en la behetría política y de sistemático empobrecimiento, Bolivia es en nuestros días un país sin inflación, de presupuesto equilibrado, una democracia genuina, de instituciones más o menos sólidas, que parece bien encaminado para dar la batalla contra el subdesarrollo.

Si uno examina su clase política, es verdad que encuentra a algunos bribones conspicuos, como el ex dictadorzuelo García Meza —el primer mandatario narcotraficante del hemisferio—, pero está preso en Brasil y los jueces de este país han acordado extraditarlo a Bolivia, donde, sin duda, pasará largos años a la sombra. Pero, en general, parece una clase política bastante más respetable que la italiana, digamos, donde uno buscaría en vano, aunque lo hiciera con poderosas linternas, alguien a quien respetar tanto como al octogenario Paz Estenssoro, quien, pobre de solemnidad y alabado por todos sus compatriotas, pasa sus últimos años en su modesta casita de Tarija, regando su jardín. No hay nadie, entre los políticos y ex políticos bolivianos, por ejemplo, capaz de emular a un Bettino Craxi, acarreador desaforado de dineros negros y de barras de oro a cuentas secretas de Suiza, o a tanto ministro y ex ministro italiano investigado hoy por la justicia por sus malas juntas con la Mafia y otras picardías.

O sea que, en cierto sentido, el distraído *dottore* Giuliano Ferrara tenía toda la razón: Italia no es Bolivia, por fortuna para los bolivianos.

Roma, octubre de 1994

La muerte del gran escritor

En un ensayo recién aparecido, *La mort du gran écrivain*, Henri Raczymow sostiene que ya no hay "grandes escritores" porque se han impuesto la democracia y el mercado, incompatibles con el modelo de mentor intelectual que fueron para sus contemporáneos un Voltaire, un Zola, un Gide o un Sartre, y, en última instancia, letales para la literatura. Aunque su libro habla sólo de Francia, es evidente que sus conclusiones, si se tienen en pie, valen para las demás sociedades modernas.

Su argumentación es coherente. Parte de un hecho comprobable: que, en nuestros días, no hay una sola de aquellas figuras que, en el pasado, a la manera de un Victor Hugo, irradiaban un prestigio y una autoridad que trascendía el círculo de sus lectores y de lo específicamente artístico y hacía de ellas una conciencia pública, un arquetipo cuyas ideas, tomas de posición, modos de vida, gestos y manías servían de patrones de conducta para un vasto sector. ¿Qué escritor vivo despierta hoy esa arrebatada pasión en el joven de provincias dispuesto a dejarse matar por él, de que hablaba Valéry?

Según Raczymow, para que se entronice un culto semejante al "gran escritor" es indispensable, antes, que la literatura adquiera un aura sagrada, mágica, y haga las veces de la religión, algo que, según él, empezó a ocurrir en el

Siglo de las Luces, cuando los filósofos deicidas e icono-
clastas, luego de matar a Dios y a los santos, dejaron un
vacío que la República debió rellenar con héroes laicos: el
escritor, el artista, fueron los profetas, místicos y super-
hombres de una nueva sociedad educada en la creencia de
que las letras y las artes tenían respuesta para todo y expre-
saban, a través de sus mejores cultores, lo más elevado del
espíritu humano. Este ambiente y creencias propiciaron
aquellas vocaciones asumidas como una cruzada religiosa,
de entrega, fanatismo y ambición poco menos que sobrehu-
manos, de las que resultarían las realizaciones literarias de
un Flaubert o de un Proust, de un Balzac o de un Baudelaire,
grandes creadores que, aunque muy diferentes entre sí, compartían la convicción (era también la de sus lectores) de que
trabajaban para la posteridad, de que su obra, en caso de
sobrevivirlos, contribuiría a enriquecer a la humanidad, o,
como dijo Rimbaud, "a cambiar la vida", y los justificaría
más allá de la muerte.

¿Por qué ningún escritor contemporáneo escribe ya es-
poleado, como aquellos, por la tentación de la inmortali-
dad? Porque todos han llegado al convencimiento de que la
literatura no es eterna sino perecible, y de que los libros se
escriben, se publican, se leen (a veces) y se volatilizan para
siempre. Esto no es un acto de fe, como el que hizo de la
literatura un quehacer supremo e intemporal, un panteón de
títulos incorruptibles, sino una cruda realidad objetiva: hoy
los libros no son pasaportes hacia lo eterno sino esclavos
de la actualidad ("Del aquí y del ahora", dice Raczymow).
Quien los escribe ha sido desalojado del Olimpo donde tro-
naba, a salvo de las contingencias de la vida mediocre, y
nivelado con el "vulgo municipal y espeso" de la democracia que repugnaba tanto al aristocrático Rubén. Y a Flau-

bert, para quien el sueño democrático consistía "en elevar al obrero al nivel de *bêtise* del burgués".

Dos son los mecanismos que, en la sociedad democrática, han ido desacralizando la literatura hasta convertirla únicamente en producto industrial. Uno es sociológico y cultural. La nivelación de los ciudadanos, la extinción de las élites, el arraigo de la tolerancia —del derecho "a la diferencia y a la indiferencia"— y el consiguiente desarrollo del individualismo y el narcisismo, han abolido el interés por el pasado y la preocupación por el futuro, centrado la atención en el presente y tornado en máximo ideal la satisfacción de las necesidades inmediatas. Víctima de este presentismo ha sido lo sagrado, realidad alternativa cuya razón de ser desaparece cuando una comunidad, contenta o descontenta con el mundo en el que vive, acepta a este como el único posible y renuncia a la "alteridad" de la que las creaciones literarias eran emblema y alimento. En una sociedad así puede haber libros, pero ha muerto la literatura.

El otro mecanismo es económico. "No hay otra democracia, ay, que la del mercado", dice Raczymow, lo que significa que el libro, despojado de su condición de objeto religioso o mítico, se vuelve una mera mercancía sometida al frenético vaivén —a la ley de hierro— de la oferta y la demanda, en la que "un libro es un producto y un producto elimina a otro, incluso del mismo escritor". La banalización es el resultado de esa vorágine en la que ningún libro permanece, en la que todos pasan y no vuelven, pues la literatura ya sólo cuenta como producto de consumo inmediato, entretenimiento efímero o información que caduca en el instante de ser conocida.

Ahora bien, el gran instrumento de la democracia no es el libro, sino la televisión. Ella divierte y entretiene a la sociedad *nivelada*, suministrándole las dosis de humor, emociones, sexo y sentimientos que requiere para no aburrirse. La pequeña pantalla ha conseguido realizar aquella desmedida ambición que ardió siempre en el corazón de la literatura y que esta nunca alcanzó: llegar a todo el mundo, hacer comulgar a la sociedad entera con sus "creaciones". En "el reino del narcisismo lúdico" los libros han pasado a ser del todo prescindibles, lo que, por lo demás, no implica que vayan a desaparecer. Continuarán proliferando, pero vaciados de la sustancia que solían tener, viviendo la precaria y veloz existencia de las novedades, confundidos y canjeables en ese *mare mágnum* en el que los méritos de una obra se deciden en razón de la publicidad o de la capacidad histriónica de sus autores. Porque la democracia y el mercado han operado, además, esta reinversión: ahora que ya no hay opinión pública, sólo público, son los escritores-estrellas —los que saben sacar buen partido a los medios audiovisuales, los "mediáticos"— quienes dan prestigio a los libros y no al revés, como ocurría en el pasado. Lo que significa que hemos llegado a la sombría degradación anticipada insuperablemente por Tocqueville: la era de unos escritores que "prefieren el éxito a la gloria".

Aunque no comparto del todo el pesimismo de Henri Raczymow sobre el destino de la literatura, he leído su libro con mucho interés porque, me parece, pone el dedo en la llaga de un problema a menudo soslayado: el nuevo rol que ha impuesto al escritor la sociedad abierta moderna. En ella, es cierto, ya no tiene sitio el escritor mandarín, aquel que, como Sartre en Francia, u Ortega y Gasset y Unamuno en su tiempo, o un Octavio Paz todavía entre nosotros, hace las veces de guía y maestro en todas las cuestiones importantes y suple un vacío que, por la escasa participación de los demás en la vida pública, o por falta de democracia o por el prestigio mítico de la literatura, sólo el "gran escritor" parece capaz de llenar. En una sociedad libre aquella tutoría que ejerce el escritor —a veces provechosamente— en las sociedades sometidas resulta inútil: la complejidad y multiplicidad de los problemas lo conducen a desbarrar si se empeña en dar su parecer sobre todo. Sus opiniones y tomas de posición pueden ser muy lúcidas, pero no necesariamente más que las de cualquier otro —un científico, un profesional, un técnico— y, en todo caso, deberán ser juzgadas por sus propios méritos y no por provenir de alguien que escribe con talento. Esta desacralización de la persona del escritor no me parece una desgracia; por el contrario, pone las cosas en su sitio, pues la verdad es que escribir buenas novelas o hermosos poemas no implica que quien está así dotado para la creación literaria goce de clarividencia generalizada.

Tampoco creo que haya que rasgarse las vestiduras porque, como dice Raczymow, en la sociedad democrática moderna la literatura deba ante todo "divertir", "entretener", para justificar su existencia. ¿No lo han hecho, acaso, siempre, las obras literarias que admiramos, las que, como *El Quijote* o *La guerra y la paz* o *La condición humana* releemos y nos hipnotizan al igual que en la primera lectura? Es verdad que en la sociedad abierta, que tiene disponibles múltiples mecanismos para la exposición y el debate de los problemas y las aspiraciones de los grupos sociales, la literatura deberá ser sobre todo entretenida o, simplemente, no será. Pero la diversión, el entretenimiento, no están reñidos con el rigor intelectual, la audacia imaginativa, el vuelo desalado de la fantasía ni la elegancia expresiva.

En vez de deprimirse y considerarse a sí mismo un ser obsoleto, expulsado de la modernidad, el escritor de nuestro tiempo debería sentirse estimulado por el formidable desafío que significa crear una literatura que sea digna de aquella, capaz de llegar a ese inmenso público potencial que lo espera, ahora que, gracias a la democracia y el mercado, hay tantos seres humanos que saben leer y pueden comprar libros, algo que jamás ocurrió en el pasado, cuando la literatura era, en efecto, una religión y el escritor un pequeño dios al que rendían culto y adoraban las "inmensas minorías". Que haya bajado el telón para los escritores pontífices y narcisos, sin duda; pero el espectáculo puede aún continuar si quienes sucedan a aquellos consiguen que sea menos pretencioso y muy divertido.

Londres, noviembre de 1994

Trench Town Rock

Ante el irresistible avance de las fuerzas de Cromwell que invadieron Jamaica en 1655, los colonos españoles libertaron a sus mil quinientos esclavos, que desaparecieron en la maleza. Reaparecieron, en los turbulentos siglos sucesivos, adornados con el nombre de *maroons* (desprendido de la voz "cimarrón") y una aureola indómita. Dentro de esta bravía estirpe nació, en 1887, Marcos Garvey, apóstol de la "negritud" y del retorno de los negros de América al África, sin el cual el culto Rastafari jamás hubiera trascendido las fronteras jamaiquinas y sin cuya prédica Bob Marley no hubiera sido quien fue.

A Marcos Garvey se atribuye la profética advertencia (los historiadores lo discuten): "Mirad al África, donde coronarán un Rey Negro. Él será el Redentor". Años después, en 1930, en Etiopía, Ras Tafari Makonnen fue entronizado Emperador y proclamado Negus (Rey de Reyes). En los árboles y techos de las aldeas y en los muros de los guetos de Jamaica, comenzaron a aparecer devotas reproducciones de la cara de Haile Selassie y el verde, el rojo y el oro de la bandera etíope. Los fieles de la nueva religión procedían de estratos humildes y su doctrina era simple: Jah (apócope de Jehová) guiaría en una hora secreta al pueblo negro de regreso a Etiopía, sacándolo de Babilonia (el mundo dominado por el blanco, el vicio y la crueldad). El momento se acerca-

71

ba, pues Jah había encarnado en el monarca de Addis Abeba. Los rastas evitaban el alcohol, el tabaco, la carne, los mariscos y la sal y seguían el precepto levítico (25:5) de no cortarse los cabellos, las barbas ni las uñas. Su comunión y rito básico era la *ganja* o marihuana, planta sacramental ennoblecida por el Rey Salomón, en cuya tumba brotó.

La primera vez que Bob Nesta Marley vio un rasta fue en Nine Miles, caserío de la parroquia de St. Ann, donde había nacido en 1945. Hijo de una negra y de un blanco que se casó con ella pero inmediatamente la abandonó, el niño mulato escuchaba deslumbrado las historias medievales del Preste Juan con que entretenía a los campesinos el brujo del lugar, un inspirado contador de fábulas. La aparición del hombre que llevaba un nido de serpientes en la cabeza, una mirada brumosa y en vez de andar parecía flotar, asustó al niño, que, esa noche, soñó con él. Su conversión al culto Rastafari ocurriría mucho después.

Nine Miles no debe haber cambiado desde entonces. Es todavía una ínfima aldea, en lo alto de una abrupta cordillera a la que se llega después de recorrer una larguísima trocha de curvas y de abismos. La cabaña de tablas donde Bob Marley nació ya no existe. Los devotos están reconstruyéndola, en cemento, y han plantado una mata de *ganja* en el umbral. Su sepulcro está más arriba, en otra cumbre que hay que trepar a pie y desde la cual, me dicen, el infausto día del entierro se podía percibir un hormiguero humano de muchos kilómetros. Allí está la piedra donde solía sentarse a meditar y a componer y, allí, su guitarra. Un tapiz bordado por etíopes adorna el monumento fúnebre, al que se entra descalzo, y del que cuelgan, a manera de exvotos, fotografías, recortes de diarios, banderines y hasta el emblema de su automóvil, un BMW, su marca preferida porque sus iniciales reunían las de su nombre y la del conjunto musical con que se hizo célebre: The Wailers.

El rasta que nos guía va al mismo tiempo comulgando y comulgan también una pareja de norteamericanos que se han colado en nuestra camioneta. La visita incluye un recorrido por un extenso campo de plantas sagradas. Como, en teoría, la marihuana está prohibida en Jamaica, pregunto al comulgante si no han tenido problemas con la policía. Se encoge de hombros: "A veces vienen y las arrancan. ¿Y qué? Crecen de nuevo. ¿No son naturales, acaso?". Lo de la prohibición es una fórmula. Unos días antes, en un *Reggae Bash* o concierto al aire libre, en Ocho Ríos, la *ganja* se vendía, en fibras o liada en *spliffs*, a la vista de todo el mundo y los vendedores la voceaban como las gaseosas y las cervezas. Y no creo haber estado en un lugar público en Jamaica sin que me la ofrecieran o sin haber visto a alguien —y no sólo a los rastas— fumándola.

Pero no es en Nine Miles, ni en la mansión de Hope Road, en Kingston, que le compró a su productor en el apogeo de su carrera y en la que funciona ahora un museo dedicado a su memoria, donde hay que rastrear las claves de Bob Marley. Sino en la barriada de Trench Town, en la periferia occidental de la capital jamaiquina, pues fue en esas calles violentas y espirituales, en las que pasó su niñez y juventud, donde se hizo rasta y artista y donde aún ahora se respira el humus social de su filosofía y su música. Las moscas y los altos de basuras, la abigarrada colección de desechos con que los miserables han construido las viviendas en las que malviven, son idénticas a las de cualquier villa miseria del Tercer Mundo.

La diferencia consiste en que, aquí, además de mugre, hambre y violencia uno se topa también, a cada paso, con exhalaciones de esa "religiosidad en estado salvaje" que Claudel encontraba en la poesía de Rimbaud. Ella transpira de la barbada faz del León de Judea y de los colores abisínicos que asoman en tablas, parapetos y calaminas y en los gorros merovingios con que se sujetan las trenzas los rastas que juegan al fútbol. De muchacho, antes de que el gurú Mortimo Plano lo convirtiera y lo enrumbara por una senda mística que no abandonaría jamás, el Bob Nesta Marley que se impuso en estas calles como pandillero, futbolista y matón debió ser una especie de Rimbaud: arcangélico y demoníaco, apuesto y bruto, crudo y genial.

Como el culto Rastafari, el reggae está amasado con el sudor y la sangre de Trench Town: en él se mezclan atávicos ritmos de las tribus de donde fueron arrancados los ancestros y traídos al mercado de esclavos del que es reminiscencia el muro que cerca la barriada, el sufrimiento y la cólera acumulados en siglos de servidumbre y opresión, una esperanza mesiánica nacida de una lectura ingenua de la Biblia, nostalgias de un África mítica revestida con las suntuosas fantasías del Edén y un afán desesperado, narcisístico, de encontrarse y perderse en la música.

Bob Marley no inventó el reggae, que, en los años sesenta, cuando The Wailers graban sus primeros discos en el rústico Studio One de Kingston, promovido por The Skatalites y otros conjuntos jamaiquinos y pese a la resistencia de las autoridades —que veían en las letras de sus canciones una incitación a la rebeldía y el crimen— ya se había impuesto como la música más popular, pero le imprimió un inconfundible sello personal y lo elevó a la dignidad de rito religioso y evangelio político. La poesía que le insufló removía las entretelas del alma de sus coterráneos, porque en ella reconocían sus tormentos, las mil y una injusticias de que estaba hecha la vida en Babilonia, pero, en ella, hallaban también razones optimistas, persuasivas, para resistir la adversidad: saberse los elegidos de Jah, los que estaban por superar la larga prueba, a punto de llegar a la tierra prometida, los inminentes redimidos.

Esa música los embriagaba pues era la suya tradicional, enriquecida con los ritmos modernos que venían de América, el rock, el jazz o el trinitario calipso, y los himnos y danzas de las iglesias. El lenguaje con que Bob Marley les hablaba era el *patois* jamaiquino, indescifrable para el oído no avezado, y sus temas los de sus querellas, pasiones y chismografías callejeras, pero arrebosadas de ternura, misticismo y piedad. La palabra "auténtico" tiene un peligroso retintín aplicada a un artista: ¿existe acaso la autenticidad? ¿No es esta un simple problema técnico para cualquier creador que domina su oficio? Para Bob Marley nunca lo fue: él volcó en las canciones que compuso, por lo menos desde 1968, cuando gracias a sus pláticas con Mortimo Plano asumió definitivamente la religión Rastafari, su vasta fe y su mística *canaille*, su sueño mesiánico al mismo tiempo que su sabiduría musical, su ardiente celo religioso y el denso, selvático lamento de su voz.

Por eso, aunque en su época —los sesenta y los setenta— surgieron muchos compositores y artistas de talento en el mundo, sólo él fue, además de inspirado y original, de una autenticidad sin mácula, que resistió todas las tentaciones, incluso la más hechicera que es la de la vida, pues prefirió morir, a los treinta y seis años, antes de permitir que le amputaran el dedo del pie roído por el cáncer, porque su religión se lo prohibía. Es verdad que murió riquísimo —dejó treinta millones de dólares— pero él casi no disfrutó de esa fortuna, pues, cuando uno visita la casa de Hope Road, el único lujo que se permitió cuando su súbita fama lo hizo opulento, advierte qué pobrecito era ese lujo comparado con el que puede permitirse, hoy, cualquier cancionista de mediano éxito.

Él sólo disfrutó, en la gloria de sus años postreros como en la miseria de los primeros, en el polvo y los detritus de Trench Town: pateando una pelota de fútbol, sumido en una misteriosa introspección de la que volvía al mundo eufórico o llorando, garabateando una canción en un cuaderno de escolar, explorando una melodía en el rasgueo de su guitarra o tragando las nubes agridulces de su cigarro de *ganja*. Fue generoso y hasta pródigo con sus amigos y enemigos, y el día más feliz de su vida fue aquel en que pudo socorrer con su dinero a los parientes del defenestrado Haile Selassie, el déspota al que creía Dios. Cuando visitó el África descubrió que aquel continente estaba lejos de ser aquella tierra de salvación para el pueblo negro con que lo mitificaban su credo y sus canciones y, desde entonces, estas fueron menos "negristas", más ecuménicas y fue más intensa su prédica pacifista y su reclamo de espiritualidad.

No hay que ser religioso para darse cuenta de que sin las religiones la vida sería infinitamente más pobre y miserable para los pobres y los miserables, y, también, de que los pueblos tienen las religiones que les hacen falta. Yo abominé de los pintorescos sincretismos teológicos de los rastas, de sus comuniones marihuanas, de las horrendas recetas de su dietario y de sus pelambres inextricables cuando descubrí que un hijo mío y un grupo de amigos suyos del colegio se habían vuelto catecúmenos de semejante fe. Pero lo que en ellos era sin duda pasajera moda, versátil voluptuosidad de jóvenes privilegiados, en los luctuosos callejones de Trench Town, o en la pobreza y el abandono de las aldeas de la parroquia de St. Ann me ha parecido una conmovedora apuesta por la vida del espíritu, en contra de la desintegración moral y la injusticia humana. Pido perdón a los rastas por lo que pensé y escribí de ellos y, junto a mi admiración por su música, proclamo mi respeto por las ideas y creencias de Bob Marley.

Ocho Ríos, enero de 1995

El príncipe agorero

Cuando ella se despliega con tanta brillantez como en los ensayos de Hans Magnus Enzensberger, y elige tan bien los ejemplos en apoyo de unas tesis que desarrolla de manera tan coherente, en estilo tan claro y elegante, la inteligencia de un escritor soborna a sus lectores, embota su capacidad crítica y les hace aceptar como verdades indestructibles las afirmaciones más fantásticas. Soy víctima confesa de ese *charme* cada vez que lo leo, y lo hago con frecuencia, pues no conozco, entre mis contemporáneos, un ensayista más estimulante y con un sentido más agudo de lo urgente, de lo que es la verdadera problemática de actualidad.

Buen ejemplo de ello son sus dos últimos libros, *La gran migración* y *Perspectivas sobre la guerra civil*, temas que estarán en el centro del debate político internacional en el futuro inmediato y, acaso, buena parte del siglo que se aproxima. Atrapado por el sortilegio de su descripción apocalíptica del mundo en que vivimos —convulsionado por desplazamientos de poblaciones rechazadas por doquier y amenazados de aniquilamiento por una violencia ciega, autista, molecular y protoplasmática— he disfrutado de ese "agradable horror" con que, dice Borges, amueblaban sus noches los cuentos fantásticos. Pero, pasado el hechizo de la lectura, me ocurre lo mismo que después de ver elevarse y levitar a David Copperfield en Earl's Court: me encantó y aplaudí, pero estoy seguro de que no voló, que su magia me engañó.

Aunque escritos por separado, ambos ensayos se refieren al anverso y reverso de un mismo fenómeno. Las migraciones masivas, causa y efecto de buena parte de esa violencia generalizada que Enzensberger ve apoderándose del mundo a la manera de una epidemia —una suerte de sida social—, han existido siempre, y, en ciertas épocas, alcanzado porcentajes más elevados que los de ahora. La diferencia es que antaño eran bienvenidas —los colonos europeos en Estados Unidos, Canadá o Australia, los trabajadores españoles, turcos o italianos en la Alemania y Suiza de los sesenta—, hoy provocan pánico, un rechazo que atizan el racismo y la xenofobia.

Ese cambio de ánimo hacia el inmigrante en las sociedades modernas se origina, en parte, en el llamado "paro estructural", esos empleos desaparecidos que nunca volverán y el consiguiente temor de los indígenas a verse desplazados por forasteros en un mercado laboral que se encoge. Y, en parte, en sentir aquellos amenazada la identidad cultural propia al verse obligados a coexistir con comunidades de otras lenguas, costumbres y religiones que no quieren (o a las que no se permite) disolverse en la del país anfitrión.

Enzensberger desbarata con impecables argumentos todas las fantasías y mitos sobre las "sociedades homogéneas" —que no existen—, poniendo como ejemplo a la alemana, la que, a lo largo de su historia moderna, ha recibido y digerido incontables migraciones, a la vez que enviaba emigrantes a diversas regiones del mundo. Y, con razón, precisa que la repugnancia de los países prósperos hacia el inmigrante desaparece cuando este es rico. ¿Quién le negaría un visado al sultán de Brunei? ¿No obtienen un pasaporte británico con facilidad los banqueros de Hong Kong? ¿No puede adquirir un permiso de residencia en Suiza un millonario libanés, iraní o paraguayo?

De allí, concluye que el problema real no es el de la inmigración sino el de la pobreza, y que esta es, asimismo, la raíz, la explicación recóndita de esa violencia que corre como un incendio por el mundo. Hasta aquí puedo seguirlo, y, también, aunque sólo parcialmente, pues sospecho que exagera, en su análisis de esa violencia moderna que, según él, ya no requiere de pretextos ideológicos ni religiosos para estallar, a menudo gratuita y autodestructiva, que va convirtiendo el globo en una selva de tribus enfrentadas, donde "toda diferencia se ha vuelto un riesgo mortal" y donde "un vagón de metro puede tornarse una pequeña Bosnia". Sin embargo, el fanatismo nacionalista que hace crepitar la ex Yugoslavia o el fanatismo religioso que está detrás de los asesinatos en Argelia no encajan dentro de ese *identikit*; no hay en esas actitudes la mera pulsión sonámbula de matar o morir, sino la convicción —estúpida y criminal, sin duda— de que actuando de ese modo se lucha por una causa que justifica el terror. Es preferible que sea así, me parece, pues la violencia que nace de una idea o de una fe se puede combatir, en tanto que aquella, fatídica, que vendría programada metafísica o genéticamente en la condición humana, no es resistible y nos precipitaría sin remedio en el Apocalipsis.

El pesimismo de Enzensberger tiene como punto de partida la creación del mercado mundial. El triunfo del sistema capitalista y el hecho de que, hoy, la producción y el comercio "sólo" puedan hacerse a escala planetaria, dentro de esa red de interdependencia económica en que funcionan las empresas y los países, han creado una enorme masa de pobres "estructurales" (las llama las "masas superfluas"), que, en los países del Tercer o Primer Mundo (ya que el Segundo desapareció), viven en capilla, condenadas a una marginalidad de la que no tienen posibilidad alguna de escapar. La violencia que sacude al planeta resulta de la desesperación que esta trágica situación engendra en una parte considerable de la humanidad.

Oigámoslo: "Es incontestable que el mercado mundial, desde que dejó de ser una visión lejana y se convirtió en realidad global, fabrica cada año menos ganadores y más perdedores, y eso no sólo en el Tercer Mundo o el Segundo, sino también en los altos centros del capitalismo. Allá, son países y hasta continentes enteros los que se ven abandonados y excluidos de los intercambios internacionales; aquí, son sectores cada vez más grandes de la población los que, en la competencia cada día más dura por las calificaciones, no pueden seguir y caen. Se puede concluir que la violencia colectiva no es otra cosa que la reacción desesperada de los perdedores a su situación económica sin solución".

Este catastrofismo no está respaldado por los hechos y se funda en una visión errónea del capitalismo, un sistema mucho más ávido de lo que Enzensberger supone. Gracias a la voracidad que le es innata, el sistema que creó el mercado se ha ido extendiendo desde las antiguas ciudades europeas donde nació por todos los rincones del mundo y ha establecido ese mercado mundial que, en efecto, es ya una realidad irreversible. Gracias a ello los países pobres pueden hoy día empezar a dejar de serlo y, como Singapur, llegar a tener una estructura económica más sólida que la de Gran Bretaña, o las reservas financieras astronómicas de Taiwan, o crear un millón de empleos en cinco años como ha hecho Chile.

Mientras yo leía a Enzensberger, el caballero Philippe de Villiers, nuevo líder de la extrema derecha francesa, aullaba en Bretaña: "¡Noventa trabajadores filipinos valen lo que un obrero bretón!". Y, en lugar de alegrarse con esta buena noticia, se alarmaba y quería justificar así sus tesis a favor de unas barreras proteccionistas para defender a Francia de competencia tan desleal. Que el señor De Villiers no advierta que si los filipinos producen camisas y pantalones más baratos que los bretones eso también beneficia a los compradores franceses y que a la industria francesa le conviene muchísimo que, gracias a esos mercados que están conquistando sus fábricas, los filipinos elevan sus niveles de vida y su capacidad de compra, para poder adquirir los productos que Francia produce mejor que otros, lo entiendo, pues el señor De Villiers me parece un hombre de otras épocas. Pero no entiendo que el príncipe de la *intelligentsia* europea coincida con los enemigos de la internacionalización de la economía, convencidos de que la riqueza del mundo tiene un tope, ha alcanzado sus límites, y que, a partir de ahora, si un país prospera otro se empobrece.

La verdad es otra. Los países capitalistas no tratarían a China con el guante de seda que sabemos si temieran que sus nuevas industrias fueran a acabar con las suyas (ya que, como diría Monsieur De Villiers, doscientos obreros chinos valen lo que uno de Chicago o Francfort). Esos productores son también consumidores, el desarrollo de un país abre perspectivas enormes a las empresas de los otros pues, mientras más crezca, en términos cuantitativos y cualitativos, el mercado mundial, habrá mayores perspectivas de beneficios para esas empresas capitalistas que operan con la conciencia cabal de que si no son capaces de adaptarse a las condiciones velozmente cambiantes del mercado mundial, desaparecerán.

Es esta nueva realidad la que tiene profundamente alterado al mundo europeo y la que genera inseguridad y miedo en quienes —correctamente— sospechan que ella acabará por modificar instituciones y costumbres —sobre todo, privilegios— que se creían inmutables. La idea de nación, por ejemplo, y las nociones de identidad, de cultura, y unos hábitos y perspectivas en el trabajo y en las relaciones humanas que nada tendrán que ver con los del pasado. Buena parte de los conflictos actuales —como los motivados por los rebrotes del nacionalismo y del integrismo— son reacciones instintivas de comunidades e individuos contra esta revolución que está acabando con la cultura de la tribu y creando un mundo de individualidades libradas a sí mismas, "sin dios ni patria", pero —esperémoslo— sí con ley. Pues si esta última también desapareciera es probable que la pesadilla de Enzensberger, aunque por otros caminos, se hiciera realidad.

En esta mundialización de la vida hay que buscar las razones de esa violencia colectiva que, en efecto, crece de manera dramática. Yo pienso que ella tiene que ver, en buena parte, con la universalización de las comunicaciones, que hace saber, cada día, cada hora, a los pobres del mundo, "lo que no tienen", todo aquello de que están privados y que otros disfrutan. Ello crea impaciencia, desasosiego, frustración, desesperación, y los demagogos políticos y religiosos saben aprovechar ese caldo de cultivo para promocionar sus propuestas demenciales. Pero esa insatisfacción y disgusto de los pobres con su pobreza es también una energía formidable que, bien canalizada, puede convertirse en un extraordinario motor del desarrollo. Así ha ocurrido en los países del Sureste asiático, que, con todas las críticas que se les pueda hacer —en lo relativo a la libertad política y a los derechos humanos, por ejemplo— han mostrado que era posible crear millones de puestos de trabajo y condiciones de vida dignas para sociedades que hasta sólo ayer figuraban entre las más atrasadas del planeta. Lo mismo comienza a ocurrir en América Latina, donde Chile es hoy día un modelo de crecimiento en democracia que otros países tratan de imitar.

Este no es un optimismo ingenuo, sino la simple comprobación de que hay suficientes ejemplos en la realidad contemporánea de que el sistema de libre empresa y de mercado, si se lo adopta con todo lo que él implica —e implica muchos sacrificios y esfuerzos, desde luego— puede sacar a un país de la pobreza, e, incluso, en un plazo relativamente corto. Que pocos países tercermundistas hayan elegido esta opción, es cierto; pero también lo es que ella está ahí, a su alcance, esperando que se decidan a hacerlo. Es la primera vez en la historia humana que esto ocurre —que los países puedan elegir la prosperidad o la pobreza—, y, aunque fuera sólo por eso, en contra de los agoreros vaticinios de mi admirado Hans Magnus Enzensberger, creo que ambos hemos tenido suerte de haber nacido en este tiempo.

Londres, marzo de 1995

Bajo el cielo de Jerusalén

Mi obligación es comenzar por lo más obvio y decir lo honrado que me siento de recibir un Premio que, además de una obra literaria, recompensa los esfuerzos de un intelectual en favor de la libertad. Me alegra de manera especial que este galardón se llame Jerusalén y se me conceda en esta ciudad y este momento.

Dudo que haya en el mundo de hoy una tarea más necesaria, pero también más erizada de dificultades, que combatir por la libertad. Hace apenas unos años, en 1989, en el feliz estrépito de fierros y pedrones de la caída del muro de Berlín, un viento optimista recorrió el planeta que a todos nos exaltó pues parecía que aquella batalla había entrado en su fase decisiva y que pronto reinaría un nuevo orden internacional basado en leyes justas, el respeto a los derechos humanos y la coexistencia de sociedades y de individuos en la tolerancia recíproca. Que, por fin, sería realidad el sueño de una humanidad reconciliada, viviendo en paz, en la diversidad de ideas, creencias y costumbres, y rivalizando amistosamente por el progreso y la prosperidad.

Apenas seis años después, a aquella esperanza ha sucedido un pesimismo que hace crujir los huesos. El resucitar de viejos demonios que creíamos enterrados, o al menos domesticados, como los nacionalismos, los integrismos religiosos, las querellas fronterizas, los conflictos étnicos y raciales y el perfeccionamiento y propagación del terrorismo, que incendian múltiples regiones, desintegran países y siembran las calles y los campos de cadáveres de inocentes, lleva ahora a muchos a desesperar y a preguntarse si vale la pena seguir luchando por cambiar un mundo que da los tumbos del borracho y, como en los versos de Shakespeare, parece creado por un siniestro diosecillo, en el ruido, el furor y el sinsentido.

Cuando escucho semejantes manifestaciones de masoquismo antropológico o siento en mí mismo la tentación de sucumbir a los placeres deletéreos del nihilismo, suelo cerrar los ojos y evocar mi primer viaje a Israel, en 1977. Es una operación que me entona, como a otros una piadosa oración o un trago de whisky. Estuve aquí por primera vez hace diecisiete años, con el pretexto de dar conferencias en la Universidad Hebrea de Jerusalén. En realidad, vine a ver, a aprender, a averiguar cuál era la realidad y cuál el mito de este controvertido país, a oírlo, verlo, leerlo y tocarlo todo. Fue una experiencia de apenas unas semanas, pero de largas enseñanzas. Al pie de las murallas de la antigua Jerusalén, había una muchacha de cabellos dorados y una capa gris, flameando en el viento, que quería hacer todas las revoluciones y que estaba contra todas las leyes, empezando, como dijo el poeta, por la ley de gravedad. "Mis compatriotas te han comprado", me decía. "¡Te has vuelto sionista!".

Yo llevaba entonces algunos años de reconstrucción intelectual y política, luego de haber renunciado a la utopía colectivista y estatista que abracé en mi juventud, y ya defendía, frente a esta, como una alternativa más realista y más humana, el pragmatismo democrático, y me asomaba (todavía con mucha desconfianza) al liberalismo, en las continuas polémicas a que suelo verme arrastrado por lo que parece ser mi ineptitud congénita para toda forma de corrección política. Pero vivía aún con la desasosegadora nostalgia de aquello que a la revolución parece siempre sobrarle y a la democracia siempre faltarle: el tumulto de la acción, el desprendimiento, la ascesis, la entrega, la generosidad, el riesgo, en una palabra todo lo que entusiasma a los jóvenes y aburre a los viejos. En la historia de la creación de Israel y de su lucha por la supervivencia encontré todo aquello, en dosis más que suficientes para aplacar los apetitos de romántico sentimentalismo político que traía —y de los que nunca he podido librarme del todo— pues aquí comprobé que para vivir la vida como aventura, reformar la sociedad y cambiar el curso de la historia no hacía falta suprimir la libertad, atropellar las leyes, instalar un poder abusivo, silenciar las críticas y encarcelar o matar al opositor y al disidente. Desde entonces suelo decir que la más grande sorpresa de aquel viaje a Israel fue haberme permitido descubrir que, en contra de lo que pensábamos mis adversarios, buen número de mis amigos y hasta yo mismo, mi ruptura con el mesianismo autoritario no me había vuelto ese homínido fosilizado que llaman "un reaccionario", sino que seguía recónditamente identificado con esa voluntad de rebeldía y de reforma que, por lo común (y con toda injusticia) se acostumbra reconocer como patrimonio exclusivo de la izquierda.

No piensen ustedes que he venido a echar incienso a Israel en un acto de reciprocidad y acción de gracias por el Premio Jerusalén. Nada de eso. Antes y después de aquel viaje de 1977, he discrepado con la política de los gobiernos israelíes y la he criticado —por ejemplo, en relación con su obstinación en negarse a reconocer el derecho del pueblo palestino a la independencia o los abusos a los derechos humanos cometidos en la represión del terrorismo en los territorios ocupados—, pero dejando siempre en claro que esas críticas las formulaban también, aquí, muchos ciudadanos de Israel, y a veces con incandescente virulencia, dentro de la más irrestricta libertad.

Es este rasgo de su historia, haberse mantenido siempre como una sociedad abierta a la discusión y a la crítica, a la renovación electoral de sus gobernantes, aun en los momentos más graves, incluso en el cataclismo de las guerras, cuando su existencia pendía de un hilo, la más perdurable lección brindada por Israel a los demás pueblos del mundo, sobre todo a los del llamado Tercer Mundo, en los que, a menudo, las dificultades y problemas internos o externos son esgrimidos como pretexto para conculcar las libertades y justificar las tiranías que todavía mantienen a tantos de ellos en la barbarie y el atraso. ¿Qué país ha enfrentado más dificultades y problemas que el diminuto Israel? Haber mantenido siempre crepitando en su seno la llama de la libertad, no lo ha hecho más débil ni más pobre y sí, en cambio, más digno, y ha dado más audiencia a su causa ante las naciones del mundo. Esta fue una de las enseñanzas de aquel viaje que me ayudaría a aclarar muchas ideas y me llevaría a citar siempre esta prueba viviente de que no hay mejor garantía de progreso y de supervivencia para un pueblo, no importa cuál sea su nivel de desarrollo y las circunstancias a que se enfrenta, que la cultura de la libertad.

Y, la otra, aún más íntimamente regocijante para mí, puesto que soy un novelista y dedico mis días y mis noches a la gratísima tarea de fabricar mentiras que parezcan verdades, fue comprobar que la ficción y la historia no son alérgicas la una a la otra sino que, en ciertos casos, pueden fundirse en la realidad como una pareja de amantes en su lecho de amor. Pues, no lo olvidemos: antes de ser historia, Israel fue una fantasía que, como aquella criatura del cuento de Borges, *Las ruinas circulares*, fue trasvasada al mundo concreto desde las nieblas impalpables de la imaginación humana. La literatura está poblada de estas magias, por supuesto, pero, hasta donde mis conocimientos de la historia del mundo me permiten saber, creo que Israel es el único país que puede vanagloriarse, como un personaje de Edgar Allan Poe, de Stevenson o de *Las mil y unas noches*, de tener una estirpe tan explícitamente fantasmal, de haber sido primero anhelado, inventado, erigido con la sutil materia subjetiva con que se fabrican los espejismos literarios y artísticos, y, luego, a fuerza de coraje y voluntad, contrabandeado en la vida real.

Que esto haya sido posible es, desde luego, muy alentador para un novelista, y, en general, para todos quienes han hecho del fantasear el centro de sus vidas: prueba que su vocación no es tan gratuita como se cree, sino de necesidad pública, una vacuna contra el adormecimiento y el reuma sociales. Pero, además de levantar la moral de los nefelibatas —ciudadanos de las nubes—, de este hecho derivan conclusiones enormemente beneficiosas para los pueblos que aspiran a salir de la miseria, la ignorancia, el despotismo o la explotación, y que, por desgracia, son, todavía, la mayor parte de los pueblos del mundo. Es posible conseguirlo. Los deseos y los sueños pueden volverse realidades. No es fácil, desde luego. Hacen falta una terquedad de acero y la capacidad de sacrificio y de idealismo de esos desarrapados que, en este suelo hostil, hicieron brotar agua y sembradío donde había piedras y levantaron en el desierto cabañas que se volvieron pueblos y después ciudades modernas. La historia no está escrita y no hay leyes recónditas que la gobiernen, dictadas por una implacable divinidad o una Naturaleza despótica. La historia la escriben y reescriben las mujeres y los hombres de este mundo a la medida de sus sueños, esfuerzo y voluntad. Esta certidumbre pone sobre nuestros hombros una tremenda responsabilidad, desde luego, y no nos permite buscar coartadas para nuestros fracasos. Pero, también, constituye el más formidable aliciente para los pueblos que se sienten agraviados o desposeídos. Pues ello indica que nada debe obligatoriamente ser como es, que la historia puede ser como debería ser, como quisiéramos que fuera, y que depende sólo de nosotros que lo sea.

Por esa impagable lección, que me ha ayudado en mi vida de escritor y que ha sido el mejor abono de mis convicciones políticas hasta ahora, tengo contraída una deuda con Israel, de modo que, mirándolo bien, ha resultado en cierta forma verdad, como sospechaba mi amiga jerosimilitana enemistada con la ley de gravedad —y que, si la memoria no me traiciona, desafiaba la luz del día con unas medias de siete colores que centellaban más que los rayos del sol en los crepúsculos de Jerusalén—, que aquí contraje una incurable debilidad por el sionismo, o, cuando menos, por lo que hay en su aventura de utopía realizable, de ficción que encarnó en la historia y cambió la vida de millones de personas para mejor.

Hay otra vertiente de la utopía sionista, sin embargo, todo hay que decirlo, con la que yo no puedo sintonizar y es la que legitima el nacionalismo, las fronteras patrias, esa cataclísmica concepción decimonónica del Estado-nación que ha hecho correr tanta sangre por el mundo como las guerras de religión. Aunque quiero a la tierra peruana que me vio nacer y me pobló la memoria de recuerdos y nostalgias para escribir, y a la de España, que ha enriquecido la nacionalidad que ya tenía concediéndome una segunda, diré rápidamente, robándole un título a un ensayo de Fernando Savater, que estoy "contra las patrias" y que mis ideas al respecto las formuló bastante bien Pablo Neruda, en esos versos juveniles que cita siempre Jorge Edwards: "Patria, / palabra triste, / como termómetro o ascensor". Mi propio sueño político es el de un mundo en el que las fronteras entren en un irreversible proceso de declinación, a todos los pasaportes se los coman las polillas y los aduaneros vayan a acompañar a los faraones y a los alquimistas entre las antiguallas que ocupan a arqueólogos e historiadores. Sé que un ideal semejante parece un tanto remoto en estos momentos de desenfrenada proliferación de nuevos himnos y banderas y de exacerbaciones nacionalistas, pero, cuando oigo descalificar mi anhelo de un mundo unificado bajo el signo de la libertad como insensata fabulación de novelista, tengo siempre una contundente réplica a la mano: "¿Y qué, del delirio del periodista vienés Teodoro Herzl? ¿Qué, de la fantasía sionista? ¿No se volvieron realidades?".

Por lo demás, en este fin de milenio parecería que la historia humana, envidiosa de la novela latinoamericana, variedad realismo mágico, se hubiera puesto de pronto a producir tales prodigios que aun los novelistas de más desalada imaginación se han quedado aturdidos con la competencia. Si esas fronteras que parecían las más irreductibles, las de la ficción y la realidad, se han disuelto con acontecimientos tan inesperados como la desintegración del imperio soviético, la reunificación de Alemania, la desaparición de casi todas las dictaduras en América Latina, la pacífica transición de África del Sur de un régimen racista y opresor a una democracia pluralista y tantos otros sucesos que desde hace algún tiempo nos dejan cada mañana sin habla, ¿por qué no admitir que la gradual integración del planeta, ya realizada en buena parte gracias a la internacionalización de los mercados y de las comunicaciones y a la globalización de las empresas, pueda irse extendiendo a lo administrativo y lo político hasta dejar sólo en pie, como barreras entre los hombres, las que nacen y se despliegan libremente, es decir, las fecundas de las lenguas y culturas? Es difícil, desde luego, aunque no quimérico, un laborioso pero fértil empeño, el único que podría poner punto final a esa costumbre de la degollina que acompaña, como sombra fatídica, al acontecer humano, desde los tiempos del taparrabos y el garrote hasta los del viaje a las estrellas y la revolución informática.

El Acuerdo de Paz entre Israel y la OLP es una de esas ocurrencias extraordinarias de los últimos tiempos que nos maravillan y conmueven, uno de esos sucesos que hasta hace poco pertenecían al dominio hechicero de la ficción. Con tanta hostilidad y tanta sangre vertida, con tanto odio acumulado, parecía imposible. Y, sin embargo, se ha firmado y sobrevive a los demenciales intentos del fanatismo por destruirlo. Hay que saludar la audacia y la valentía de quienes se atrevieron a apostar por la negociación y por la paz, y a abrir las puertas a una futura colaboración de dos pueblos enfrentados en un conflicto que ha causado ya tanto sufrimiento y extravío. Y hacer, cada cual, desde nuestra situación particular, lo posible y lo imposible para contribuir a apuntalarlo, de modo que el engranaje civilizador que el Acuerdo ha puesto en marcha vaya venciendo las suspicacias de los desconfiados, ganando a los pesimistas y entusiasmando a los tibios hasta que sea indestructible y se hagan pedazos contra la voluntad de entendimiento y concordia que lo respalda todos los intentos de los enamorados del Apocalipsis por convertir la historia en un infierno.

Entonces, podrá comenzar a ser realidad la segunda parte de aquella ilusión que trajo, de los cuatro rincones del mundo, a la tierra estéril y desamparada que era entonces esta provincia perdida del imperio otomano, a los pioneros sionistas. Estos, recordemos, no sólo querían construir un país, crear una sociedad segura, libre y decente para un pueblo perseguido. Soñaban también con trabajar hombro a hombro con sus vecinos árabes para derrotar a la pobreza y emprender, juntos, en la amistad, con todos los pueblos de esta región, la más rica en dioses, religiones y vida espiritual que haya conocido la civilización humana, la lucha por la justicia y la modernidad. En la convulsionada etapa que ha vivido Israel desde su independencia, este aspecto del sueño sionista quedó disuelto entre los nubarrones de la confrontación y la violencia. Pero, ahora, en la difícil aurora de paz, aquella noble ambición vuelve a asomar, por detrás de los montes de Edom, en ese cielo límpido que desconcierta tanto al forastero que llega por primera vez a Jerusalén y siente, ante la luminosidad que lo recibe, en la delicadeza translúcida que baja desde lo alto, una sensación extraña, como el roce de alas invisibles que sentimos al contacto de la gran poesía. Tal vez la mención de ese atisbo promisorio destellando en el cielo de Jerusalén sea una buena manera de poner punto final a estas divagaciones de un novelista que les renueva su alborozo y gratitud.

Jerusalén, 15 de marzo de 1995

La identidad francesa

La *Nouvelle Revue Française* ha hecho circular entre escritores de diversas lenguas una pequeña encuesta: "¿Cree Ud. que, aparte de la trilogía Grandes Vinos-Alta Costura-Perfumes, existen aún signos perceptibles de la identidad francesa? ¿Comparte Ud. la idea según la cual con el *Nouveau Roman* se inició la decadencia de la literatura francesa en el extranjero? ¿Qué espera de Francia, en todos los campos?". No resisto a la tentación de responder públicamente.

Toda preocupación por la "identidad" de un grupo humano me pone los pelos de punta pues he llegado al convencimiento de que tras ella se embosca siempre una conjura contra la libertad individual. No niego, claro está, algo tan obvio como que un conjunto de personas que hablan la misma lengua, o han nacido y viven en un mismo territorio y enfrentan los mismos problemas y practican la misma religión y/o costumbres, tienen características comunes, pero sí que este denominador colectivo pueda definir a cada una de ellas cabalmente, aboliendo, o relegando a un segundo término desdeñable, lo que hay en cada miembro del grupo de específico, la suma de atributos o rasgos propios que lo diferencia de los demás.

El concepto de "identidad", cuando no se emplea a una escala exclusivamente individual y aspira a representar a un conglomerado, es reductor y deshumanizador, un pase mágico ideológico de signo colectivista que abstrae todo lo que hay de original y creativo en el ser humano, aquello que no le ha sido impuesto por la herencia ni por el medio geográfico ni la presión social sino que ha resultado de su capacidad de resistir esas influencias y contrarrestarlas con actos libres, de invención personal.

Es posible, tal vez, que, en recónditos rincones de la Amazonía, de Borneo o del África, sobrevivan culturas tan aisladas y primitivas, tan estabilizadas en el tiempo prehistórico de la repetición ritual de todos los actos del vivir, que en ellas el individuo no haya aún propiamente nacido y la existencia del todo social sea tan ensimismada, compacta e idéntica para hacer posible la supervivencia de la tribu contra la fiera, el trueno y las magias innumerables del mundo que lo compartido sea en ellas lo único que realmente cuente, los rasgos que prevalecen de manera aplastante sobre los mínimos diferenciales de cada integrante de la tribu. En esa pequeña humanidad de seres clónicos la noción de "identidad" colectiva —peligrosa ficción que es el cimiento del nacionalismo— tendría, tal vez, razón de ser.

Pero aun esta hipótesis me parece dudosa. Los testimonios de los etnólogos y antropólogos que han estudiado las comunidades más aisladas y arcaicas suelen ser contundentes: por importantes y necesarias para la defensa del grupo que sean las costumbres y creencias practicadas en común, el margen de iniciativa y creación entre sus miembros para emanciparse del conjunto es grande y las diferencias individuales prevalecen sobre las colectivas al examinar a cada uno de ellos en sus propios términos y no como meros epifenómenos de la colectividad.

Cuando se habla de "identidad francesa" es evidente que no se alude a una arcaica y confinada comunidad, a la que la falta de intercambios y mezclas con el resto del mundo y la práctica de ciertos usos elementales de supervivencia mantendrían dentro del reino mágico tribal —único dominio en que "lo social" es realidad histórica y no trampa ideológica— sino a una sociedad altamente civilizada y moderna a la que una lengua, una tradición, unas instituciones, ideas, ritos, creencias y prácticas habrían impreso una personalidad colectiva, una sensibilidad e idiosincrasia de la que cada francesa y francés serían portadores únicos e intransferibles, una suerte de sustancia metafísica que a todos ellos hermanaría de modo exclusivo y excluyente y que sutilmente transpiraría en sus actos y sueños, grandes empresas o mínimas travesuras, las que por provenir de ellas y ellos vendrían etiquetadas con el sello indeleble de lo francés.

Husmeo a mi alrededor y comparo uno con otro a las francesas y franceses que conozco, admiro, quiero o detesto; consulto mi memoria de *métèque* precoz y mis casi siete años de existencia parisina, mis inconmensurables lecturas francesas y mi curiosidad devoradora por todo lo bueno y lo malo que sucede en Francia, y juro que no veo ni rastro de esa "identidad" que transubstanciaría en un solo ser, en una indisoluble unidad ontológica, a Flaubert con la Doncella de Orléans, a Chrétien de Troyes con Louis-Ferdinand Céline, al cocinero Paul Bocuse con el padre Foucault, a Paul Claudel con Jean Genet, a Pascal con el marqués de Sade, a los ensayos liberales de Jean François Revel con la demagogia racista de Le Pen y a los *clochards* vinosos de la Plaza Maubert-Mutualité con la espiritual condesita nonagenaria del *XVIème* que preguntó a Jorge Edwards: "*¿Chilien? ¿Et c'est grave ça?*".

Todos ellos hablan francés (aunque un francés bastante distinto), por supuesto, pero, aparte de ese obvio parentesco lingüístico, podría elaborarse un larguísimo catálogo de diferencias y contradicciones entre unos y otros que haría patente la artificialidad de todo esfuerzo reduccionista para confundirlos y disolver sus bien definidas e irreductibles personalidades individuales en una sola entidad gregaria que los representaría y de la que serían a la vez excrecencias y voceros. Porque, además, es evidente que no sería difícil encontrar a cada uno de ellos un linaje o dinastía de seres afines saltando las fronteras de lo francés, en las más diversas y alejadas comarcas del mundo, hasta descubrir que cada uno de ellos, sin dejar de ser francés o francesa —y precisamente porque la cultura dentro de la que nacieron estimuló en ellos esa capacidad de emancipación individual del rebaño gregario— fue capaz de fabricar su propia identidad a lo largo de toda una vida —de grandezas o de infamias, de esfuerzo o suerte, de intuición o conocimiento, y de apetitos y propensiones recónditas— es decir, la de ser muchas otras cosas a la vez que aquello que fueron por la más precaria y miserable de las circunstancias: el lugar de su nacimiento.

Por comodidad de expresión, podemos decir que Francia ha contribuido probablemente más que ninguna otra cultura europea a emancipar al individuo de la servidumbre gregaria, a romper las cadenas que atan al primitivo al conjunto social, es decir a desarrollar esa libertad gracias a la cual el ser humano dejó de ser una pieza en un mecanismo social y se fue convirtiendo en un ser dotado de soberanía, capaz de tomar decisiones e irse constituyendo como ser libre y autónomo, creador de sí mismo, más diverso y más rico que lo que todas las coordenadas sociales o cepos colectivistas —religión, nación, cultura, profesión, ideología, etcétera— pueden decir sobre su "identidad". Eso lo mostró luminosamente Sartre, tratando de averiguar, en *El idiota de la fami-*

lia, su oceánica investigación sobre Flaubert, "¿qué se puede saber, hoy, de un hombre?". Al final del tercer volumen, la inconclusa encuesta dejaba sólo en claro que aquel escribidor normando, de vida en apariencia tan rutinaria y estática, era un pozo sin fondo, un abismo vertiginoso de complejas genealogías culturales, psicológicas, sociales, familiares, una madeja de elecciones personales que escapaba a toda clasificación genérica. Si ese proceso de diferenciación individualista era ya una condición humana tan avanzado en tiempos de Flaubert, desde entonces hasta ahora esa realidad electiva que configura al individuo ha aumentado probablemente mucho más que en toda la historia humana anterior, al extremo de que, aunque, para poder entendernos —y, sobre todo, por pereza mental y cobardía ideológica— todavía sigamos hablando de lo francés —o lo español, lo inglés y lo alemán—, lo cierto es que esas abstracciones son unas referencias cada vez más ineptas y confusionistas para aclarar nada sobre los individuos concretos, salvo en el ámbito burocrático y administrativo, es decir aquel que desindividualiza y deshumaniza al ser humano volviéndolo especie y borrando en él todo lo que tiene de específico y particular.

Decir que Francia ha contribuido probablemente más que ninguna otra cultura a crear al individuo soberano y a mostrar la falacia colectivista que encierran expresiones como "identidad cultural" y que por ello muchos amamos y admiramos la cultura francesa, es cierto, pero sólo a condición de decir al mismo tiempo que Francia no es sólo esa formidable tradición libertaria, universalista y democrática, donde se codean la Declaración de los Derechos Humanos, Montesquieu y Tocqueville, los utopistas decimonónicos, los poetas malditos, con el surrealismo y Raymond Aron, sino, también, otras, oscurantistas, fanáticas, nacionalistas y racistas de las que pueden reclamarse también muchos afrancesados del mundo entero, exhibiendo, además, una panoplia de escritores y pensadores destacados como sus adalides (de Gobineau a Céline, de Gustave Le Bon a Charles Maurras, de Robespierre a Drieu La Rochelle, y de Joseph de Maistre [que escribía en francés aunque no hubiera nacido en Francia] a Robert Brasillach). Como toda gran cultura, la francesa no tiene identidad, o, mejor dicho, tiene muchas y contradictorias: ella es un variopinto mercado donde hay legumbres y hortalizas para todos los gustos: el revolucionario, el reaccionario, el agnóstico, el católico, el liberal, el conservador, el anarquista y el fascista.

La angustia por una supuesta decadencia de la literatura francesa me parece alarmante, no porque apunte a un problema real como porque detecto en ella síntomas de nacionalismo, en una de sus peores vertientes que es la cultural. Es verdad que en los últimos veinte o treinta años no parecen haberse escrito en Francia novelas o poemas comparables a los de sus más grandes creadores, pero, en cambio, en el campo de las ciencias humanas, el del ensayo histórico, filosófico, antropológico o político han aparecido en ese país libros importantes, que se han leído y discutido en medio mundo, como los últimos de François Furet, de Revel, de Besançon, de Lévi-Strauss y de un buen número más. ¿Y no basta acaso para alimentar el orgullo cultural nacional francés que la terrible trinidad —Lacan, Foucault y Derrida— siga tronando olímpicamente, indisputada, en casi todas las facultades de letras de Estados Unidos y de buena parte de Europa y del Tercer Mundo?

En verdad, lo que justificaría la alarma no es el estado de la situación de las letras y el pensamiento en Francia —que gozan de buena salud— sino la política cultural de ese país que, de un tiempo a esta parte, da señales manifiestas de provincianismo, para no decir de *bêtise*. Aunque sin duda hay también una tradición nativa de la que podrían reclamarse, esos gestos y campañas de los gobiernos franceses de los últimos tiempos —los de izquierda y los de derecha, no lo olvidemos— en favor de la "excepción cultural" para proteger al cine y a la televisión de Francia de la contaminación jurásica o la guerra a base de cañonazos administrativos contra los anglicismos que podrían deteriorar la bella lengua de Racine, a muchos nos han producido una lastimosa impresión, pues recuerdan, no a Molière ni a Descartes ni a Baudelaire, sino la idea de la cultura que tenía Monsieur Homais y las payasadas del Gran Guiñol. Pero ni siquiera eso debe inquietarnos demasiado, pues es evidente que lo que hay de verdaderamente universal y duradero en la lengua y las letras de Francia sobrevivirá a los intentos de esos funcionarios que creen que las culturas se defienden con censuras, cuotas obligatorias, aduanas y prohibiciones, y los idiomas, confinándolos dentro de campos de concentración guardados por *flics* y *mouchards* disfrazados de lexicólogos.

Londres, julio de 1995

La señal de la cruz

Nadie dio mucha importancia en Alemania a aquella pareja de discípulos del humanista Rudolf Steiner, que, desde una aldea perdida de Baviera, interpuso hace algún tiempo una acción ante el Tribunal Constitucional de la República, en Karlsruhe, alegando que sus tres pequeños hijos habían quedado "traumatizados" por el espectáculo del Cristo crucificado que estaban obligados a ver, a diario, ornando las paredes de la escuela pública en la que estudian.

Pero hasta la última familia del país supo —y buen número de ellas quedaron desmandibuladas de estupefacción al saberlo— que el alto Tribunal encargado de velar por la recta aplicación de los principios constitucionales en la vida política, económica y administrativa de la Alemania federal, cuyas decisiones son inapelables, había acogido la querella. Por boca de su presidente, una eminencia jurídica, Johann Friederich Henschel, los ocho magistrados que lo integran fallaron que la oferta de aquella escuela bávara de reemplazar los crucifijos de sus paredes por escuetas cruces —a ver si esta simplificación "destraumatizaba" a los infantes del pleito— era insuficiente y ordenaron al Estado de Baviera que retirara cruces y crucifijos de todas las aulas pues "en materia religiosa el Estado debe ser neutral". El Tribunal matizó esta sentencia estipulando que sólo en caso de que hubiera unanimidad absoluta entre

105

padres de familia, profesores y alumnos podría una escuela conservar en sus aulas el símbolo cristiano. Los trémolos del escándalo han llegado hasta este apacible lago de los bosques austriacos donde he venido a refugiarme huyendo del calor y la sequía londinense.

El Estado de Baviera no es sólo el paraíso del colesterol y los triglicéridos —pues allí se bebe la mejor cerveza y se comen los mejores embutidos del mundo—; es también un baluarte del conservadurismo político y la Iglesia católica tiene en él una sólida implantación (no sugiero que haya una relación de causa-efecto entre ambas cosas): más del noventa por ciento de los 850.000 escolares bávaros pertenecen a familias católicas practicantes. La Unión Social Cristiana, versión local y aliada del Partido Demócrata-Cristiano del canciller Kohl, ejerce un dominio político indisputado en la región y su líder, Theo Waigel, ha sido el primero en protestar contra el fallo del Tribunal Constitucional, en un artículo en el órgano partidario, el *Bayernkurier*. "Debido al ostentoso empeño del Tribunal de proteger a las minorías y relegar cada día más a un segundo plano las necesidades de la mayoría, los valores establecidos y el patriotismo constitucional se hallan en peligro", afirmó.

Mesurada reacción, si la cotejamos con la de Su Ilustrísima, el arzobispo de Múnich, cardenal Friedrich Wetter, a quien el asunto ha llevado a las orillas de la apoplejía y —aún más grave desde el punto de vista democrático— el amotinamiento cívico. "Ni siquiera los nazis arrancaron las cruces de nuestras escuelas", exclamó el purpurado. "¿Vamos a permitir que lo que no pudo perpetrar una dictadura lo realice un Estado democrático, regido por la ley?". ¡Por supuesto que no! El cardenal ha incitado a la desobediencia civil —ninguna escuela debe acatar la sentencia del

Tribunal— y convocado una misa al aire libre, el 23 de septiembre, que atraerá seguramente muchedumbres papales. El acto se celebrará bajo la euritmia beligerante de un eslogan acuñado por el mismísimo príncipe de la Iglesia: "¡Aquí está la cruz y aquí se queda!".

Si los encuestadores de las agencias de opinión han hecho bien su trabajo, una robusta mayoría de alemanes respalda al sublevado cardenal Wetter: el 58 por ciento condena la sentencia del Tribunal Constitucional y sólo el 37 por ciento la aprueba. El oportuno canciller Helmut Kohl se ha apresurado a reconvenir a los magistrados por una decisión que le parece "contraria a nuestra tradición cristiana" e "incomprensible desde el punto de vista del contenido y de las consecuencias que puede acarrear".

Pero, acaso más grave todavía para la causa que defiende el Tribunal Constitucional, es que los únicos políticos que hasta ahora hayan salido en su defensa sean ese puñado de parlamentarios desharrapados y vegetarianos amantes de la clorofila y el ayuno —los Verdes— a los que, en este país de formidables comedores de butifarras y churrascos, nadie toma muy en serio. Su líder parlamentario, Werner Schulz, ha defendido en Bonn la necesidad de que el Estado mantenga una rigurosa neutralidad en asuntos religiosos "precisamente ahora que existe una amenaza contra la libertad de cultos por obra de los fundamentalistas musulmanes y otras sectas".

Y ha pedido que el Estado deje de colectar el impuesto que subsidia a la Iglesia y que reemplace los cursos de cristianismo que se imparten en las escuelas públicas por una enseñanza de ética y creencias en general, sin privilegiar a una religión específica.

Desde las tonificantes aguas frías del lago de Fuschl yo quisiera también añadir mi acatarrada voz en apoyo del Tribunal Constitucional de Alemania y aplaudir a sus lúcidos jueces, por un fallo que, en mi opinión, fortalece el firme proceso democratizador que este país ha seguido desde el final de la Segunda Guerra Mundial, lo más importante que le ha ocurrido a Europa Occidental cara al futuro. No porque tenga el menor reparo estético contra crucifijos y cruces o porque albergue la más mínima animadversión contra cristianos o católicos. Todo lo contrario. Aunque no soy creyente, estoy convencido de que una sociedad no puede alcanzar una elevada cultura democrática —es decir, no puede disfrutar cabalmente de la libertad y la legalidad— si no está profundamente impregnada de esa vida espiritual y moral que, para la inmensa mayoría de los seres humanos, es indisociable de la religión. Así lo recuerda Paul Johnson, desde hace por lo menos veinte años, documentando en sus prolijos estudios el papel primordial que la fe y las prácticas religiosas cristianas desempeñaron en la aparición de una cultura democrática en el seno de las tinieblas de la arbitrariedad y el despotismo en que daba tumbos el género humano.

Pero, a diferencia de Paul Johnson, estoy también convencido de que si el Estado no preserva su carácter secular y laico, y, cediendo por ejemplo a la consideración cuantitativa que ahora esgrimen los adversarios del Tribunal Constitucional alemán —¿por qué no sería cristiano el Estado si la gran mayoría de los ciudadanos lo es?—, se identifica con una Iglesia, la democracia está perdida, a corto o mediano plazo. Por una razón muy simple: ninguna Iglesia es democrática. Todas ellas postulan una verdad, que tiene la abrumadora coartada de la trascendencia y el padrinazgo abracadabrante de un ser divino, contra los que se estrellan y pulverizan todos los argumentos de la razón, y se negarían a sí mismas —se suicidarían— si fueran tolerantes y retráctiles y estuvieran dispuestas a aceptar los principios elementales de la vida democrática como son el pluralismo, el relativismo, la coexistencia de verdades contradictorias, las constantes concesiones recíprocas para la formación de consensos sociales. ¿Cómo sobreviviría el catolicismo si se pusiera al voto de los fieles, digamos, el dogma de la Inmaculada Concepción?

La naturaleza dogmática e intransigente de la religión se hace evidente en el caso del islamismo porque las sociedades donde este ha echado raíces no han experimentado el proceso de secularización que, en Occidente, separó a la religión del Estado y la privatizó (la convirtió en un derecho individual en vez de un deber público), obligándola a adaptarse a las nuevas circunstancias, es decir, a confinarse en una actividad cada vez más privada y menos pública. Pero de allí a concluir que si la Iglesia recuperara el poder temporal que en las sociedades democráticas modernas perdió, estas seguirían siendo tan libres y abiertas como lo son ahora, es una soberana ingenuidad. Invito a los optimistas que así lo creen, como mi admirado Paul Johnson, a echar una ojeada a aquellas sociedades tercermundistas donde la Iglesia católica tiene todavía en sus manos cómo influir de manera decisiva en la dación de las leyes y el gobierno de la sociedad, y averiguar sólo qué ocurre allí con la censura cinematográfica, el divorcio y el control de la natalidad —para no hablar de la despenalización del aborto—, para que comprueben que, cuando está en condiciones de hacerlo, el catolicismo no vacila un segundo en imponer sus verdades a como dé lugar y no sólo a sus fieles, también a todos los infieles que se le pongan a su alcance.

Por eso, una sociedad democrática, si quiere seguirlo siendo, a la vez que garantiza la libertad de cultos y alienta en su seno una intensa vida religiosa, debe velar porque la Iglesia —cualquier iglesia— no desborde la esfera que le corresponde, que es la de lo privado, e impedir que se infiltre en el Estado y comience a imponer sus particulares convicciones al conjunto de la sociedad, algo que sólo puede hacer atropellando la libertad de los no creyentes. La presencia de una cruz o un crucifijo en una escuela pública es tan abusiva para quienes no son cristianos como lo sería la imposición del velo islámico en una clase donde haya niñas cristianas y budistas además de musulmanas, o la *kipah* judía en un seminario mormón. Como no hay manera, en este tema, de respetar las creencias de todos a la vez, la política estatal no puede ser otra que la neutralidad. Los jueces del Tribunal Constitucional de Karlsruhe han hecho lo que debían hacer y su fallo los honra.

Fuschl, agosto de 1995

La casa de Ceaucescu

Si todas las instituciones hubieran transitado en la Rumania de la dictadura estalinista de Nicolae Ceaucescu a la incierta democracia que preside Ion Iliescu como la Unión de Escritores, otro gallo cantaría en el islote de cultura latina enclavado en el corazón eslavo de Europa que es la antigua Dacia. Con un sentido pragmático que no suele caracterizar a sus colegas del resto del mundo, los escritores rumanos agrupados en la Unión, cuando, luego del desplome de la dictadura en 1989, perdieron los subsidios estatales, alquilaron parte de sus locales a un casino —uno de los pocos pingües negocios en la nueva sociedad— y con esa renta han podido mantener sus publicaciones, campos de vacaciones y el asilo de ancianos.

"El ser autosuficientes nos garantiza una independencia absoluta del poder político —me explica su presidente, paseándome por las recargadas estancias llenas de columnas, terciopelos y arañas del edificio *belle époque*—. Nuestros dos mil miembros representan todas las tendencias políticas del país". (Seguramente es así, pero en los cuatro efusivos días que pasé en Bucarest yo sólo encontré escritores que hablaban pestes del Gobierno). La coexistencia con los timberos —mafiosos, contrabandistas, nuevos ricos, forasteros de misteriosa dedicación— que en los altos juegan a la ruleta y al *chemin de fer,* no perturba las conferencias y debates inte-

111

lectuales pues el millonario rumano que construyó este palacio finisecular, como tomando providencias anticipadas para facilitar la insólita cohabitación de timba y cultura, lo dotó de paredes impenetrables e insonoras.

No es la única sorpresa que me depara el viaje. Otra, no menor: el sobresalto religioso y las nostalgias monárquicas que se han apoderado de un buen sector de la *intelligentsia* luego de la desaparición del comunismo. Es algo sobre lo que he leído múltiples testimonios en los últimos años: el renacer de las iglesias y el rebrote de la religiosidad popular en los países donde la súbita desaparición del sistema esterilizador por excelencia de la iniciativa y la responsabilidad del individuo, con respuestas prefabricadas para todo, que es el comunismo, dejó un vacío espiritual que hizo sentirse a muchos huérfanos y extraviados en el mundo. Pero, aquí, el fenómeno lo veo y lo toco. No recuerdo, en ambiente intelectual alguno, haber oído hablar tanto de la trascendencia y de la fe como en Bucarest, ni haber sido preguntado tantas veces si creo en Dios o espero convertirme. Un fino poeta ex disidente, que padeció persecución, me confiesa que "en estos tiempos tan confusos, si no hubiera vuelto al redil de la Iglesia me habría suicidado". Y, en un viaje de fin de semana por los Cárpatos que hacemos juntos, una antigua amiga, la hispanista y crítica de cine Manuela Cermat, me desconcierta besando devotamente todos los iconos de los monasterios, y los detentes, escapularios y anillos de los monjes ortodoxos que encontramos al paso (innumerables).

En las encuestas, la idea de un retorno de la monarquía no parece contar con gran respaldo del electorado (un diez por ciento apenas), pero, a juzgar por lo que veo, leo y oigo en estos días entre quienes me muevo, si el voto fuera calificado y todo dependiera de los intelectuales, el exiliado rey

Mihail volvería por un puente dorado al trono que perdió. Muchas personas me hablan de la explosión de entusiasmo callejero que lo recibió la única vez que el Gobierno le permitió visitar Rumania, y en el prestigioso periódico de oposición *Romania libera* aparecen continuamente artículos presentando la opción monárquica como una panacea para los males del país. El papel que ha tenido en la democratización y modernización de España el rey Juan Carlos es uno de los argumentos que aparece con más frecuencia en boca de los defensores de esta opción, que ven en una monarquía constitucional la única salvaguarda contra recaídas dictatoriales; pero, para otros, el medio siglo transcurrido desde la forzada abdicación del Rey hace ya imposible su regreso. "Es una quimera de unos cuantos ilusos", me asegura un profesor universitario.

Yo no estoy en condiciones de saberlo, desde luego, ni adquiero muchas certidumbres sobre el futuro de Rumania entre las opiniones e informaciones múltiples y contradictorias que recibo por doquier en este viaje relámpago. La gente se expresa sin temor y formula sus críticas de manera incluso destemplada, pero los puntos de vista son tan diversos, y, algunos, tan inverosímiles y disparatados, que, a menudo, tengo la impresión de estar moviéndome en un mundo de pura ficción. A derecha e izquierda me dicen que la Revolución del 89 que acabó con la ignominia de Ceaucescu ha sido "robada" por astutos *upparatchiki* comunistas, que, camuflados ahora de demócratas, siguen disfrutando del poder bajo la presidencia de Ion Iliescu. Pero, cuando pregunto cómo un personaje semejante (al que, incluso, algunos opositores acusan de haber trabajado para la KGB soviética) pudo ganar las elecciones, nadie me da una explicación convincente. Y me confundo todavía más cuando escucho decir a media voz, a algunos de sus opositores más encarnizados, que probablemente ganará también la próxima consulta, pues el líder de la coalición opositora, el rector Emil Constantinescu, aunque universalmente respetado por su integridad y méritos intelectuales, no es conocido por el pueblo y carece de carisma.

Mi confusión se debe a lo siguiente. La inmensa mayoría de rumanos execra lo que el régimen de Ceaucescu significó, sobre esto nadie parece tener dudas. Si es así, alguien que estuvo orgánicamente vinculado a ese régimen como Iliescu sólo debería poder ganar las elecciones si estas en vez de libres fueran fraudulentas. Pero a nadie oí afirmar que había habido un fraude electoral en las consultas anteriores, ni preverlo en la que se avecina. ¿Y, entonces? Entonces, la única explicación posible es que las victorias de Iliescu se deben sin duda mucho más a la ineptitud de la oposición que a méritos propios. Sus luchas internas y su pulverización en grupos y grupúsculos sin perfil definido y su incapacidad para elaborar un programa alternativo de gobierno claro y atractivo, debe haberla perjudicado más todavía que la falta de carisma del profesor Constantinescu (tampoco Iliescu da la impresión de ser muy carismático).

Por otro lado, una buena parte de la sociedad rumana parece todavía presa de la paranoia, enfermedad característica de países sometidos a dictaduras. Es muy comprensible que quien vivía bajo la coerción y el control sistemático de todos sus actos y movimientos —así ocurría cuando Ceaucescu— terminara por concebir la vida como un mecanismo regulado por fuerzas todopoderosas y fatídicas, contra las que se hallaba impotente. En democracia, semejante actitud condena a un ciudadano o a un partido a la total inoperancia política, y lo lleva a disimular su ineptitud tras un victimismo absurdo y a buscar chivos expiatorios para los propios fracasos. Digo esto porque en mis cuatro días rumanos tuve ocasión también de oír en boca de intelectuales —sí, de intelectuales— afirmaciones que me revolvieron el estómago. Por ejemplo: que Rumania no saldrá adelante mientras no se sacuda de encima (como los perros a las pulgas, querían decir) sus millones de gitanos culpables de todos los crímenes, contrabandos y suciedades del país y cuyas mafias sostienen a Iliescu, quien, por lo demás, tiene también "sangre gitana". ¿Y cómo se distingue a esa calamidad humana, el gitano, de un rumano de pura cepa? Sencillísimo: bajándole los pantalones y mirándole el sexo, pues todos los gitanos "lo tienen negro como el carbón".

No sé cuántos opositores piensan así, pero, aun si son pocos, mientras lo piensen, merecen perder las elecciones. No sé si Ion Iliescu participa del virus de la xenofobia que ha contaminado a algunos de sus compatriotas, pero es evidente que, incluso si así fuera, lo ocultaría: es demasiado astuto para exhibir prejuicios tan impresentables. Me invita a almorzar y me muestra el antiguo monasterio que es ahora el Palacio de Gobierno. Ceaucescu le añadió un edificio de suntuosas recámaras donde prolifera el mármol y las maderas preciosas, labradas a la antigua. El presidente es frío, calculador, amable, fortachón. Tiene respuestas listas para todas las preguntas, sobre todo las incómodas: sí, fue comunista, secretario de las Juventudes, ministro de Estado y miembro del Comité Central. Pero, en 1971, cuando acompañó a Ceaucescu a China Popular y a Corea del Norte y el dictador rumano se entusiasmó con el modelo instaurado por Mao y Kim Il Sung, se distanció de él. "¿Fue usted purgado?", le pregunto. "Marginado", me corrige. Es decir, enviado a provincias, con cargos administrativos de segunda importancia y, luego, rebajado aún más en la jerarquía, puesto a la cabeza de una editorial técnica. De esa oficina salió la noche del 22 de diciembre de 1989, a unirse al pueblo de Bucarest que se había lanzado a la calle a luchar contra la tiranía. El azar, sumado a su prudencia, su serenidad, su actitud constructiva y su talento organizativo —lo digo como me lo dice— lo subieron rápidamente a las alturas del poder, en las que se halla muy bien instalado y decidido a quedarse un buen rato más. No debe de haber cambiado mucho en su manera de ser, salvo, claro está, en lo que concierne a la ideología, pues, ahora, es un demócrata a carta cabal.

El ingeniero Ion Iliescu se parece como una gota de agua al poeta dominicano Joaquín Balaguer. Ambos prosperaron gracias a esa rara habilidad que comparten de haber sabido hacerse útiles sin parecer peligrosos a los dictadores que sirvieron —el generalísimo Trujillo y Nicolae Ceaucescu—, y de haber tomado la oportuna distancia de ellos para (sin sufrir por esto pena ni castigo) poder más tarde, a la llegada de la democracia, jactarse de haber sido encubiertos demócratas. Y ambos siguieron prosperando en la democracia cuando sus países, sumidos en el caos y la inexperiencia cívica que les legó la dictadura, necesitaron dirigentes hábiles capaces de imponer algún orden y dirección a sociedades a la deriva. Ambos son pruebas vivientes de que ciertos regímenes tardan en morir muchísimo más que los tiranuelos que los presidieron.

A los Ceaucescu ya se los comieron los gusanos, pero al pueblo rumano le costará tiempo, trabajo e imaginación desembarazarse definitivamente de la herencia que la celebérrima pareja le dejó. En Bucarest me negué a visitar la más famosa de las construcciones del dictador, esa horrenda estatua a la megalomanía y al cemento armado que es la Casa del

Pueblo, babilónico edificio en que Ceaucescu invirtió sumas astronómicas y que ahora luce su tremebunda fealdad e inutilidad en lo que era el barrio antiguo de Bucarest. Pero, aunque me libré de esta visita, no pude escapar a la manía edificadora del extinto dictador. En los Cárpatos, en los alrededores de Olanesti, en las faldas boscosas doradas por el sol del otoño, en un paraje arcádico, surgió de pronto, maciza, pretenciosa, intrusa, absurda, erigida con toneladas de cemento, llena de alfombras y arañas de cristal, inmensos pasillos y espejos rutilantes, cortinajes sinuosos y cataratas de mármol, la última que construyó. Toda Rumania está sembrada de casas así, en las que aparecía de improviso, para descansar. Esta es la última de la serie. Iba a pasar aquí la Navidad de 1989, esa fiesta que los rumanos le frustraron, derribándolo. La casa se quedó esperándolo, con su piscina de agua temperada, su helipuerto y su sala de billar preparados. Sólo el mantenimiento de este elefante blanco debe costarle al contribuyente rumano un ojo de la cara. ¿Qué hacer con ella? ¿Venderla? ¿Quién la compraría? No sirve para hotel, pues aunque es gigantesca sólo dispone de cinco alcobas. Y para casa de campo no sirve tampoco, a menos que resucite el Ciudadano Kane y quiera refugiar su megalomanía en las soledades de la frontera entre Valaquia y Transilvania. ¿Qué hacer, pues, con este último regalo de Ceaucescu a la nueva sociedad rumana en gestación? El amable funcionario que me la mostró, creyó que yo bromeaba cuando dije que, en mi opinión, había que dinamitarla de inmediato con todo lo que tiene adentro y volver a sembrar de árboles la tierra que mancilló.

Bucarest, octubre de 1995

Placeres de la necrofilia

Probablemente Argentina sea el único país en el mundo con las reservas de heroísmo, masoquismo o insensatez necesarias para que, en pleno verano, bajo temperaturas saharianas, acuda gente al teatro, a asarse viva oyendo conferencias sobre liberalismo. Lo sé porque yo era el demente que las daba, bañado en sudor ácido, resistiendo la taquicardia y el vahído, en Rosario, Buenos Aires, Tucumán y Mendoza, en el curso de esta última semana irreal, mientras los diarios anunciaban con incomprensible aire de triunfo que se batían las marcas de calor de todo el siglo (cuarenta y cinco grados a la sombra).

Me acompañaba el infatigable Gerardo Bongiovanni, un idealista rosarino convencido de que, cuando se trata de propagar la cultura de la libertad, todo sacrificio es poco, aun si ello supone el brasero, las parrillas o la pira, símiles insuficientes para retratar los fuegos de este verano austral. Además de charlas, mesas redondas, seminarios, diálogos, se las arreglaba para organizar desmedidos asados que hubieran desesperado a los vegetarianos, pero que, a mí, carnívoro contumaz, desagraviaban de las ascuas solares y resucitaban. Una tarde que navegábamos por el ancho Paraná, me sugirió que en vez de reincidir en mis conferencias en aquello de "coger al toro por los cuernos" suprimiese al astado o al verbo, pues, en el contexto lingüístico argentino, la

119

alegoría resultaba técnicamente absurda y de un impudor sangriento (en Argentina, coger es fornicar). Mi instinto me dice que el humor de Gerardo estuvo detrás de esos caballeros que, a la hora de las preguntas, emergían de los auditorios calurosos a inquirir, con aire cándido, si yo también pensaba, como el Pedro Camacho de *La tía Julia y el escribidor*, "que los argentinos tenían una predisposición irreprimible al infanticidio y el canibalismo".

Pero, quizás, nada contribuyó tanto a la sensación de irrealidad, estos siete días, como la novela que iba leyendo, a salto de mata, en todos los resquicios de tiempo disponible, mientras tomaba autos y aviones y cambiaba de hoteles y ciudades y mi vida se columpiaba entre la hidropesía y la deshidratación: *Santa Evita*, de Tomás Eloy Martínez. Encarezco a los lectores a que, sin vacilar, se zambullan en ella y descubran, como yo, los placeres (literarios) de la necrofilia.

Conocí a su autor a mediados de los sesenta, en mi primer viaje a Buenos Aires, cuando él era periodista estrella del semanario *Primera Plana*. Hablaba con las erres arrastradas y el alegre deje de los tucumanos, le había besado la mano en público a Lanza del Vasto y se decía de él que, pese a su juventud, como en el verso de Neruda, se casaba de vez en cuando, siempre con modelos bellísimas. Desde entonces me lo he encontrado muchas veces por el mundo —en Venezuela, donde estuvo exiliado en la época del régimen militar de su país, en el París de los alborotos sesentayochescos, en el Londres de los *hippies*— y la última vez en el pueblo más feo del estado más feo de Estados Unidos —New Brunswick, Nueva Jersey— donde enseñaba en la Universidad de Rudgers, y, además, dirigía por fax, desde su casa situada en un barrio de familias judías ultraortodoxas, el suplemento literario del diario *Clarín*, de Buenos Aires. Con semejante prontuario no es de extrañar que Tomás Eloy Martínez sea capaz de cualquier cosa, incluida la hazaña de perpetrar una novela maestra.

Como todo puede ser novela, *Santa Evita* lo es también, pero siendo, al mismo tiempo, una biografía, un mural socio-político, un reportaje, un documento histórico, una fantasía histérica, una carcajada surrealista y un radioteatro tierno y conmovedor. Tiene la ambición deicida que impulsa los grandes proyectos narrativos y hay en ella, debajo de los alardes imaginativos y arrebatos líricos, un trabajo de hormiga, una pesquisa llevada a cabo con tenacidad de sabueso y una destreza consumada para disponer el riquísimo material en una estructura novelesca que aproveche hasta sus últimos jugos las posibilidades de la anécdota. Como ocurre con las ficciones logradas, el libro resulta distinto de lo que parece y, sin duda, de lo que su autor se propuso que fuera.

Lo que el libro parece es una historia del cadáver de Eva Perón desde que el ilustre viudo, apenas escapado el último suspiro del cuerpo de la esposa, lo puso en manos de un embalsamador español —el doctor Ara— para que lo eterni-zara, hasta que, luego de errar por dos continentes y varios países y protagonizar peripatéticas, rocambolescas aventuras —fue copiado, reverenciado, mutilado, divinizado, acaricia-do, profanado, escondido en ambulancias, cines, buhardillas, refugios militares, sentinas de barcos—, por fin, más de dos décadas después, alcanzó a ser sepultado, como un personaje de García Márquez, en el cementerio de la Recoleta de Buenos Aires, bajo más toneladas de acero y cemento armado que los que compactan los refugios atómicos.

Trenzada a esta historia, hay otra, la de Evita viva, desde su nacimiento provinciano y bastardo, en Junín, hasta su epifanía política y su muerte gloriosa, 33 años más tarde, con media Argentina a sus pies, luego de una vida truculenta y dificilísima, como actriz de reparto, en radios y teatros de segunda, mariposa nocturna y protegida de gente de la farándula. A partir del encuentro con Perón, en un momento crucial de la carrera política de este, esa vida cambia de rumbo y se agiganta, hasta convertirse en un factor central, además de símbolo, de esa bendición o catástrofe histórica (depende desde qué perspectiva se juzgue) llamada peronismo, en la que Argentina sigue todavía atrapada. Esta historia ha sido contada muchas veces, con admiración o con desprecio, por los devotos y adversarios políticos de Evita, pero en la novela parece diferente, inédita, por los matices y ambigüedades que le añaden las otras historias dentro de las que viene disuelta.

Porque, además de las que he mencionado —la de Eva Perón viva y la de Eva Perón muerta—, hay dos historias más, en este libro poliédrico: la del puñado de militares vinculados al Servicio de Inteligencia del Ejército, a quienes el régimen militar que derribó a Perón encargó poner el cadáver embalsamado de Evita a salvo de las masas justicialistas que querían rescatarlo, y la del propio autor (un personaje emboscado bajo el apócrifo seudónimo de Tomás Eloy Martínez) en trance de escribir *Santa Evita*. A estas dos últimas debe la novela sus páginas más imaginativas e insólitas y su mejor personaje, un neurótico digno de figurar en las historias anarquistas de Conrad o en las intrigas católico-político-policíacas de Graham Greene: el coronel Carlos Eugenio de Moori Koenig, teórico y práctico de la Seguridad, estratega del rumor como pilar del Estado, verdugo y víctima del cuerpo insepulto de Evita, que hace de él un alcohólico, un paranoico tenebroso, un fetichista, un amante necrofílico, una piltrafa humana y un loco.

No es la menor de las artimañas de *Santa Evita* hacernos creer que este personaje existió, o, mejor dicho, que el De Moori Koenig que existió era como la novela lo pinta. Esto es tan falso, por supuesto, como imaginar que la Eva Perón de carne y hueso, o la embalsamada, o el sobreexcitado o sobredeprimido escribidor que con el nombre de Tomás Eloy Martínez se entromete en la historia para retratarse escribiéndola, son una transcripción, un reflejo, una verdad. No: son un embauco, una mentira, una ficción. Han sido sutilmente despojados de su realidad, manipulados con la destreza morbosa con que el doctor Ara —otra maravilla de invención— sacó el cuerpo de Evita del tiempo impuro de la corrosión y lo trasladó al impoluto de la fantasía, y transformados en personajes literarios, es decir, en fantasmas, mitos, embelecos o hechizos que trascienden a sus modelos reales y habitan ese universo soberano, opuesto al de la Historia, que es el de la ficción.

El poder de persuasión de una novela que produce estas prestidigitaciones reside en lo funcional de su construcción y lo hechicero de su escritura. El orden con que está organizada *Santa Evita* es asimétrico, laberíntico y muy eficaz; también lo es su lenguaje, dominio en que el autor ha arriesgado mucho y ha estado varias veces a punto de romperse la crisma. Ese abismo por cuyas orillas anduvo al elegir las palabras con que la contó, al frasearla y musicalizarla, es el fascinante y peligrosísimo de la cursilería. En la novela los músicos no interpretan sino "enturbian" el *Verano* de Vivaldi, "desmigajan" el *Ave María* de Schubert, los pacientes no son sometidos a, sino "afrontan cirugías consecutivas", y un guionista describe el rugido de una multitud con estas efusiones retóricas: "El incontinente 'ahora' despliega sus alas de murciélago, de mariposa, de nomeolvides.

123

Zumban los '¡ahora!' de los ganados y las mieses; nada detiene su frenesí, su lanza, su eco de fuego". Y, para describir un día sin sol y con frío, el narrador estampa esta locura futurista: "Por las calles desiertas se desperezaban las ovejas de la neblina y se las oía balar dentro de los huesos" (por alegorías menos pastoriles llamó D'Annunzio a Marinetti: "Poeta cretino con relámpagos de imbecilidad").

Ahora bien, si separadas de su contexto estas y otras frases similares dan escalofríos, dentro de él son insustituibles y funcionan a la perfección, como ocurre con ciertas cursilerías geniales de García Márquez o Manuel Puig. Tengo la certeza de que, narrada con una lengua más sobria, menos pirotécnica, sin los excesos sensibleros, las insolencias melodramáticas, las metáforas modernistas y los chantajes sentimentales al lector, esta historia truculenta y terrible sería imposible de creer, quedaría aniquilada a cada página por las defensas críticas del lector. Ella resulta creíble —en verdad, conmovedora e inquietante— por la soberbia adecuación del continente al contenido, pues su autor ha encontrado el preciso matiz de distorsión verbal y estética necesario para referir una peripecia que, aunque congrega todos los excesos del disparate, el absurdo, la extravagancia y la estupidez, resuella por todos sus poros una profunda humanidad.

La magia de las buenas novelas soborna a sus lectores, les hace tragar gato por liebre y los corrompe a su capricho. Confieso que esta lo consiguió conmigo, que soy baqueano viejo en lo que se refiere a no sucumbir fácilmente a las trampas de la ficción. *Santa Evita* me derrotó desde la primera página y creí, me emocioné, sufrí, gocé y, en el curso de la lectura, contraje vicios nefandos y traicioné mis más caros principios liberales, esos mismos que iba explicando esta semana, entre las llamas y la lava del verano, a los ami-

124

gos rosarinos, porteños, tucumanos y mendocinos. Yo que detesto con toda mi alma a los caudillos y a los hombres fuertes y, más que a ellos todavía, a sus séquitos y a las bovinas muchedumbres que encandilan, me descubrí de pronto, en la madrugada ardiente de mi cuarto con columnas dóricas —sí, con columnas dóricas— del Gran Hotel Tucumán, deseando que Evita resucitara y retornara a la Casa Rosada a hacer la revolución peronista regalando casas, trajes de novia y dentaduras postizas por doquier, y, en Mendoza, en las tinieblas de ese Hotel Plaza con semblante de templo masónico, fantaseando —¡horror de horrores!— que, después de todo ¿por qué un cadáver exquisito —luego de inmortalizado, embellecido y purificado por las artes de ese novio de la muerte, el doctor Ara— no podía ser deseable? Cuando una ficción es capaz de inducir a un mortal de firmes principios y austeras costumbres a esos excesos, no hay la menor duda: ella debe ser prohibida (como hizo la Inquisición con todas las novelas en los siglos coloniales por considerar el género de extremada peligrosidad pública) o leída sin pérdida de tiempo.

Mendoza, diciembre de 1995

El viejito de los juanetes

Para ir a tomar el colectivo a Lima, yo debía recorrer un par de cuadras de la calle Porta, en el corazón de Miraflores, una callecita arbolada donde —hablo de mediados de los años cincuenta— sobrevivían aún aquellas viviendas de madera, de un solo piso, con barandales y columnas pintadas de verde, ventanas enrejadas y un jardín con laureles, floripondios, geranios y enredaderas, construidas a principios de siglo, cuando el barrio era todavía un balneario separado de la capital por chacras y descampados.

En una de estas casitas de juguete había siempre en la terraza, balanceándose en una mecedora tan antigua como él, un viejecillo menudo, reabsorbido y friolento, abrigado con frazadas y embutido en unas pantuflas que sus juanetes deformaban. Algo había en él de misterioso y fantasmal; acaso su soledad, su ignota procedencia o esos recuerdos entrañables con los que parecía refocilarse mañanas y tardes, contemplando el vacío desde su marchito jardín. Me intrigaba tanto que, de saludarlo cuando pasaba frente a su casa, detenerme a cambiar banalidades con él a través de la verja y regalarle las revistas que había leído, llegué a hacerme su amigo. Conversamos varias veces, sentado yo en los escalones de su terraza de tablones carcomidos por la polilla y mi singular vecino meciéndose en su mecedora cronométrica, a impulsos de sus deformes pies que apenas rozaban el suelo.

No recuerdo cómo se llamaba, ni si vivía con alguien más que esa sirvienta india con la que se entendía por señas y que solía traernos a la terraza, al atardecer, una taza de té humeante y esos bizcochos esponjosos llamados *chancay*. Su español era dificultoso, apenas comprensible, y uno de sus ojitos lagrimeaba eternamente. Supe de él unas pocas cosas: que tenía una misérrima peletería en un garaje de La Paz —calle entonces de artesanos, prestamistas, cachivacheros y revendedores—, que había venido al Perú desde Polonia y que era superviviente de un campo de concentración, tal vez Auschwitz. Averigüé esto último de manera casual, por un impromptu suyo que me permitió, un instante, atisbar su historia personal, cuyo secreto él defendía con tesón, cortando en seco, como una imperdonable impertinencia, cualquier pregunta sobre su vida. Eran los tiempos de *Life* en español y yo le había llevado el último número de la revista y le mostraba, con comentarios horrorizados, la foto de un enjambre de humanoides —hueso y pellejo, cráneos rapados, ojos desorbitados por el hambre y el espanto—, semidesnudos, subidos unos sobre otros, trenzados y anudados formando una pirámide dantesca, seres a los que la llegada de las tropas aliadas había salvado *in extremis* de la aniquilación. "Nada de horror —me rectificó, con una lucecita en los ojos que hasta parecía melancólica—. Nos poníamos así para no morir de frío, para calentarnos. Era el único momento bueno del día". No creo que me contara más ni que yo le preguntara nada. Debí de irme en seguida, incómodo y con remordimientos por haber removido, sin quererlo, esos fondos atroces de la memoria de mi vecino.

Esta anécdota y la imagen de gnomo del viejito polaco al que las tormentas de la Segunda Guerra Mundial aventaron al otro lado del mundo, hasta el apacible Miraflores, me han perseguido tenazmente mientras leía, asqueado y fascinado, el *Journal de la guerre* (1939-1945), de Drieu La Rochelle, publicado —después de angustiosas dudas y legítimos escrúpulos— por Gallimard. Drieu no es un escritor que conozca bien ni que me guste —sólo leí de él, con entusiasmo, *Le feu follet* (*El fuego fatuo*) y una colección de ensayos literarios— pero me tenía intrigado el culto que se ha ido coagulando en torno a su figura en las últimas décadas, la mitología que mana de él, su aureola de escritor maldito, cuyo suicidio, al final de la guerra, cuando iba a ser arrestado por colaborar con los nazis, clausuró una vida tumultuosa, de rebelde contumaz, agitador intelectual, don Juan impenitente (una de sus amantes fue Victoria Ocampo, a quien en el *Diario* se acusa de haberle sacado dinero valiéndose de tretas indignas) y con una nietzscheana propensión hacia los excesos de la vida intensa y la muerte temprana. Muchos estudios, tesis, biografías, números de revistas le han sido dedicados y sus novelas, que se reeditan con frecuencia, tienen un público fiel.

Aunque el *Journal de la guerre* produce náuseas y una ilimitada repugnancia, no está mal que se haya publicado, aunque sólo fuera como documento histórico y comprobación, a través de un caso paradigmático, de cómo la inteligencia, el conocimiento y una refinada cultura pueden coexistir con formas extremas de inhumanidad, la ceguera política y el desvarío ético. El *Diario* debería ser leído, sobre todo, por aquellos que han contribuido a desnaturalizar el concepto de fascista, aplicando la palabra sin ton ni son a sus adversarios políticos, con lo que ha alcanzado un valor de uso algo frívolo, que diluye su relación visceral con una de las peores carnicerías de la historia de la humanidad. Drieu La Rochelle era un fascista de verdad. Como el gran filósofo existencialista, Heidegger, pero de manera más explícita y concreta, Drieu celebró en el advenimiento de Hitler el inicio de una nueva era, en la que la historia humana progresaría hacia un mundo depurado de escorias, gracias al liderazgo de un superhombre y al heroísmo de un pueblo y una raza superiores a los demás. Drieu La Rochelle se conduele con amargura de que sus almorranas y varices le impidan vestir el uniforme negro, el casco de acero, las altas botas, los brazaletes con esvásticas y rayos fulminantes del SS, el blondo gigante de las fuerzas de choque hitlerianas, símbolo y personificación del "hombre nuevo", a quien a menudo embalsama con eyaculaciones eróticas de admiración, llamándolo idealista, valiente, desprendido, viril, bello y nórdico (en su boca estos tres últimos son atributos estéticos y morales).

Hitler es el gran revolucionario y depurador histórico, encargado por el destino de disolver las fronteras y salvar a Europa de la doble barbarie que la amenaza —los mercaderes de Wall Street y las hordas del Kremlin— unificándola bajo un poder vertical y restaurando su grandeza de la Edad Media mediante la extirpación de los chancros que han precipitado su decadencia: los parlamentos, los partidos, la politiquería, el mestizaje, el capital apátrida, las razas inferiores y, sobre todo, los judíos.

El antisemitismo recurrente y obsesivo que impregna las páginas del *Journal de la guerre* como una miasma deletérea queda flotando en la memoria del lector igual que esos hedores de tabaco picante, olor a pies sucios y agua de ruda de los antros prostibularios que resisten luego a las duchas y a las fricciones con colonia. Los judíos son, para Drieu La Rochelle, una excrecencia de la que la humanidad debe desembarazarse por razones profilácticas. Todo le repele en ellos: su físico, su atuendo, sus costumbres, su manera de hablar, su desarraigo histórico, su cosmopolitismo, su espíritu mercantil y su permanente conspiración para destruir desde adentro las sociedades en las que se han infiltrado y de las que se alimentan. Ellos son responsables, al mismo tiempo, del capitalismo y del comunismo. Drieu, cuya primera esposa fue judía y cuyo patrimonio —según confiesa en el *Diario*— fagocitó para poder escribir con comodidad y gracias a la cual pudo vivir oculto el último año de su vida, despotrica contra sus propios amigos en razón de su "raza" y confía en que Hitler, luego de derrotar a Inglaterra, no se ablande cediendo a las presiones de los "demócratas" infiltrados en su entorno, y limpie al mundo de esa plaga encerrando a todos los judíos en una isla (por ejemplo, Madagascar), donde vivirían confinados a perpetuidad.

El rediseño de Europa, al que dedica extensas reflexiones, tiene como eje el criterio racial (la limpieza étnica). La Europa aria, nórdica, blanca y rubia levantará fronteras infranqueables contra las sociedades corroídas por la contaminación de sangre árabe, africana o gitana. El sur de Italia, España, Portugal y Grecia descalifican, claro está, para integrar ese enclave europeo glauco y prístino que dominará el mundo; pero también el mismo sur de Francia queda étnicamente excluido por sus impurezas y mezcolanzas, condenado a formar parte de ese pelotón de pueblos de segunda categoría.

Quien garabatea estas sandeces en la tranquilidad de su biblioteca, en la Francia ocupada, no era un imbécil. Se había codeado desde joven con los intelectuales más destacados de su tiempo y se lo consideraba uno de ellos. Amigo de Malraux, de Paulhan, de Saint-John Perse, de Gide, formó parte con ellos de la revista que presidía la vida cultural en Francia —la *Nouvelle Revue Française*— (que dirigió por un par de años) y sus novelas, dramas, ensayos, eran leídos, espectados y discutidos por un público exigente. En este mismo *Journal*, cuando no vomita odio contra los judíos o delira a favor del heroísmo físico y la estética de la guerra, hace reflexiones sutiles sobre las religiones orientales, compara el budismo con el cristianismo, analiza a Santo Tomás y a San Agustín, y despliega una vasta erudición sobre el zen. Sus juicios literarios son arbitrarios pero penetrantes y su prosa, pese a la prisa, tiene un frenesí vigoroso, no exento de encanto.

¿Cómo congeniar ambas cosas? ¿Cómo entender que ese personaje deslumbrado por la sabiduría milenaria de los textos sánscritos y que desmenuza con tanta delicadeza las metáforas de Baudelaire, sea el mismo suministrador de ideas, argumentos, razones, mitos que pusieron en marcha la maquinaria del Holocausto y el acarreo, desde todos los rincones de Europa, hacia los hornos crematorios, de millones de seres humanos? No lo sé. Tal vez no haya respuesta aceptable para esa tremenda pregunta. Pero es indispensable formularla, una y otra vez, porque lo que es seguro es que las ideas —las palabras— no son irresponsables y gratuitas. Ellas generan acciones, modelan conductas y mueven, desde lejos, los brazos de los ejecutantes de cataclismos. Hay un hilo conductor muy directo entre las sangrientas fantasías racistas que maquinaba en su estudio la mente ávida de truculencias de Drieu La Rochelle y la tragedia que amargamente rumiaba en su vejez de transmigrado, mi amigo y vecino, el peletero de los grandes juanetes de la calle Porta.

Madrid, marzo de 1996

132

Un paraíso burgués

Aunque la palabra "civilización" no está de moda y la idea que ella representa ha pasado a ser políticamente incorrecta, la verdad es que, en los últimos años, cada vez que el azar me trajo a Holanda, esa ha sido la noción que inmediatamente me impuso la visita: un país civilizado. O, tal vez, mejor, empeñado en civilizarse, en aumentar los espacios de libertad, de cultura, de elección, y los derechos humanos de sus ciudadanos.

Salvo en la promoción cívica de la mujer, en que Noruega la ha dejado atrás, no creo que haya sociedad en el mundo que encare los grandes desafíos de nuestro tiempo con tanta audacia como la holandesa. Sea en el tema de las drogas, del aborto, de la eutanasia, de las minorías sexuales, de la integración social y política de los inmigrantes, de la religión y las iglesias, del apoyo al Tercer Mundo, Holanda ha ido más lejos que ningún otro país, con políticas permisivas, tolerantes, encaminadas a garantizar, en el torbellino contemporáneo europeo, esos ideales democráticos por excelencia que son la soberanía individual y la coexistencia en la diversidad. Que algunas de las iniciativas tomadas en todos esos asuntos no hayan dado los resultados previstos (como parece ocurrir con la legalización de las drogas llamadas blandas) o sean objeto todavía de feroces controversias (como los matrimonios homosexuales o la descriminalización de la muerte voluntaria) no empaña, más bien realza la valentía de las instituciones y personas que, en vez de jugar al avestruz, enfrentan con lucidez y audacia una compleja problemática que, por primera vez en la historia, sale de las catacumbas para ocupar el centro de la actualidad.

Todo esto está hecho sin estruendo ni jactancia intelectual, sin dar lecciones al resto del mundo, e, incluso, procurando evitar el antagonismo y la controversia con los Gobiernos, las Iglesias y los medios que critican estas reformas desde afuera, presentándolas, a veces, como signos anunciadores del apocalipsis. Esta discreción ha sido uno de los rasgos de la tradición cultural de Holanda, que, pese a ser riquísima, es una de las menos publicitadas que yo conozca y cuyas grandes figuras —de Rembrandt a Van Gogh— han sido casi siempre reconocidas como tales por el resto de Europa sólo póstumamente, luego de haber vivido y trabajado, con diligencia y sin aspavientos, en esa apocada penumbra del anonimato burgués que da la impresión de ser la circunstancia preferida de sus pensadores y creadores y algo así como una propensión nacional (aunque sé muy bien que no existen las propensiones nacionales).

Esta fue en todo caso la condición del misterioso caballero que me ha traído aquí, en este fin de semana soleado y feliz, en que por fin estalló la primavera y los jardines de La Haya y de Delft amanecieron coloreados de tulipanes. No hay vida más inconspicua, rutinaria y provinciana que la que vivió Johannes Vermeer (1632-1675), maestro y comerciante en pintura, nacido y muerto en Delft, y cuya biografía cabe en dos palabras: pintó y procreó. Estas son las únicas ocupaciones sobre las que sus biógrafos tienen una seguridad incontrovertible: que, en sus 43 años de vida, trabajó mucho pero pintó poquísimo —sólo hay documentados 44 cuadros suyos, de los que han sobrevivido 36— y que fue un marido puntualísimo, pues tuvo quince hijos con su mujer, Catharina Bolnes, cuatro de los cuales murieron a poco de nacer.

Es casi seguro que viera la luz y pasara sus primeros años en una taberna, El Zorro Volador, que regentaba su padre. Tabernero era una profesión muy respetable en esta ciudad donde, en el siglo diecisiete, la cerveza, con la cerámica y los paños, constituía la principal fuente de riqueza. A los veinte años, con la oposición de las dos familias, se casó con una muchacha de la minoría católica de Delft (él había sido hasta entonces protestante) para lo cual se convirtió a la "fe papista" (así la llamaban). Ese mismo año fue admitido en la Cofradía de San Lucas, lo que le daba derecho a vender sus pinturas y a comerciar las ajenas. No llegó nunca a la prosperidad de las familias opulentas de esta ciudad de veinticinco mil habitantes, pero tampoco conoció la miseria. Vivió más o menos bien, aunque con periódicas estrecheces, ayudado por su suegra y mercando de cuando en cuando telas italianas para completar el mes, hasta la tremenda recesión del año 1675, que lo arruinó (se sospecha que este disgusto lo mató). Era tan minucioso y exigente en su trabajo que el nacimiento de cada uno de sus óleos semejaba un parto geológico: el promedio de su producción fue de un par de cuadros por año, a lo más. Aunque respetado como artista en su pequeña ciudad, en vida no fue conocido fuera de ella ni siquiera en Holanda. La gloria tardó un par de siglos en llegar.

Ahora, ella ha alcanzado su pináculo, con esta exposición en la Mauritshuis de La Haya, que reúne 23 de sus cuadros, y la complementaria (y magnífica) en el Prinsenhof de su ciudad natal, titulada "Los maestros de Delft: los contemporáneos de Vermeer". En ambas se apiña una muchedumbre cosmopolita y devota —oigo todos los idiomas habidos y por haber— que ha recorrido a veces muchas millas para llegar hasta aquí. Atestan las salas y el visitante, entre tantas cabezas y hombros adventicios, se juega la tortícolis. No importa: habitar por un par de horas el mundo que inventó Vermeer es una de esas experiencias que, por un momento, nos colman de felicidad y de entusiasmo vital, pues nos dan la ilusión de haber tocado el centro crucial de la existencia, de entender el porqué y para qué estamos aquí.

Las palabras que inmediatamente sugiere este mundo son: placidez, sosiego, orden, vida doméstica, familias y costumbres burguesas, prosperidad de comerciantes diligentes. Es un mundo de rutina y eficiencia, sin heroísmo ni mística, urbano y secular, en el que no hay sitio para Eros y sus desmanes, que desconfía de los sentimientos extremos, sin mucha imaginación, aunque, eso sí, bien educado, aseado y atildado. La fe parece asimilada a la vida material y el espíritu dotado de poderosas raíces terrenales, no reñido sino en amigable confraternidad con el cuerpo. De los dos cuadros de tema religioso, uno, *Cristo en casa de Marta y María*, ha sido aburguesado y secularizado al extremo de que, sin el tímido halo que circunda a la figura masculina, se lo podría tomar por una amable tertulia de tres amigos que se disponen a merendar. El otro, *Alegoría de la Fe*, contrariamente a lo que quiere representar, la apoteosis de la verdadera religión, encarnada en una bella matrona que pisa el globo terráqueo y a cuyos pies una serpiente boquea sangre, es de un preciosismo glacial, donde la maniática precisión y aliño de cada objeto distancia todo sentimiento y prohíbe la emoción.

Este mundo es extremadamente sencillo y previsible, amasado en lo cotidiano y enemigo de lo excepcional. Sus motivos son pocos y recurrentes: señoras y muchachas en elegantes interiores mesocráticos, de pulcras baldosas blancas y negras dispuestas en damero, con paisajes y naturalezas muertas vistiendo las paredes y grandes ventanas de cristales límpidos que dejan pasar la luz sin macularla. Se cultiva la música y se lee, pues aparecen libros entre los brocados y sobre los sólidos muebles, y abundan los instrumentos musicales —clavecines, virginales, mandolinas, flautas— con los que las damas distraen el ocio. El amor de las mujeres por los trapos y las joyas se exhibe sin la menor vergüenza, con la buena conciencia que da a los industriosos mercaderes de Delft el éxito de los negocios (los barcos de la Compañía salen cada semana al Oriente cargados de telas y cacharros de la cerámica local, y repletos de toneles de espumante cerveza para la larga travesía). Pero, más todavía que los suntuosos vestidos de seda, raso o terciopelo, y los primorosos encajes, lo que deleita a estas acomodadas burguesas son las perlas. Están por todas partes, centellando en las pálidas orejitas de las muchachas casaderas, enroscadas en los cuellos de las casadas, y en todos los adornos imaginados por los astutos joyeros para halagar la vanidad femenina: en broches, diademas, anillos, prendedores, y en sartas que regurgitan los tocadores.

Esta prosperidad, sin embargo, no es nunca excesiva, está como contenida en el límite mismo donde la elegancia se convierte en amaneramiento y el lujo en exhibicionismo y frivolidad. Todo parece tan medido y congenian tan bien en estos hogares las personas y las cosas de que se rodean que es imposible no aceptar a unas y otras como unidas por un vínculo secreto y entrañable, por una suerte de necesidad. Es un mundo que se puede llamar culto, respetuoso de la ciencia, curioso de lo que hay al otro lado del mar —figura entre sus personajes un geógrafo rodeado de mapas y armado de un compás— y convencido de que las artes —sobre todo, la pintura y la música— enriquecen la vida.

Ahora bien, describir el mundo de Vermeer como yo acabo de hacerlo, es una pretensión inútil. Él fue concebido y realizado con formas y colores, no con palabras, y, además, al ser traducido a un discurso conceptual pierde lo que lo hace irrepetible y único: el ser perfecto. No es fácil definir la perfección, pues las definiciones son imperfectas por naturaleza. La mayoría de los cuadros que pintó el maestro de Delft merecen esta alta y misteriosa calificación porque en ellos nada sobra ni falta, ningún elemento desentona y todos realzan el conjunto. Los pobladores de esas telas, militares de espadón y sombrero de plumas, doncellas de alabastro, mendrugos de pan o diminutas escorias de una pared, están unidos por un vínculo que parece anteceder a lo que hay en ellos de estrictamente plástico, y la belleza que mana de su apariencia no es sólo artística, pues, además de deslumbrarnos, nos inquieta, ya que parece dar sentido y realidad a esas hermosas e incomprensibles palabras que la religión suele usar: gracia, alma, milagro, trascendencia, espíritu.

Cuando un creador alcanza las alturas de un Vermeer descubrimos qué insuficientes siguen siendo, a pesar de todo lo que sabemos, las explicaciones que han dado los críticos, los filósofos, los psicólogos, de lo que es el genio de un artista. Los pinceles de ese metódico y anodino burgués transformaron el mundo pequeño, sin vuelo imaginativo, sin deseos ni sentimientos impetuosos, de mediocres apetitos y aburridas costumbres en que vivió y en el que se inspiró, en una realidad soberana, sin defectos ni equivocaciones ni ingredientes superfluos o dañinos, en un país de inmanente grandeza y suficiencia estética, colmado de coherencia y dichoso de sí mismo, donde todo celebra y justifica lo existente. No sé si existe el cielo, pero si existe es probable que se parezca al paraíso burgués de Johannes Vermeer.

La Haya, mayo de 1996

Las profecías de Casandra

Desde que cayó en mis manos *Lenguaje y silencio*, hace treinta años, considero al profesor George Steiner una de las mentes críticas más estimulantes de nuestra época. Sigo leyendo lo que escribe y confirmando, libro tras libro, aunque discrepe con sus juicios, esa alta opinión. Pero, desde hace algún tiempo, tengo la sospecha de que comienza a sucumbir a esa tentación en la que suelen caer grandes talentos, la del *facilismo* frívolo, o aptitud para demostrar, con una prosa elegante y lo que parece sólida erudición, cualquier cosa, incluso algunas inepcias.

El profesor Steiner acaba de anunciar, simultáneamente, la muerte de la literatura y la existencia de un libro suyo, secreto, que sólo se publicará póstumamente, sobre las lenguas y el acto del amor: "Uno hace el amor de manera muy diferente en alemán que en inglés o en italiano", ha explicado, con una seguridad que le envidiaría don Juan de Mañara. Bien. Este anuncio es, en todo caso, más original y, en lo que concierne a los lectores, más optimista que el primero.

La cultura del futuro inmediato, según él, defenestrará a la literatura por dos factores que ya ejercen una influencia determinante en la vida contemporánea. El primero es la tecnología. La novela como género no está en condiciones de resistir la competencia de la llamada "realidad virtual" generada por los ordenadores, un universo de fantasía y creatividad que, estando sólo en sus atisbos, ya supera sin embargo lo que en este dominio encierran en sus páginas los mejores libros de ficción. La guerra del 14 fue la partida de defunción del género novelesco y su canto del cisne el *Finnegan's Wake*, de Joyce. La poesía sobrevivirá, pero lejos del evanescente libro, como arte oral y subordinado a la música y los quehaceres que han reemplazado a la literatura como imanes de la mejor inteligencia moderna: la televisión, el cine, la danza y la publicidad.

Según la artillería estadística que dispara Steiner en apoyo de sus tesis, las humanidades ya sólo atraen a las mediocridades y a la bazofia universitaria, en tanto que los jóvenes de talento acuden en masa a estudiar ciencias. Y la prueba es que los requisitos de admisión a Letras en los mejores centros académicos de Inglaterra y Estados Unidos han ido disminuyendo hasta alcanzar unos niveles indecorosos. En cambio, en Cambridge, Princeton, MIT, las pruebas de ingreso al primer año de matemáticas o física equivalen "a lo que hace sólo quince años se consideraba investigaciones posdoctorales". Mientras los estudios humanísticos se estancan, retroceden o degradan, los científicos y tecnológicos alcanzan la velocidad de la luz.

El profesor Steiner pormenoriza, con su garbo intelectual de costumbre, una supuesta ley histórica según la cual, en cada época, la cuota de talento creativo, que en todas las sociedades y civilizaciones es limitada, se concentra, por razones misteriosas, en un área específica de la actividad humana, la que, debido a ello, alcanza en esas circunstancias un despliegue y logros extraordinarios. Así como en el Quattrocento florentino fue la pintura y en el siglo XIX europeo tomó la posta la novela, ahora el genio creador de la especie ha desertado las letras y fecunda y enriquece la ciencia y la tecnología y los géneros que más se benefician de sus hallazgos e invenciones, es decir, los audiovisuales. No sin cierto coraje, Steiner asegura que en nuestros días "resulta cada vez más difícil establecer diferencias entre la poesía y los *jingles* de la publicidad" y que no es infrecuente encontrar en la propaganda radio-televisiva de productos comerciales "réplicas y ocurrencias de las que se habrían enorgullecido las comedias de la Restauración".

Hablar de belleza, en ese mundo donde los "creativos" de las agencias publicitarias serán los Dantes y Petrarcas y las telenovelas y *reality shows* harán las veces de *El Quijote* y *La guerra y la paz*, siempre será posible, pero el contenido de aquella noción, claro está, habrá variado esencialmente. Aunque nosotros tengamos cierta dificultad en entenderlo, los niños que nos rodean ya lo han entendido y actúan en consecuencia. Steiner explica lo que le han explicado los científicos: cualquier niño adiestrado en el manejo del ordenador, elige una entre las tres o cuatro soluciones posibles para los problemas que le plantea la pantalla holográfica, no en función de su verdad —ya que todas son verdaderas— sino de su "belleza", es decir de su forma, una coherencia y perfección de orden técnico, que corresponde a lo que clásicamente se consideraba el valor artístico. El niño establece esa jerarquía con la seguridad con que las viejas generaciones diferenciaban un cuadro bonito de uno feo. Este desarrollo parece a Steiner la consecuencia inevitable de una evolución del arte en la que, como le habría ocurrido a la novela después de Joyce, aquel habría tocado fondo. Ya no cabía más que el hegeliano salto cualitativo: ¿cómo hubiera podido sobrevivir la noción tradicional de belleza en las artes plásticas a las realizaciones de un Marcel Duchamp, que podía firmar un orinal, o a las máquinas destructibles y efímeras de un Jean Tinguely?

Hace tiempo que un ensayo no me irritaba tanto como este que comento. Juro que esta irritación no se debe a que, dado mi oficio, su tesis me convierte en un hermano moderno de los dinosaurios y pterodáctilos cuando daban las primeras boqueadas, sino al airecillo superior y socarrón con que el profesor Steiner interpreta el papel de una Casandra cultural, anunciando, con alegre masoquismo —y, para que el sarcasmo fuera completo, nada menos que en una conferencia pública ante la Asociación de Editores, que, con motivo de su centenario, lo había invitado a hablar del libro— el fin de una civilización y el advenimiento de otra, ontológicamente distinta y depurada de papel impreso.

En cuanto a la tesis misma, aunque sin duda exagerada y expuesta con innecesaria truculencia, probablemente sea cierta en sus grandes direcciones. Nadie puede poner en duda que la tecnología ha conseguido, en campos como los de la electrónica y la informática, desarrollos prodigiosos, ni que los medios audiovisuales drenen cada vez más lectores potenciales a la literatura. Me parece una delirante provocación, sin embargo, viniendo de alguien más capacitado que nadie para saber que no es así, asegurar que la publicidad y la pequeña pantalla producen ya obras maestras del tamaño de las literarias. En todo caso, "aún" no es así y los que tratamos de compaginar nuestro amor a los libros con una frecuentación más o menos periódica de la televisión y el cine comprobamos a diario que, para que ello llegue a ocurrir, si es que ocurre alguna vez, falta un largo trecho de camino.

Por lo demás, que el libro quede relegado a una actividad minoritaria y casi clandestina en la sociedad futura no es una perspectiva que deba desmoralizar a los amantes de la literatura. Por el contrario, muchas consecuencias positivas pueden derivar de esa marginalización. Este es para mí el talón de Aquiles de la argumentación de Steiner. Haber olvidado que la ficción y la poesía sólo fueron mayoritarias, realmente populares, cuando eran orales y se contaban y cantaban en las plazas y caminos. Desde que se volvieron escritura, ambas se confinaron en una minoría ínfima, en una élite de gentes cultas que, por supuesto, creció algo con la invención de la imprenta. Pero nunca fue la literatura un género para "las masas", ni siquiera ahora, cuando, en un número muy pequeño de países modernos y prósperos, llegó el libro artístico y creativo a un sector importante (aunque jamás mayoritario en términos estrictos). Dudo mucho, por ejemplo, que los lectores de novelas y poemas en España consigan llenar las tribunas del Real Madrid. Y me temo que, los del Perú, quepan y sobren en un cine.

De otro lado, la consecuencia más notoria de la gran expansión del público consumidor de libros literarios —la forja de esas grandes minorías en países como Francia, Inglaterra, Estados Unidos, etcétera— ha sido, paradójicamente, no la difusión masiva de la mejor literatura, sino la caída en picada de los patrones de exigencia intelectual y artística para el libro literario y el surgimiento de una subcultura —la del *best seller*— que, en vez de contribuir al goce y disfrute de las grandes creaciones literarias en prosa o verso por un vasto público, ha servido para que estos nuevos lectores lean, sobre todo, unos productos manufacturados que son, en el mejor de los casos, sólo malos, y, en el peor, de una estupidez vertiginosa que, sin duda, estraga a sus consumidores y los vacuna definitivamente contra la verdadera literatura.

A este respecto, quisiera mencionar sólo dos ejemplos, que el azar acaba de alcanzarme. Leo esta mañana en *The*

Times que Maya Angelou, una poeta norteamericana de segundo, o acaso tercer orden, es la poeta más leída de todos los tiempos en lengua inglesa, desde que el presidente Clinton la invitó a leer un poema el día de su toma de posesión. Sólo este año, Maya Angelou, en cuya poesía es recurrente el tema de la pobreza, ha ganado de derechos de autor cuatro millones y medio de dólares. ¿Cuántos habrá ganado la bella modelo de largas piernas, Naomí Campbell, que hace algún tiempo publicó una novela lanzada con una feroz publicidad de radio y televisión? No estoy en contra, naturalmente, de que las modelos escriban novelas. Pero, ahí está la cuestión. La señorita Campbell no la ha escrito, sólo aparece como autora. Y esto no se oculta al público que acude a comprar el libro —más numeroso, claro está, que el que lee a Naipaul o a Doris Lessing—, pues debajo del título se estipula que la novela ha sido "escrita por..." un pobre escribidor necesitado de cuyo nombre no quiero acordarme.

¿Por qué tendríamos que derramar lágrimas por la desaparición de esta feria de la impostura, de la confusión y de las vanidades? Si eso es lo que va a desaparecer con la arrolladora arremetida de la cultura audiovisual, bienvenida sea esta. El libro no va a morir, por supuesto. Retornará a donde estuvo casi siempre, a un enclave conformado por minorías que lo mantendrán vivo y al mismo tiempo le exigirán el rigor, la buena palabra, la inventiva, las ideas, las persuasivas ilusiones, la libertad y las audacias que brillan por su ausencia en la gran mayoría de esos libros que usurpan ahora la denominación de literarios. En esa fraternidad futura de catecúmenos del libro, el profesor Steiner será leído y comentado, sin necesidad de que —a sus años— haga el *enfant terrible*.

Londres, mayo de 1996

Los inmigrantes

Unos amigos me invitaron a pasar un fin de semana en una finca de La Mancha y allí me presentaron a una pareja de peruanos que les cuidaba y limpiaba la casa. Eran muy jóvenes, de Lambayeque, y me contaron la peripecia que les permitió llegar a España. En el consulado español de Lima les negaron la visa, pero una agencia especializada en casos como el suyo les consiguió una visa para Italia (no sabían si auténtica o falsificada), que les costó mil dólares. Otra agencia se encargó de ellos en Génova; los hizo cruzar la Costa Azul a escondidas y pasar los Pirineos a pie, por senderos de cabras, con un frío terrible y por la tarifa relativamente cómoda de dos mil dólares. Llevaban unos meses en las tierras del Quijote y se iban acostumbrando a su nuevo país.

Un año y medio después volví a verlos, en el mismo lugar. Estaban mucho mejor ambientados y no sólo por el tiempo transcurrido; también porque once miembros de su familia lambayecana habían seguido sus pasos y se encontraban ya instalados en España. Todos tenían trabajo, como empleados domésticos. Esta historia me recordó otra, casi idéntica, que le escuché hace algunos años a una peruana de Nueva York, ilegal, que limpiaba la cafetería del Museo de Arte Moderno. Ella había vivido una verdadera odisea, viajando en ómnibus desde Lima hasta México y cruzando el Río Grande con los "espaldas mojadas", y celebraba cómo

145

habían mejorado los tiempos, pues, su madre, en vez de todo ese calvario para meterse por la puerta falsa en Estados Unidos, había entrado hacía poco por la puerta grande. Es decir, tomando el avión en Lima y desembarcando en el Kennedy Airport, con unos papeles eficientemente falsificados desde el Perú.

Esas gentes, y los millones que, como ellas, desde todos los rincones del mundo donde hay hambre, desempleo, opresión y violencia cruzan clandestinamente las fronteras de los países prósperos, pacíficos y con oportunidades, violan la ley, sin duda, pero ejercitan un derecho natural y moral que ninguna norma jurídica o reglamento debería tratar de sofocar: el derecho a la vida, a la supervivencia, a escapar de la condición infernal a que los gobiernos bárbaros enquistados en medio planeta condenan a sus pueblos. Si las consideraciones éticas tuvieran el menor efecto persuasivo, esas mujeres y hombres heroicos que cruzan el estrecho de Gibraltar o los cayos de la Florida o las barreras electrificadas de Tijuana o los muelles de Marsella en busca de trabajo, libertad y futuro, deberían ser recibidos con los brazos abiertos. Pero, como los argumentos que apelan a la solidaridad humana no conmueven a nadie, tal vez resulte más eficaz este otro, práctico. Mejor aceptar la inmigración, aunque sea a regañadientes, porque, bienvenida o malvenida, como muestran los dos ejemplos con que comencé este artículo, a ella no hay manera de pararla.

Si no me lo creen, pregúntenselo al país más poderoso de la Tierra. Que Estados Unidos les cuente cuánto lleva gastado tratando de cerrarles las puertas de la dorada California y el ardiente Texas a los mexicanos, guatemaltecos, salvadoreños, hondureños, etcétera, y las costas color esmeralda de la Florida a los cubanos y haitianos y colombianos y peruanos

146

y cómo estos entran a raudales, cada día más, burlando alegremente todas las patrullas terrestres, marítimas, aéreas, pasando por debajo o por encima de las computarizadas alambradas construidas a precio de oro y, además, y sobre todo, ante las narices de los superentrenados oficiales de inmigración, gracias a una infraestructura industrial creada para burlar todos esos cernederos inútiles levantados por ese miedo pánico al inmigrante, convertido en los últimos años en el mundo occidental en el chivo expiatorio de todas las calamidades.

Las políticas antiinmigrantes están condenadas a fracasar porque nunca atajarán a estos, pero, en cambio, tienen el efecto perverso de socavar las instituciones democráticas del país que las aplica y de dar una apariencia de legitimidad a la xenofobia y el racismo y de abrir las puertas de la ciudad al autoritarismo. Un partido fascista como el Frente Nacional, de Le Pen, en Francia, erigido exclusivamente a base de la demonización del inmigrante, que era hace unos años una excrecencia insignificante de la democracia, es hoy una fuerza política "respetable" que controla casi un quinto del electorado. Y en España hemos visto, no hace mucho, el espectáculo bochornoso de unos pobres africanos ilegales a los que la policía narcotizó para poder expulsar sin que hicieran mucho lío. Se comienza así y se puede terminar con las famosas cacerías de forasteros perniciosos que jalonan la historia universal de la infamia, como los exterminios de armenios en Turquía, de haitianos en la República Dominicana o de judíos en Alemania.

Los inmigrantes no pueden ser atajados con medidas policiales por una razón muy simple: porque en los países a los que ellos acuden hay incentivos más poderosos que los obstáculos que tratan de disuadirlos de venir. En otras palabras, porque hay allí trabajo para ellos. Si no lo hubiera, no irían, porque los inmigrantes son gentes desvalidas pero no estúpidas, y no escapan del hambre, a costa de infinitas penalidades, para ir a morirse de inanición al extranjero. Vienen, como mis compatriotas de Lambayeque avecindados en La Mancha, porque hay allí empleos que ningún español (léase norteamericano, francés, inglés, etcétera) acepta ya hacer por la paga y las condiciones que ellos sí aceptan, exactamente como ocurría con los cientos de miles de españoles que, en los años sesenta, invadieron Alemania, Francia, Suiza, los Países Bajos, aportando una energía y unos brazos que fueron valiosísimos para el formidable despegue industrial de esos países en aquellos años (y de la propia España, por el flujo de divisas que ello le significó).

Esta es la primera ley de la inmigración, que ha quedado borrada por la demonología imperante: el inmigrante no quita trabajo, lo crea, y es siempre un factor de progreso, nunca de atraso. El historiador J. P. Taylor explicaba que la Revolución Industrial que hizo la grandeza de Inglaterra no hubiera sido posible si Gran Bretaña no hubiera sido entonces un país sin fronteras, donde podía radicarse el que quisiera —con el único requisito de cumplir la ley—, meter o sacar su dinero, abrir o cerrar empresas y contratar empleados o emplearse. El prodigioso desarrollo de Estados Unidos en el siglo XIX, de Argentina, de Canadá, de Venezuela en los años treinta y cuarenta, coinciden con políticas de puertas abiertas a la inmigración. Y eso lo recordaba Steve Forbes, en las primarias de la candidatura a la presidencia del Partido Republicano, atreviéndose a proponer en su programa restablecer la apertura pura y simple de las fronteras que practicó Estados Unidos en los mejores momentos de su historia. El senador Jack Kemp, que tuvo la valentía de apoyar esta propuesta de la más pura cepa liberal, es ahora candidato a la vicepresidencia, con el senador Dole, y si es coherente debería defenderla en la campaña por la conquista de la Casa Blanca.

¿No hay entonces manera alguna de restringir o poner coto a la marea migratoria que, desde todos los rincones del Tercer Mundo, rompe contra el mundo desarrollado? A menos de exterminar con bombas atómicas a las cuatro quintas partes del planeta que viven en la miseria, no hay ninguna. Es totalmente inútil gastarse la plata de los maltratados contribuyentes diseñando programas, cada vez más costosos, para impermeabilizar las fronteras, porque no hay un solo caso exitoso que pruebe la eficacia de esta política represiva. Y, en cambio, hay cien probando que las fronteras se convierten en coladeras cuando la sociedad que pretenden proteger imanta a los desheredados de la vecindad. La inmigración se reducirá cuando los países que la atraen dejen de ser atractivos porque están en crisis o saturados o cuando los países que la generan ofrezcan trabajo y oportunidades de mejora a sus ciudadanos. Los gallegos se quedan hoy en Galicia y los murcianos en Murcia, porque, a diferencia de lo que ocurría hace cuarenta o cincuenta años, en Galicia y en Murcia pueden vivir decentemente y ofrecer un futuro mejor a sus hijos que rompiéndose los lomos en la pampa argentina o recogiendo uvas en el mediodía francés. Lo mismo les pasa a los irlandeses y por eso ya no emigran con la ilusión de llegar a ser policías en Manhattan y los italianos se quedan en Italia porque allí viven mejor que amasando pizzas en Chicago.

Hay almas piadosas que, para morigerar la inmigración, proponen a los Gobiernos de los países modernos una generosa política de ayuda económica al Tercer Mundo. Esto, en principio, parece muy altruista. La verdad es que si la ayuda se entiende como ayuda a los Gobiernos del Tercer Mundo, esta política sólo sirve para agravar el problema en vez de resolverlo de raíz. Porque la ayuda que llega a gángsters como el Mobutu del Zaire o la satrapía militar de Nigeria o a cualquiera de las otras dictaduras africanas sólo sirve para inflar aún más las cuentas bancarias privadas que aquellos déspotas tienen en Suiza, es decir, para acrecentar la corrupción, sin que ella beneficie en lo más mínimo a las víctimas. Si ayuda hay, ella debe ser cuidadosamente canalizada hacia el sector privado y sometida a una vigilancia en todas sus instancias para que cumpla con la finalidad prevista, que es crear empleo y desarrollar los recursos, lejos de la gangrena estatal.

En realidad, la ayuda más efectiva que los países democráticos modernos pueden prestar a los países pobres es abrirles las fronteras comerciales, recibir sus productos, estimular los intercambios y una enérgica política de incentivos y sanciones para lograr su democratización, ya que, al igual que en América Latina, el despotismo y el autoritarismo políticos son el mayor obstáculo que enfrenta hoy el continente africano para revertir ese destino de empobrecimiento sistemático que es el suyo desde la descolonización.

Este puede parecer un artículo muy pesimista a quienes creen que la inmigración —sobre todo la negra, mulata, amarilla o cobriza— augura un incierto porvenir a las democracias occidentales. No lo es para quien, como yo, está convencido de que la inmigración de cualquier color y sabor es una inyección de vida, energía y cultura y que los países deberían recibirla como una bendición.

Londres, agosto de 1996

El diablo predicador

George Soros se hizo famoso en septiembre de 1992, cuando "quebró" al Banco de Inglaterra, en una audaz especulación contra la libra esterlina, que sacó a esta de la "serpiente" monetaria europea y le hizo ganar a él, en una noche, dos mil millones de dólares.

Hay otra razón, sin embargo, además de sus cuantiosas ganancias en los mercados financieros del planeta, por las que el Sr. Soros —judío húngaro que padeció primero el nazismo y luego el comunismo en su país, y huyó a los 17 años a Inglaterra donde estudió con Popper y Hayek en la London School of Economics, antes de debutar como financista en Wall Street— merece ser conocido: la fundación que lleva su nombre ha gastado y gasta buena parte de los inmensos beneficios de sus empresas promoviendo la democratización y los derechos humanos en los países sometidos a dictaduras o recién salidos de ellas, como los de Europa Central.

Ahora, este príncipe del capitalismo acaba de añadir otro galón a su fama: un largo ensayo en el *Atlantic Monthly* atacando con gran dureza al sistema capitalista y afirmando que el libre mercado y la filosofía del *laissez-faire* son la más grave amenaza que existe hoy contra la sociedad abierta, la paz mundial y la cultura democrática. Me apresuro a añadir que, aunque el señor Soros no es propiamente un pensador

151

original ni un gran estilista de la lengua inglesa, está lejos de ser —como ocurre con frecuencia a exitosos empresarios— una aburrida mediocridad cuando no habla de lo que sabe, que es ganar dinero. Tiene lecturas, ideas y, por ejemplo, es capaz de citar de memoria a Popper, de quien se considera discípulo.

Su largo ensayo, sin embargo, vale mucho más por quien lo dice que por lo que dice, pues sus tesis no hacen más que refrendar, con algunos matices propios y sin aportar argumentos novedosos, la crítica al libre mercado o "capitalismo salvaje" que hacen los socialdemócratas y socialcristianos, argumentando que sin una cauta regulación por parte del Estado y unas políticas avanzadas de redistribución de la riqueza, el mercado polariza bárbaramente la sociedad entre pocos ricos y muchísimos pobres, crea un clima de crispación y violencia social, destruye los consensos y genera un clima propicio para el renacimiento de las ideologías antidemocráticas (de derecha e izquierda).

"Yo he hecho una fortuna en los mercados financieros internacionales", explica el señor Soros, "y sin embargo ahora temo que la intensificación incontrolada del capitalismo del *laissez-faire* y la difusión de los 'valores mercantiles' en todos los aspectos de la vida estén socavando nuestra sociedad abierta y democrática". Este peligro se manifiesta de múltiples maneras. Un nuevo dogmatismo intransigente ha sustituido a los dogmas marxistas de la lucha de clases y la plusvalía: el del mercado como panacea, asignador inteligente de recursos y herramienta insustituible de la prosperidad de las naciones.

La nueva ortodoxia, sin embargo, es falaz, pues la libertad del mercado, el libre juego de la oferta y la demanda, suele ser una ilusión. En los mercados financieros, por ejemplo, donde no son factores objetivos los que siempre determinan la subida o caída de los precios, sino, muchas veces, los psicológicos de la expectativa o la confianza las que los disparan a las nubes o desploman. Y, de otro lado, en la sociedad posmoderna de nuestros días, antes que la libre competencia, los que imponen a un producto en el gusto público y desplaza a otros son la publicidad y el marketing, desnaturalizando un supuesto central de la teoría del mercado: la elección responsable del consumidor.

Más grave aún que el imperio del mercado sin riendas ni control, es el socialdarwinismo que de ello resulta. Como los dogmáticos del *laissez-faire* han convertido en tabú la sola idea de que el Estado intervenga en la vida económica para corregir abusos y desequilibrios, "la riqueza se acumula en pocas manos, y las desigualdades, debido a la falta de mecanismos de redistribución, llegan a ser intolerables". Esto, en la esfera nacional, significa tensiones, crisis sociales y carencia de apoyo cívico a las instituciones. Y, en el ámbito internacional, una falta de solidaridad de los países prósperos hacia los pobres y de las naciones democráticas hacia las que están apenas estrenando la libertad puede conducir al fracaso total y a la reversión de lo que, en 1989, con la caída del muro de Berlín, parecía el surgimiento de un nuevo orden mundial signado por los valores de la democracia.

En vez de ese planeta regado de sociedades abiertas que preveíamos a consecuencia de la desaparición del imperio soviético, asistimos a un horrible espectáculo: la instalación, en nombre del *laissez-faire*, de un capitalismo ladrón o de ladrones (*robber capitalism*) en las antiguas sociedades comunistas, cuya expresión más esperpéntica y atroz se da en Rusia. ¿Hasta cuándo sobrevivirá ese grotesco sistema de "libre competencia" en el que pandillas de gángsters se disputan los mercados de todos los productos, la corrupción es el aire que respiran los ciudadanos y donde el éxito sólo sonríe al más desalmado y al más pícaro? Es sorprendente, más bien, que en los países ex comunistas, pese a la terrible frustración de las esperanzas de las mayorías, los enemigos de la democracia no hayan conseguido más adeptos.

Soros recuerda que, cuando Adam Smith desarrolló su teoría de la "mano invisible", estaba totalmente convencido de que ella se apoyaba en una filosofía moral muy firme, y que, hasta Popper incluido, todos los grandes pensadores liberales creyeron siempre que el mercado y el éxito económico por él determinado eran un medio, un camino hacia la realización de elevados ideales éticos de solidaridad social, progreso cultural y perfeccionamiento individual. En la versión del capitalismo triunfante de hoy, dice, ello ha variado de manera radical. El éxito económico se ha convertido en el valor supremo. El dinero es el criterio determinante de la bondad o maldad de cualquier operación, el santo y seña de la respetabilidad o el desprecio que merecen las empresas, las personas y hasta los países. "El culto del éxito ha reemplazado la creencia en los principios. La sociedad ha perdido su norte".

Sólo en esta última parte de su crítica me parece que el señor Soros pone el dedo en la llaga de una lacerante problemática, para la que nadie ha encontrado todavía un remedio eficaz (él tampoco). Es verdad que el mercado, mientras más libre es y más riqueza produce en una sociedad, deshumaniza más las relaciones personales y las decolora, porque enfría considerablemente la vida espiritual y religiosa de las personas, enflaquece a la familia y vuelve la vida una rutina agobiante dictada por la competitividad. Pero esto lo vieron siempre los grandes pensadores liberales y es la razón por la que, de Smith a Von Mises, hicieron siempre hincapié en que una vida cultural y religiosa intensas eran el complemento indispensable del mercado libre para cimentar la civilización. Ninguno de ellos pudo prever que el desarrollo de la tecnología, la ciencia y la economía provocaría un descalabro de la cultura religiosa y una transformación tan radical de la cultura como la que ha ocurrido. Este es un desafío que tienen las sociedades abiertas y para el que todavía ninguna de ellas ha encontrado una respuesta creativa, que sirva de modelo a las demás.

En todo caso, yendo al meollo de la crítica del señor Soros, yo me pregunto dónde está aquella sociedad, aquel país, a los que él fulmina de ese modo por practicar un "capitalismo salvaje" que impide a los Estados intervenir en la economía y practicar aquella redistribución de la riqueza que daría al capitalismo un rostro humano. No en Estados Unidos, desde luego, donde el Estado redistribuye el 35 por ciento de la renta nacional en programas sociales, ni mucho menos en Europa, donde el país menos redistribuidor, Gran Bretaña, dedica el 40 por ciento de la riqueza nacional al Estado benefactor. Lo curioso es que, exactamente en los antípodas de su tesis, lo cierto es que son los países capitalistas desarrollados, aquellos que gozan de una economía más libre (o, para ser más exactos, menos intervenida, pues, probablemente con la excepción de Hong Kong, y por desgracia no por mucho tiempo más, no ha habido ninguna sociedad contemporánea de economía totalmente librada al *laissez-faire*), los que más avanzados sistemas de seguridad social tienen y los que más invierten en "corregir" las desigualdades.

El mercado no consiste sólo en la libre competencia; consiste, sobre todo, en la existencia de un sistema legal claro y equitativo, que garantice el respeto de los contratos y defienda a los ciudadanos y a las empresas contra los abusos e injusticias. Eso es lo que no existe en Rusia y en muchas sociedades de la antigua Unión Soviética y esa es la razón por la que, en ellas, como en buena parte del mundo subdesarrollado, se ha instalado una versión deformada y gangsteril de producción y distribución de la riqueza que está tan distante del capitalismo liberal —el de las sociedades de instituciones democráticas— como lo estaba antes el comunismo. No es el exceso de mercado lo que estimula la proliferación de las mafias en Rusia, sino la falta de una legalidad, de un Estado digno de ese nombre y de jueces honestos y eficientes.

La receta de George Soros contra los excesos del capitalismo es el intervencionismo estatal: impuestos elevados, regulaciones y reglamentaciones y, aunque no lo dice, supongo que también un sector público considerable, paralelo al privado. Se me ponen los pelos de punta al imaginar que, con todas las calamidades apocalípticas que estas prácticas han traído en el Tercer Mundo, ellas puedan ser promovidas, nada menos que desde el corazón de Wall Street y por uno de sus más exitosos megamillonarios, como la mejor manera de proteger a la sociedad abierta y a la cultura democrática. El señor Soros ignora, por lo visto, que la historia de América Latina es una ilustración poco menos que matemática de lo que les ocurre a los países cuyos Gobiernos, a fin de corregir los desafueros del "capitalismo salvaje", empiezan a intervenir y a regular toda la vida económica como él recomienda. El resultado de ello no es —¡ay!— la justicia social maridada con el bienestar, sino una corrupción catapultada estratosféricamente por las alianzas mafiosas entre los gobiernos y los "capitalistas" influyentes, que sustituyen la libre competencia por los monopolios y mercados cautivos, que matan la generación de la riqueza, reparten masivamente la pobreza y acaban siempre, tarde o temprano, por instalar sistemas autoritarios, a veces explícitos, a veces encubiertos.

En el campo político o en el económico, para que una teoría sea tomada en cuenta —a diferencia de lo que ocurre en la esfera de lo artístico, donde las teorías pueden justificarse por su belleza intrínseca— hay que cotejarla con la realidad viva y actuante. Sometida a este examen, la de George Soros no aprueba. El capitalismo desaforado, de mercados incontrolados y Gobiernos omisos por el tabú sagrado del *laissez-faire* contra el que arremete, es una ficción poética, que no ha existido nunca ni existirá sin duda jamás. El divorcio que a su juicio ha nacido entre la sociedad abierta y los sistemas capitalistas es indemostrable: basta una ojeada en torno para comprobar que las sociedades más abiertas, en el sentido que dio Popper a esta expresión, son aquellas donde funciona más y mejor el mercado libre y las más autoritarias y opresivas aquellas donde la economía depende más del control estatal.

En otras palabras: el señor George Soros lo hace muchísimo mejor ejerciendo de capitalista que reflexionando y predicando sobre el sistema al que debe el ser billonario.

Londres, enero de 1997

Defensa de las sectas

En 1983 asistí en Cartagena, Colombia, a un congreso sobre medios de comunicación presidido por dos intelectuales prestigiosos (Germán Arciniegas y Jacques Soustelle), en el que, además de periodistas venidos de medio mundo, había unos jóvenes incansables, dotados de esas miradas fijas y ardientes que adornan a los poseedores de la verdad. En un momento dado, hizo su aparición en el certamen, con gran revuelo de aquellos jóvenes, el reverendo Moon, jefe de la Iglesia de la Unificación, que, a través de un organismo de fachada, patrocinaba aquel congreso. Poco después, advertí que la mafia progresista añadía, a mi prontuario de iniquidades, la de haberme vendido a una siniestra secta, la de los *moonies*.

Como, desde que perdí la que tenía, ando buscando una fe que la reemplace, ilusionado me precipité a averiguar si la de aquel risueño y rollizo coreano que maltrataba el inglés estaba en condiciones de resolverme el problema. Y así leí el magnífico libro sobre la Iglesia de la Unificación de la profesora de la London School of Economics, Eileen Barker (a quien conocí en aquella reunión de Cartagena), que es probablemente quien ha estudiado de manera más seria y responsable el fenómeno de la proliferación de las sectas religiosas en este fin del milenio. Por ella supe, entre otras muchas cosas, que el reverendo Moon no sólo se considera comisionado por el Creador con la menuda responsabilidad de unir

159

judaísmo, cristianismo y budismo en una sola Iglesia, sino, además, piensa ser él mismo una hipóstasis de Buda y Jesucristo. Esto, naturalmente, me descalifica del todo para integrar sus filas: si, pese a las excelentes credenciales que dos mil años de historia le conceden, me confieso totalmente incapaz de creer en la divinidad del Nazareno, difícil que la acepte en un evangelista norcoreano que ni siquiera pudo con el Internal Revenue Service de los Estados Unidos (que lo mandó un año a la cárcel por burlar impuestos).

Ahora bien, si los *moonies* (y los 1.600 grupos y grupúsculos religiosos detectados por Inform, que dirige la profesora Barker) me dejan escéptico, también me ocurre lo mismo con quienes de un tiempo a esta parte se dedican a acosarlos y a pedir que los Gobiernos los prohíban, con el argumento de que corrompen a la juventud, desestabilizan a las familias, esquilman a los contribuyentes y se infiltran en las instituciones del Estado. Lo que ocurre en estos días en Alemania con la Iglesia de la Cientología da a este tema una turbadora actualidad. Como es sabido, las autoridades de algunos Estados de la República Federal —Baviera, sobre todo— pretenden excluir de los puestos administrativos a miembros de aquella organización, y han llevado a cabo campañas de boicot a películas de John Travolta y Tom Cruise por ser "cientólogos" y prohibido un concierto de Chick Corea en Baden-Württemberg por la misma razón.

Aunque es una absurda exageración comparar estas medidas de acoso con la persecución que sufrieron los judíos durante el nazismo, como se dijo en el manifiesto de las 34 personalidades de Hollywood que protestaron por estas iniciativas contra la Cientología en un aviso pagado en *The New York Times*, lo cierto es que aquellas operaciones constituyen una flagrante violación de los principios de tolerancia y pluralismo de la cultura democrática y un peligroso precedente. Al señor Tom Cruise y a su bella esposa Nicole Kidman se les puede acusar de tener la sensibilidad estragada y un horrendo paladar literario si prefieren, a la lectura de los Evangelios, la de los engendros científico-teológicos de L. Ron Hubbard, que fundó hace cuatro décadas la Iglesia de la Cientología, de acuerdo. Pero ¿por qué sería este un asunto en el que tuvieran que meter su nariz las autoridades de un país cuya Constitución garantiza a los ciudadanos el derecho de creer en lo que les parezca o de no creer en nada?

El único argumento serio para prohibir o discriminar a las sectas no está al alcance de los regímenes democráticos; sí lo está, en cambio, en aquellas sociedades donde el poder religioso y político son uno solo y, como en Arabia Saudí o Sudán, el Estado determina cuál es la verdadera religión y se arroga por eso el derecho de prohibir las falsas y de castigar al hereje, al heterodoxo y al sacrílego, enemigos de la fe. En una sociedad abierta, eso no es posible: el Estado debe respetar las creencias particulares, por disparatadas que parezcan, sin identificarse con ninguna Iglesia, pues si lo hace inevitablemente terminará por atropellar las creencias (o la falta de) de un gran número de ciudadanos. Lo estamos viendo en estos días en Chile, una de las sociedades más modernas de América Latina, que, sin embargo, en algún aspecto sigue siendo poco menos que troglodita, pues todavía no ha aprobado una ley de divorcio debido a la oposición de la influyente Iglesia católica.

Las razones que se esgrimen contra las sectas son a menudo certeras. Es verdad que sus prosélitos suelen ser fanáticos y sus métodos catequizadores atosigantes (un testigo de Jehová me asedió a mí un largo año en París para que me diera el zambullón lustral, exasperándome hasta la pesadilla) y que muchas de ellas exprimen literalmente los bolsillos de sus fieles. Ahora bien: ¿no se puede decir lo mismo, con puntos y comas, de muchas sectas respetabilísimas de las religiones tradicionales? Los judíos ultraortodoxos de Mea Sharin, en Jerusalén, que salen a apedrear los sábados a los automóviles que pasan por el barrio ¿son acaso un modelo de flexibilidad? ¿Es por ventura el Opus Dei menos estricto en la entrega que exige de sus miembros numerarios de lo que lo son, con los suyos, las formaciones evangélicas más intransigentes? Son unos ejemplos tomados al azar, entre muchísimos otros, que prueban hasta la saciedad que toda religión, la convalidada por la pátina de los siglos y milenios, la rica literatura y la sangre de los mártires, o la flamantísima, amasada en Brooklyn, Salt Lake City o Tokio y promocionada por el Internet, es potencialmente intolerante, de vocación monopólica, y que las justificaciones para limitar o impedir el funcionamiento de algunas de ellas son también válidas para todas las otras. O sea que, una de dos: o se las prohíbe a todas sin excepción, como intentaron algunos ingenuos —la Revolución Francesa, Lenin, Mao, Fidel Castro— o a todas se las autoriza, con la única exigencia de que actúen dentro de la ley.

Ni que decir tiene que yo soy un partidario resuelto de esta segunda opción. Y no sólo porque es un derecho humano básico poder practicar la fe elegida sin ser por ello discriminado ni perseguido. También porque para la inmensa mayoría de los seres humanos la religión es el único camino que conduce a la vida espiritual y a una conciencia ética, sin las cuales no hay convivencia humana, ni respeto a la legalidad, ni aquellos consensos elementales que sostienen la vida civilizada. Ha sido un gravísimo error, repetido varias veces a lo largo de la historia, creer que el conocimiento, la ciencia, la cultura, irían liberando progresivamente al hombre de las "supersticiones" de la religión, hasta que, con el progreso, esta resultara inservible. La secularización no ha reemplazado a los dioses con ideas, saberes y convicciones que hicieran sus veces. Ha dejado un vacío espiritual que los seres humanos llenan como pueden, a veces con grotescos sucedáneos, con múltiples formas de neurosis, o escuchando el llamado de esas sectas que, precisamente por su carácter absorbente y exclusivista, de planificación minuciosa de todos los instantes de la vida física y espiritual, proporcionan un equilibrio y un orden a quienes se sienten confusos, solitarios y aturdidos en el mundo de hoy.

En ese sentido son útiles y deberían ser no sólo respetadas, sino fomentadas. Pero, desde luego, no subsidiadas ni mantenidas con el dinero de los contribuyentes. El Estado democrático, que es y sólo puede ser laico, es decir neutral en materia religiosa, abandona esa neutralidad si, con el argumento de que una mayoría o una parte considerable de los ciudadanos profesa determinada religión, exonera a su Iglesia de pagar impuestos y le concede otros privilegios de los que excluye a las creencias minoritarias. Esta política es peligrosa, porque discrimina en el ámbito subjetivo de las creencias, y estimula la corrupción institucional.

A lo más que debería llegarse en este dominio, es a lo que hizo Brasil, cuando se construía Brasilia, la nueva capital: regalar un terreno, en una avenida *ad hoc*, a todas las Iglesias del mundo que quisieran edificar allí un templo. Hay varias decenas, si la memoria no me engaña: grandes y ostentosos edificios, de arquitectura plural e idiosincrásica, entre los cuales truena, soberbia, erizada de cúpulas y símbolos indescifrables, la catedral Rosacruz.

Santo Domingo, febrero de 1997

163

Un paseo por Hebrón

Encaramados en una azotea de la calle Shalala, la principal de Hebrón, un enjambre de niños palestinos juega a su juego favorito. Tienen ocho, diez, doce años y lanzan las piedras con las manos o con hondas, por sobre un parapeto medio deshecho, del que arrancan los proyectiles. Media docena de policías con uniformes negros trata de contenerlos, sin convicción ni éxito: los chiquillos —imposible no pensar en Gravroche y *Los miserables*— se les escurren de las manos y, a veces, lanzan las piedritas o pedrones mientras son arrastrados a la calle. Abajo, una muchedumbre adulta y masculina (hay puñados de mujeres en ella), observa con ira y frustración lo que sucede detrás de la barrera policial —agentes y coches artillados— que le impide acercarse a los soldados israelíes cuyos cascos, fusiles y uniformes verdes se divisan treinta o cuarenta metros adelante.

La tierra de nadie que los separa está sembrada de proyectiles, algunos tan enormes —rocas, pedazos de calzada, fierros, bolas de metal— que se diría lanzados por catapultas, no brazos humanos. Mientras la cruzamos, arrimados a la pared, porque la pedrea sigue, aunque ya rala, diviso a policías palestinos tratando de desalojar a más niños que, desde escondites inverosímiles, los huecos de las ventanas, los aleros y saledizos de los techos, las bocas del desagüe, tratan de acercarse al enemigo. Veo a algunos muy de cerca y quedo

165

traspasado al notar el odio precoz, desbocado, inconmensurable, impreso en sus facciones.

Hebrón es una de las ocho ciudades de la orilla occidental del Jordán devueltas por Israel a la Autoridad Palestina, a raíz de los acuerdos de Oslo. Viven en ella 120.000 palestinos y 450 israelíes, estos últimos concentrados en los asentamientos de Beit Hadassa y Avinu Avraham, a poca distancia de donde me encuentro. Esta mañana, a las diez, dos estudiantes de una escuela religiosa de estas colonias (Yeshiva), mataron de un balazo a un joven palestino que, según ellos, intentó agredirlos. En el mitin de protesta que erupciona la zona desde entonces han muerto otros dos palestinos y hay un centenar de heridos, víctimas de esas balas de goma con que el Ejército de Israel enfrenta los desmanes callejeros. Las hemos oído disparar al llegar a la ciudad, hace una media hora. El *no man's land* que estoy cruzando está regado de estas balas —las hay redondas y cilíndricas—, una de las cuales me guardo en el bolsillo de recuerdo.

Los soldados israelíes que, al otro extremo de la tierra de nadie, montan guardia, son también muy jóvenes, y, aunque en teoría no pueden tener menos de dieciocho, edad en que comienzan su servicio militar de tres años, algunos parecen de dieciséis y hasta quince. Se escudan de las piedras detrás de las esquinas y salientes, llevan cascos, viseras y chalecos antibalas, racimos de granadas y fusiles, y uno de ellos, por el calor o la tensión nerviosa, se acaba de desplomar y está en el suelo, congestionado, vomitando. Sus compañeros nos urgen a salir de ese rincón, pues todavía, de rato en rato, llueven piedras.

Seguimos, y a menos de media cuadra, rodeada de alambradas, reflectores, sacos de tierra y custodiada por soldados y policías israelíes, está la colonia de Beit Hadassa. Es una sola construcción de varios pisos y con dos alas laterales, a la que nos dejan entrar, después de mostrar los papeles de identidad. Diviso dos colonos, con ametralladoras Uzi al hombro, que cargan unos baldes con mezcla, pero lo que me deja perplejo es un grupito de niños que, a la intemperie, montan al subibaja, se columpian o arman castillos de arena. Hay como un contrasentido brutal en esta idílica escena pueril y lo que ocurre en torno, a pocos metros, en las calles de Hebrón, lo que ha ocurrido y seguirá ocurriendo alrededor de este desafiante enclave, y otros parecidos que pululan por la orilla occidental, mientras el antagonismo palestino-israelí no ceda y se establezca por fin alguna forma de convivencia entre ambos pueblos.

Hace dos años, cuando estuve en Israel por esta misma época, el milagro parecía posible y en marcha. El ambiente de optimismo que reinaba por doquier era contagioso y estimulante. Oí a Simon Peres decir: "Se hará la paz. Los acuerdos son irreversibles" y le creí al pie de la letra. Luego, el asesinato de Rabin, la derrota electoral de Peres y la subida al poder del Likud, con Bibi Netanyahu, frenó de golpe esa dinámica. Ahora, el pesimismo reina por doquier y ni uno solo de mis amigos israelíes tiene muchas esperanzas de que, en lo inmediato, se revierta la tendencia. Alguno de ellos, incluso, como el escritor Amos Elon, cree que los acuerdos de Oslo ya están muertos y enterrados y que queda de ellos una mera mojiganga, para guardar las apariencias. En otras palabras, que de nuevo comienza a aletear en el horizonte del Medio Oriente la llamita del apocalipsis.

Esta es una perspectiva que no parece contrariar en lo más mínimo al único colono de Beit Hadassa con el que puedo cambiar unas palabras. Es delgadito, rubio, de ojos celestes, con dos delicados tirabuzones que el viento mece contra sus orejas, vestido con la sobriedad que es común en las colonias judías. Tiene la mirada de los que creen y saben, de los que nunca dudan. Cuando le digo, señalándole a los niños que juegan, que para ellos vivir así, en este confinamiento y tensión, entre armas, pedreas, estallidos e incertidumbre, será terrible, les dejará huellas lacerantes en la memoria, me mira sin desprecio, con misericordia. "Ellos son muy felices", me asegura. "Ya hubiera querido yo tener la suerte de vivir aquí de niño, como viven ellos. Ahora, discúlpeme, debo prepararle la comida a mi hija".

Que 450 personas de otra lengua, costumbres y religión vivan en una ciudad de 120.000 árabes, no parece terrible. En condiciones normales, podría hasta ser saludable. Pero, en las actuales circunstancias, resulta un irritante y un obstáculo mayor para la deseada coexistencia. Eso lo saben muy bien los colonos y es lo que los lleva a incrustarse allí, a formar estos enclaves en territorio palestino. Una vez instalados, el Estado israelí tiene la obligación de protegerlos, es decir, de mantener en torno del asentamiento a patrullas militares. Y, para ello, debe erigir un cuartel, una comisaría. Esta infraestructura tiene unos efectos empobrecedores y paralizantes en todo el entorno, propenso desde entonces a incidentes y violencias como los de esta mañana. El mercado árabe que separa las colonias Beit Hadassa y Avinu Avraham, que recorremos luego, está desierto, salvo por unos gatos que se asolean entre las basuras, y algunos comercios tienen selladas puertas y ventanas, como si hubieran cerrado de manera definitiva.

A la entrada del asentamiento de Avinu Avraham hay un enorme cartel, en hebreo e inglés, que dice: "Este mercado fue construido sobre una sinagoga robada por los árabes el año 1929". El texto alude a una pequeña comunidad judía, instalada desde tiempos inmemoriales en Hebrón, que fue masacrada por los árabes durante la rebelión de 1929. Muy cerca de allí se levanta uno de los santuarios más reverenciados de las religiones hebrea e islámica: aquella lo llama la Caverna de los Patriarcas y esta la Mezquita de Abraham.

En verdad, sinagoga y mezquita son un solo edificio, dividido en dos por una pared reforzada con planchas de acero y con entradas muy alejadas para los fieles de ambas creencias. Ahora, para entrar a la mezquita hay que pasar por un detector de metales y responder a un cuidadoso interrogatorio de la patrulla israelí acantonada en la puerta. Estas precauciones se han extremado desde que, hace dos años, un colono de un asentamiento judío de las afueras de Hebrón, el médico Baruch Goldstein, entró a este vasto y alfombrado recinto a la hora de la plegaria, y, convertido en una máquina de matar, ametralló a la concurrencia dejando un saldo de 29 muertos y 125 heridos, informando así al mundo que la locura fanática y homicida no es patrimonio exclusivo de Hamás o la Yihad Islámica, sino una sangrienta excrecencia que se da también entre los grupos judíos extremistas.

Recorrer el centro de Hebrón, en una mañana como esta, escoltado por Juan Carlos Gumucio (de *El País*) y su mujer, Marie Calvin (corresponsal del *Sunday Times*, a quien en otra pedrea le rompieron la nariz no hace mucho), es una lección práctica sobre la teoría de las verdades contradictorias, de Isahiah Berlin. Es un error, explica este, creer que siempre una verdad elimina a su contraria, que no es posible que haya dos verdades enemigas entre sí. En el dominio político e histórico, puede darse, como ocurre en el conflicto que ensangrienta con frecuencia a palestinos e israelíes. Las razones que esgrimen unos y otros tienen igual fuerza persuasiva, para cualquiera que no sea intolerante y juzgue el asunto de manera racional.

Nadie puede negarle a los israelíes el derecho a una tierra a la que está ligada su historia, su cultura y su fe, ni a un país que han construido invirtiendo en su creación formidables dosis de heroísmo, sacrificio e imaginación, un país que, por otra parte, conviene recordarlo, es la única democracia operativa de todo el Oriente Medio, región de despotismos ilimitados. ¿Y quién podría negarle al pueblo palestino, después de haber sufrido los exilios, guerras, dispersión, persecuciones y discriminaciones que ha padecido, y que lo asemejan tanto al pueblo judío, el derecho a tener por fin lo que no tuvo nunca en el pasado, un país independiente y soberano?

Que dos verdades sean "contradictorias" no significa que no puedan coexistir. Lo son las nociones de justicia y libertad, que secretamente se repelen, y sin embargo la cultura de la libertad, la sociedad abierta, ha conseguido que esas hermanas enemigas no se entrematen, y, por el contrario, conviviendo en la tensa armonía de la legalidad, hagan avanzar la civilización. Israelíes y palestinos tienen que coexistir por la simple razón de que, contrariamente a lo que creen los fanáticos, no hay otra alternativa. Salvo la del apocalipsis, que no lo es, pues ningún problema social se resuelve con el suicidio colectivo. Los acuerdos de paz de Oslo, que firmaron Rabin, Simon Peres y Arafat, y los pasos que en los meses siguientes se dieron para ponerlos en práctica, rompieron por fin el *statu quo* y demostraron que era posible lo que parecía imposible.

Hasta entonces, por sus métodos violentistas y su insensata negativa a reconocer el derecho a la existencia de Israel, el obstáculo mayor para la negociación venía del lado palestino, que, políticamente, parecía secuestrado por el extremismo intolerante. Esos acuerdos mostraron que había una corriente flexible y pragmática, dispuesta a hacer las concesiones indispensables para lograr la paz, y con fuerza suficiente para resistir a los partidarios del todo o nada. En Israel siempre existió una tendencia de esta índole, que, por desgracia, hasta Oslo, no encontró en el adversario palestino un interlocutor equivalente. En la hora actual, el escollo principal para que aquel acuerdo siga vigente es el Gobierno de Netanyahu y sus iniciativas prepotentes y gestos destemplados que han vuelto a erizar de desconfianza y hostilidad una relación que comenzaba a distenderse. Los países occidentales, y, sobre todo Estados Unidos, con quien Israel mantiene una relación muy estrecha, tienen la obligación de presionar al Gobierno israelí para que respete el espíritu y la letra de unos acuerdos que, por primera vez desde su nacimiento, abrieron a Israel una esperanza de paz y colaboración con todo el mundo árabe.

Jerusalén, abril de 1997

Siete años, siete días

Desde mi escritorio, al otro extremo de la bahía, diviso con nitidez las dos islas —San Lorenzo y El Frontón— y el espolón de La Punta hendiendo las aguas del Pacífico. Es un día esplendoroso, insólito a mediados de mayo, época en que Lima suele ya estar cubierta por ese velo blanco que hizo llamarla a Melville "ciudad fantasmal". Bajo el sol del mediodía, el mar arde, acribillado por gaviotas que, desde lo alto, se dejan caer como bólidos, con las alas plegadas, en pos de manjares submarinos.

En una base naval cerca de aquellas ínsulas blancuzcas, en unos calabozos subterráneos, languidecen en confinamiento total Abimael Guzmán y Víctor Polay, los máximos dirigentes de Sendero Luminoso y del Movimiento Revolucionario Túpac Amaru, respectivamente, cuyos crímenes y la inseguridad e indignación que provocaron entre los peruanos contribuyeron de modo decisivo al desmoronamiento de la democracia y a proveer de justificaciones al régimen que desde el 5 de abril de 1992 gobierna el Perú.

La captura de la embajada japonesa por el MRTA hizo creer en el extranjero que el terrorismo renacía. Era, más bien, su canto de cisne. Acéfalos y duramente golpeados por la represión, Sendero Luminoso y el MRTA, aunque den esporádicas señales de vida, han dejado de gravitar como factor esencial de la vida peruana. En estos siete días que he

173

pasado aquí, ni una sola persona me los menciona; la violencia que está en todas las bocas es la meramente criminal, la que asalta casas, arranca relojes y pulseras a los automovilistas y perpetra los secuestros al paso —todo el mundo tiene alguna anécdota al respecto—, no la política. En este dominio, y, sobre todo, luego del exitoso rescate de los rehenes de la embajada japonesa, el régimen puede lucir una carta de triunfo.

¿Y los éxitos económicos de que se jacta? En 1990, cuando partí a Europa, el Perú, por culpa del terrorismo y de la política populista de Alan García, parecía desintegrarse. Hiperinflación, caída vertical de los salarios, quiebras en cadena, desaparición del ahorro y toda forma de inversión, cuarentena del país por la comunidad financiera internacional, un enorme sector público ineficiente y corrompido que quemaba los magros recursos del Estado: el panorama era apocalíptico. Todo aquello quedó atrás, y, para mi asombro, la lección parece haber sido aprovechada. En esta semana no he visto el menor indicio de que alguien añore las políticas que empobrecieron al país más que todas las guerras de su historia. El diario *La República*, punta de lanza de la oposición, denuncia los abusos a los derechos humanos, los continuos legicidios y la corrupción, pero se guarda mucho de pedir un retorno al estatismo y el intervencionismo.

También en este campo los cambios son inequívocos. La economía se ha ordenado y con las privatizaciones, la apertura de las fronteras y la creación de mercados, un segmento minoritario se beneficia a ojos vista. Hay una erupción de edificios de apartamentos para las clases altas y Lima está llena de supermercados, almacenes, galerías, cadenas norteamericanas de *fast food* (Mac Donalds, Pizza Hut, Burger King, Kentucky Fried Chicken, etc.) y de vídeos, cinemas

174

modernos, restaurantes, y con la flamante Telefónica los nuevos usuarios obtienen el teléfono en pocos días (yo tuve que esperar nueve años por el mío). Un centenar de cadenas de televisión llegan a las casas de quienes están en condiciones de pagar el cable y se han construido varios hoteles de gran lujo. En el que estuvo recientemente alojada la modelo Claudia Schiffer, la *suite* que ocupó cuesta 1.500 dólares al día (me lo relataron con orgullo patriótico). Esos hoteles tienen una clientela numerosa y cosmopolita, pues cada semana llegan más inversores españoles, canadienses, americanos, japoneses, coreanos, en busca de proyectos: "el Perú (me asegura un amigo creíble) se ha convertido en un país muy atractivo para el capitalismo internacional". Enhorabuena: yo siempre dije que eso era posible, cuando pocos lo creían y nuestros Gobiernos se empeñaban en que no fuera así.

La modernización ha llegado también, aunque más débilmente, a algunos bolsones del interior. En las pampas de Ica se multiplican las pequeñas y medianas empresas que, empleando el riego por goteo y otras tecnologías de punta, cultivan tomates, espárragos, flores y otros productos para la exportación, y las inversiones mineras, en los Andes centrales y norteños, son cuantiosas.

Todo eso está muy bien, desde luego, pero deducir de esos signos que el Perú entró en un proceso de desarrollo sostenido e imparable, equivalente al de Chile, sería falso. En verdad, la modernización económica afecta todavía a un sector ínfimo de la población, a una cúspide social, en tanto que los sacrificios que se exige a la mayoría son enormes. La apertura de fronteras elevó los precios a niveles internacionales, los salarios siguen siendo subdesarrollados y centenares de miles de familias sobreviven de mala manera o pasan hambre. Los

175

índices de mortalidad infantil, desnutrición, tuberculosis, analfabetismo, delincuencia, son aún pavorosos. Y prácticamente nada ha cambiado para los más pobres de los pobres —los campesinos de la Sierra—, que siguen siendo la "nación cercada" de la que habló José María Arguedas. La razón de esta cesura abismal entre el sector social que prospera cada vez más y la mayoría a la que la modernización llega a cuentagotas o no llega no es, como repite la nueva logomaquia ideológica, que con el "neoliberalismo" esas disparidades son inevitables. Por el contrario: la razón es lo escasa o nulamente liberales que fueron muchas de aquellas reformas. Por ejemplo, las que se limitaron a transferir los monopolios estatales a manos privadas y desaprovecharon el proceso de privatizaciones para aumentar masivamente el número de propietarios entre los ciudadanos sin recursos, como se hizo en Inglaterra o se está haciendo ahora en Polonia, la República Checa y otros países de Europa Central.

De todos modos, aunque defectuosa e insuficiente, la orientación de las reformas económicas emprendidas por el régimen autoritario de Fujimori es la adecuada y el Gobierno democrático que algún día lo reemplace deberá profundizarla y perfeccionarla, de ningún modo dar marcha atrás. Es un progreso notable que el Estado se haya aligerado de las inservibles empresas públicas, que el país se haya insertado en los mercados del mundo y que la responsabilidad de la creación de la riqueza recaiga cada vez más en la sociedad civil y cada vez menos en los burócratas. No hay otro camino para salir del subdesarrollo.

Estos avances económicos, sin embargo, contrastan de manera ominosa con lo que ocurre en la vida política. En vez de progresar hacia una sociedad más libre y democrática, el Perú ha retrocedido hacia su pasado más siniestro. Contrariamente a lo que yo suponía, el régimen no guarda casi las formas y, más bien, exhibe con total impudor su naturaleza autoritaria, su prepotencia basada en la fuerza militar. El Congreso da risa: su obsecuencia y ramplonería superan incluso a las que lucía el de la dictadura de Odría. Los desesperados esfuerzos de la pequeña minoría de opositores —cuyo coraje y buenas intenciones no pongo en duda— sólo sirven para hacer más patética su impotencia, ante una mayoría regimentada que, sin dudas ni murmuraciones —como se enseña en el cuartel—, cumple con su triste obligación de dar un baño de legalismo a todos los desafueros, y a veces los crímenes, del régimen. En estos siete días se aprestaba a defenestrar al Tribunal Constitucional, porque cuatro de sus magistrados habían osado oponerse a la reelección de Fujimori en el año 2000.

Si el Congreso es una farsa, el Poder Judicial es una institución desvalida y maltratada, que ha perdido buena parte de sus atribuciones ante el omnímodo fuero militar, en cuyos tribunales (secretos, intangibles y enmascarados) se imparte la verdadera justicia. No sólo los "subversivos" son reclamados por la magistratura castrense; también, todo lo que afecte los intereses y los secretos del Estado. Por ejemplo: los asesinos y torturadores del grupo Colina, comando de aniquilamiento del régimen en cuyo prontuario figuran proezas como la matanza de Barrios Altos, el asesinato de estudiantes y profesores de La Cantuta y el recientísimo desmembramiento de una agente del Servicio de Inteligencia Militar y las torturas de otra, en los sótanos de la Comandancia General (ambas habían hablado más de la cuenta). También los narcotraficantes incómodos para el Gobierno pueden ser arrebatados a la justicia civil y entregados al Consejo Supremo de Justicia Militar, como ocurrió con "Vaticano", cuando este jefe mafioso reveló que durante años había tenido en su nómina de sobornados a altos jefes militares, entre ellos el celebérrimo Vladimiro Montesinos, asesor presidencial, servidor de la CIA y hombre fuerte de la dictadura, que misteriosamente percibió el año pasado más de un millón de dólares de ingresos, según se acaba de revelar.

La preponderancia absoluta (y apenas disimulada) de lo militar sobre lo civil en la vida pública es el escollo principal que deberá salvar el Perú para restablecer algún día la democracia. Este estamento es ahora la espina dorsal del poder y las instituciones civiles un decorado a su servicio, que se renueva y maquilla según la coyuntura. Pero donde se toman las decisiones importantes, donde se manipula y desinforma a la opinión pública, se fraguan las operaciones de desprestigio (y a veces de ruina económica y aun liquidación) del opositor y el disidente es en el Servicio de Inteligencia Militar, los ojos, oídos y el puñal del régimen nacido del golpe que este mismo organismo planeó y ejecutó el 5 de abril de 1992. Purgadas de los oficiales más profesionales y principistas, que han sido separados o apartados de todo mando efectivo, las Fuerzas Armadas, bajo la tutela de Montesinos y el general Bari Hermosa, han pasado a ser, una vez más, como cuando las dictaduras de Velasco o de Odría, el partido gobernante, el árbitro supremo de la vida política nacional, aunque, para aplacar los escrúpulos de una opinión internacional que no acepta ya en los Gobiernos latinoamericanos a los gorilas con quepis y entorchados, mantenga en la presidencia, por el momento, a un fantoche civil.

Para revertir este estado de cosas no basta que Fujimori baje en las encuestas y que haya cada vez más peruanos que, en voz baja y al oído de personas de mucha confianza (no vaya a ser que el Gobierno les mande a la SUNAT a revisarles las declaraciones de impuestos), confiesen que se sienten avergonzados, y alarmados cara al futuro, pues han comprendido que, por más sólido que parezca ahora, a la larga no hay nada más inestable y caótico para un país que una dictadura. Haría falta una movilización multipartidaria y popular, capaz de resistir las infinitas formas de intimidación y chantaje de la infraestructura autoritaria, que, como lo hizo en Chile contra el régimen de Pinochet, gane para la causa de la democracia a la opinión pública nacional y a la internacional, quitando a una y otra las vendas que les impiden todavía ver la auténtica cara del régimen peruano. Esta movilización está lejos de ocurrir. Por empeñosa e idealista que sea —y en esta semana he visto hasta qué extremo lo es— la oposición democrática, en el Congreso, la contada prensa libre o los pequeños espacios de vida civil donde puede expresarse, es aún muy débil, y está fragmentada, sin liderazgo, huérfana de una propuesta alternativa que, a la vez que persuada a una mayoría de peruanos de las ventajas de la libertad y la legalidad sobre la fuerza bruta y el engaño, les dé garantías inequívocas de que la imprescindible democratización en modo alguno significará el menor retroceso en lo ya ganado en la modernización de la sociedad y el orden económico.

Mientras ello no ocurra —y en la alegría de estos siete días pasados entre amigos, a muchos de los cuales veía después de siete años, la única nota melancólica ha sido advertir que aquello aún no ocurría—, Fujimori, Montesinos, Bari Hermosa y el ejército de uniformados y civiles a su servicio, tendrán la vida tan plácida y tranquila como estas blancas y alegres gaviotas, que, a pocos metros de mi escritorio, pescan esta mañana en el Pacífico bajo la nívea luz del mediodía.

Lima, mayo de 1997

179

Señoras desnudas en un jardín clásico

En los años sesenta, buena parte de los cuales viví en París, escuché muchos chistes sobre los belgas, tan malvados como los que los españoles inventan a los nacidos en Lepe, o los peruanos a los de Huacho, chistes con que los franceses provocaban siempre la carcajada a costa de una bobería ontológica que arrastrarían por la vida sus vecinos. Aquellos chistes describían a los belgas como previsibles, pedestres, bondadosos, circunspectos, bovinos y, sobre todo, huérfanos de imaginación.

En todos estos años, cada vez que los belgas se las arreglaban para ocupar los primeros planos de la actualidad y demostrar —ellos también— la falacia y el estereotipo que representan las supuestas psicologías nacionales, ya sea debido a las feroces querellas lingüísticas entre valones y flamencos que han estado, varias veces, a punto de desintegrar su país, o, últimamente, por el macabro deporte del asesinato y la pedofilia combinados practicado por alguno de sus ciudadanos, que llenó las calles de Bruselas de manifestantes enfurecidos protestando por la complicidad y negligencia de las autoridades policiales y judiciales con esos horrendos sucesos, aquellos chistes solían reaparecer en mi memoria, acompañados de remordimientos retrospectivos.

181

¿Poco fantasiosos, los naturales de ese chato país cuyos montes son, como cantaba Jacques Brel, las agujas de sus catedrales? En los campos de la política y del delito, por lo pronto, han demostrado ser tan excesivos, disparatados y feroces como el que más. ¿Y, en pintura? Apenas un trío de sus artistas —Magritte, Ensor y Delvaux— han fantaseado y soñado, ellos solos, más que colectividades enteras de pintores de los países más inventivos a lo largo del siglo que termina.

La obra de los dos primeros la conocía bien; la de Delvaux, en cambio, a pedazos, en exposiciones limitadas o en reproducciones que jamás dan una idea cumplida del original. Ahora, gracias a la retrospectiva organizada por el Museo Real de Bellas Artes, de Bruselas, que, con motivo del centenario de Paul Delvaux (1897-1994) reúne una cuarta parte de su obra (incluidos dibujos, grabados y medio centenar de carnets) ya sé por qué, si tuviera que quedarme con uno del gran trío, el elegido sería Delvaux. Fue el más obsesivo de los tres, el que sirvió más disciplinada y lealmente a sus demonios, el que logró congeniar mejor el pacto contra natura entre academicismo formal y delirio temático que es el denominador común del terceto y de tantos simbolistas y surrealistas.

Nadie hubiera sospechado, leyendo la biografía de este hijo y hermano de abogados, que en las fotografías de infancia aparece, escoltado por nodrizas en uniforme y sumido en caperuzas con pompones de niño mimoso, con la misma cara pasmada que tendrán más tarde las señoras desnudas que se exhiben en sus cuadros entre templos griegos, que este vástago apacible de la burguesía belga estaba dotado de una capacidad onírica tan desmedida ni de una irreverencia tan discreta pero persistente cara a los valores y principios enfermizamente conformistas del medio en que nació.

Cuando sus padres le dijeron que la señorita Anne-Marie de Martelaere (Tam), de la que se había enamorado, no le convenía, les obedeció. (Pero siguió amándola y un cuarto de siglo más tarde, al encontrarla de nuevo, se casó con ella). Y no se atrevió a entrar a la academia de pintura hasta que su familia se resignó a que fuera artista, ya que había dado pruebas inequívocas de su ineptitud para ser abogado o arquitecto.

Toda la vida de Delvaux —una vida larga, monótona y minimalista en todo lo que no fuera pintar— está marcada por este respeto exterior a las convenciones y a las formas, por un conformismo con lo establecido y la autoridad que "sólo" se eclipsaba cuando cogía los lápices y pinceles, acto mágico que, se diría, con prescindencia de su voluntad, lo emancipaba de familia, medio social, país, y lo entregaba atado de pies y manos a una servidumbre más insolente y creativa: la de sus obsesiones.

Estas fueron pocas y están bien documentadas, en su pintura y en su vida. Porque a Delvaux le ocurrieron apenas un puñado de cosas interesantes, aunque, eso sí, les sacó un provecho extraordinario. Lo deslumbraron las historias de Jules Verne que leyó de niño y medio siglo más tarde estaba todavía rememorando en sus fantasías plásticas al geólogo Otto Lidenbrock y al astrónomo Palmyrin Rosette del *Viaje al centro de la Tierra*. Los esqueletos humanos que baileteaban en las vitrinas del colegio de Saint-Gilles, donde cursó la primaria, no desertaron jamás de su memoria, y fueron los modelos de la bellísima serie de *Crucifixiones* (y de las innumerables calaveras que deambulan por sus cuadros) presentada en la Bienal de Venecia en 1954. Ellas escandalizaron tanto, que el cardenal Roncalli (el futuro Juan XXIII) censuró la exposición.

Hacia 1929, en una feria popular junto a la *Gare du Midi*, de Bruselas, encontró una barraca que, con el pomposo título de El Museo Spitzner, exhibía, entre deformidades humanas, a una Venus de cera, que, gracias a un ingenioso mecanismo, parecía respirar. No diré que se enamoró de ella, porque en un caballero tan formal aquellas barbaridades que hacen los personajes de las películas de Berlanga resultarían inconcebibles, pero lo cierto es que aquella imagen lo exaltó y torturó por el resto de sus días, pues la fantaseó una y otra vez, a lo largo de los años, en la misma pose entre truculenta y misteriosa con que aparece, a veces bañada por un sol cenital y lujurioso, a veces medio escondida por la azulina y discreta claridad de la luna, en sus cuadros más hermosos. El Museo Spintzer le enseñó (lo diría en su extrema vejez) "que había un 'drama' que podía expresarse a través de la pintura, sin que esta dejara de ser plástica".

En sus carnets y cartas figuran todos los hechos decisivos que engendraron los motivos recurrentes de su mitología: las estaciones de tren, las arquitecturas clásicas, los jardines simétricos, y, por supuesto, aquella exposición en Bélgica, en mayo de 1934, de *Minotaure*, donde vio por primera vez ocho paisajes "metafísicos" de Giorgio de Chirico. La impresión lo catapultó a confinarse en una aldea valona, Spy, de la que no salió hasta haber logrado pintar espacios como los del italiano, terriblemente vacíos pero llenos de algo amenazante e invisible, sorprendido por el pincel un instante antes de materializarse.

Pero probablemente la más importante experiencia en la vida de Delvaux —y juraría que tan tardía como el asumir su vocación de pintor— debió de ser descubrir que, debajo de aquellas abrigadas ropas que las cubrían, las mujeres tenían unas caderas, unos muslos, unos pechos, un cuerpo que cifraba, mejor que ningún otro ser u objeto aquello que los surrealistas andaban persiguiendo con esplendorosos sustantivos: lo mágico, lo maravilloso, lo poético, lo intrigante, lo turbador, lo fantástico. Ellos lo buscaban; él lo encontró. No hay pintor contemporáneo que haya homenajeado con más devoción, delicadeza y fantasía el cuerpo femenino, ese milagro que Delvaux nunca se cansó de exaltar y del que seguiría dando testimonio, a sus noventa y pico de años, con el mismo deslumbramiento infantil, aunque ya con trazos temblorosos. Sus primeros desnudos, a finales de los años veinte, tienen restos de psicología. Luego, se depuran de emociones, sentimientos y rasgos particulares y funden en una sola forma, que, siendo genérica, no deja nunca de ser intensa y carnal. Generalmente rubia, de grandes ojos embelesados por alguna visión, de formas más bien opulentas, sin que jamás una sonrisa venga a aligerar la severísima concentración de su rostro, la mujer de Delvaux parece imitar a las estatuas, en esos jardines sin aire, al pie de aquellas columnas griegas o en sus estaciones desiertas. Basta echarle una mirada para saber que es inalcanzable e intocable, un ser sagrado, capaz de despertar el deseo ajeno pero incapaz de experimentarlo, aun en aquellas contadas ocasiones en que otra silueta —masculina o femenina— finge acariciarla. Sólo cuando muda en árbol, pez, flor o esqueleto parece cómoda. Este es un mundo sin hombres, pues cuando ellos aparecen, se advierte de inmediato que están de más. Lo dijo André Breton: "Delvaux ha hecho del universo el imperio de una mujer, siempre la misma...". Es verdad. Pero, también hizo de él un lugar increíblemente diferente al que conocemos y habitamos, riquísimo en insinuaciones y sugerencias de todo orden, que conmueve e inquieta porque, a la vez que ingenuo, frágil, sorprendente, parece esconder algo maligno

185

y estar a punto de eclipsarse en cualquier momento, como los paisajes que visitamos en el sueño.

En los alrededores del Museo Real de Bruselas está el barrio de Sablon, lleno de anticuarios, galerías de arte y cafés y restaurantes con terrazas que se desbordan sobre las veredas y hasta los adoquines de la calzada. Es un día domingo con sol radiante y cielo azul marino, excelente para almorzar al aire libre, una *carbonnade*, por supuesto, y beber cerveza de barril, que los nativos de esta tierra preparan espesa y espumosa. En las mesas que me rodean hay familias de valones y flamencos que hacen todo lo posible por parecerse a los personajes de esos malvados chistes que los franceses atribuyen a los belgas y hacerme creer que son discretos, educados, bien vestidos, formalitos hasta la invisibilidad. Pero, a mí, esas apariencias no me engañan. ¿Después de haber pasado tres horas con Paul Delvaux? Jamás de los jamases. Ya sé que detrás de esas fachadas tan benignas y convencionales, se ocultan tentaciones tremebundas, audacias insólitas, inicuos monstruos, y que todos esos enloquecidos fantaseadores que fueron un Ghelderode, un Maeterlinck, un Ensor, un Magritte, un Delvaux, practicaban, para esconderse mejor, esa misma estrategia: mostrar caras de buenos vecinos, de burgueses tranquilos que sacan a mear a su perro, con puntualidad religiosa, todas las mañanas.

Bruselas, mayo de 1997

Epitafio para una biblioteca

Ayer tuve la prueba de que mi acogedor y querido refugio londinense me será arrebatado sin remedio. Entré al *Reading Room* de la biblioteca, en el corazón del Museo Británico, y en vez de la cálida atmósfera de costumbre me recibió un espectáculo desolador: la mitad de los vastos estantes que circundan el local habían sido vaciados y en lugar de las elegantes hileras de millares de libros encuadernados vi unas maderas descoloridas y, algunas, con manchas que parecían telarañas. No creo haber experimentado un sentimiento de traición y soledad semejante desde que, al cumplir los cinco años de edad, mi madre me llevó al Colegio de La Salle, de Cochabamba, y me abandonó en el aula del hermano Justiniano.

Vine por primera vez a este recinto hace treinta y dos años, recién llegado a Londres, para leer los libros de Edmond Wilson, cuyo ensayo sobre la evolución de la idea socialista —*To the Finland Station*— me había entusiasmado. Antes que la riqueza de su colección —unos nueve millones de volúmenes—, me deslumbró la belleza de su principal Sala de Lectura, abrigada por aquellos estantes olorosos a cuero y a papel y sumida en una luz azulina que discretamente descendía sobre ella de la increíble cúpula erigida por Sidney Smirke, en 1857, la más grande del mundo después de la del Panteón, en Roma, que la aventaja apenas

187

por dos pies de diámetro. Habituado a trabajar en bibliotecas impersonales e incómodas, como la de París, tan atestada siempre que, en época de exámenes, había que ir a hacer cola a la Place de la Bourse una hora antes de que se abriera para poder ser admitido, no podía creer que esta, además de ser tan agraciada, fuera tan cómoda, tan silenciosa y hospitalaria, con sus mullidos asientos y sus largas mesas donde uno podía desplegar sus cuadernos, sus fichas y altas pilas de libros sin incomodar a los vecinos. Aquí había pasado buena parte de su vida el viejo Marx, según contaba Edmond Wilson, y todavía se conservaba en los sesenta, a mano derecha de la entrada, su pupitre, que, a mediados de los ochenta, desapareció con los de toda esa fila, destinada a los ordenadores.

Sin exageración puedo decir que en el *Reading Room* de la British Library he vivido cuatro o cinco tardes por semana de todas mis estancias londinenses a lo largo de tres décadas y que aquí he sido inmensamente feliz, más que en ningún otro lugar del mundo. Aquí, arrullado por el secreto rumor de los carritos que van repartiendo los pedidos de lector en lector, y tranquilizado con la íntima seguridad de que ningún teléfono repicará, ni sonará un timbre, ni comparecerá alguna visita, preparaba las clases de literatura cuando enseñé en Queen Mary College y en King's College, aquí he escrito cartas, artículos, ensayos, obras de teatro y media docena de novelas. Y aquí he leído centenares de libros y gracias a ellos aprendido casi todo lo que sé. Pero, principalmente, en este recinto he fantaseado y soñado de la mano de los grandes aedos, de los formidables ilusionistas, de los maestros de la ficción.

Me habitué a trabajar en las bibliotecas desde mis años universitarios y en todos los lugares donde he vivido he procurado hacerlo, de tal modo que, en mi memoria, los recuerdos de los países y las ciudades están en buena medida determinados por las imágenes y anécdotas que conservo de aquellas. La de la vieja casona de San Marcos tenía un aire denso y colonial y los libros exhalaban un polvillo que hacía estornudar. En la Nacional, de la avenida Abancay, los escolares hacían un ruido de infierno y más aún los celadores, que los callaban (emulaban, más bien) con estridentes silbatos. En la del Club Nacional, donde trabajé, leí toda la colección erótica *Les Maîtres de l'Amour*, que dirigió, prologó y tradujo Guillaume Apollinaire. En la helada Biblioteca Nacional, de Madrid, a fines de los cincuenta, había que tener puesto el abrigo para no resfriarse, pero yo iba allí todas las tardes a leer las novelas de caballerías. La incomodidad de la de París superaba a todas las demás: si uno, por descuido, separaba el brazo del cuerpo, hundía el codo en las costillas del vecino. Allí, una tarde, levanté los ojos de un libro loco, sobre locos, de Raymond Queneau, *Les enfants du limon*, y me di de bruces con Simone de Beauvoir, que escribía furiosamente sentada frente a mí.

La sorpresa más grande que en materia de biblioteconomía me he llevado me la dio un erudito chileno, encargado de la adquisición de libros hispanoamericanos en la Biblioteca del Congreso, en Washington, a quien le pregunté en 1965 cuál era el criterio que seguía para seleccionar sus compras y me respondió: "Facilísimo. Compramos todos los libros que se editan". Esta era, también, la política millonaria de la formidable Biblioteca de Harvard, donde uno mismo tenía que ir a buscar su libro siguiendo un complicado itinerario trazado por la computadora que hacía de recepcionista. En el semestre que pasé allí nunca conseguí orientarme en ese laberinto, de manera que nunca pude leer lo que quise, sólo lo que me encontraba en mi deambular por el vientre de esa ballena bibliográfica, pero no puedo quejarme, porque hice hallazgos maravillosos, como las memorias de Herzen —¡un liberal ruso, nada menos!— y *The Octopus*, de Frank Norris.

En la Biblioteca de Princeton, una tarde con nieve, aprovechando un descuido de mi vecino, espié el libro que leía y me encontré con una cita sobre el culto de Dionisios en la antigua Grecia, que me llevó a cambiar de pies a cabeza la novela que estaba escribiendo y a intentar en ella una recreación andina y moderna de aquel mito clásico sobre las fuerzas irracionales y la embriaguez divina. En la Biblioteca de Nueva York, la más eficiente de todas —no se necesita carnet alguno de inscripción, los libros que uno pide se los alcanzan en pocos minutos— pero la de asientos más duros, era imposible trabajar más de un par de horas seguidas, a menos de llevarse una almohadilla para proteger el coxis y la rabadilla.

De todas esas bibliotecas y de algunas otras tengo recuerdos agradecidos, pero ninguna de ellas, por separado o todas juntas, fue capaz de ayudarme, estimularme y servirme tan bien como el *Reading Room*. De los innumerables episodios con que podría ilustrar esta afirmación, escojo este: haberme encontrado en sus catálogos con la minúscula revistita que los padres dominicos de la misión amazónica publicaban allá, en esas remotas tierras, hace medio siglo, y que son uno de los escasos testimonios sobre los machiguengas, sus mitos, sus leyendas, sus costumbres, su lengua. Yo me desesperaba pidiendo a amigos de Lima que la encontraran y fotocopiaran —necesitaba ese material para una novela— y resulta que la colección completa estaba aquí, en la British Library, a mi disposición.

Cuando, el año 1978, el Gobierno laborista de entonces anunció que, debido a la falta de espacio, se construiría una nueva biblioteca y que el *Reading Room* sería devuelto al Museo Británico, un escalofrío me recorrió la columna vertebral. Pero calculé que, dado el pésimo estado de la economía británica de entonces, aquel costoso proyecto tardaría probablemente más que los años de vida que me quedaban para materializarse. Sin embargo, a partir de los ochenta, las cosas empezaron a mejorar en el Reino Unido y el nuevo edificio, erigido en un barrio célebre sobre todo por sus chulos y sus prostitutas, St. Pancras, comenzó a crecer y a mostrar su horrenda jeta de ladrillos y rejas carcelarias. El historiador Hugh Thomas formó un comité para tratar de convencer a las autoridades de que, aunque la British Library se mudara al nuevo local, se preservara el *Reading Room* del Museo Británico. Fui uno de sus miembros y escribí cartas y firmé manifiestos, que no sirvieron para nada, porque el Museo Británico se emperró en recuperar lo que *de jure* le pertenecía y sus influencias y argumentos prevalecieron sobre los nuestros.

Ahora, todo está perdido. Ya se llevaron los libros a St. Pancras y aunque, en teoría, esta Sala de Lectura seguirá abierta hasta mediados de octubre y un mes después se abrirá la Sala de Humanidades de la que la va a reemplazar, esta ya ha comenzado a morir, a pocos, desde que le arrancaron el alma que la hacía vivir, que eran los libros, y la dejaron convertida en un cascarón vacío. Vendremos todavía algunos sentimentales, hasta el último día, como se va a acompañar en su agonía a alguien muy querido, para estar a su lado hasta el estertor final, pero ya nada será lo mismo estos meses, ni el silente trajín de antaño, ni aquella confortable sensación con que allí se leía, investigaba, anotaba y

191

escribía, poseído de un curioso estado de ánimo, el de haber escapado a la rueda del tiempo, de haber accedido en aquel cóncavo espacio de luz azul a esa atemporalidad que tiene la vida de los libros, y la de las ideas y la de las fantasías admirables que en ellos se encarnan.

Por supuesto, en estos casi veinte años que ha tardado su construcción, la Biblioteca de St. Pancras ya quedó pequeña y no podrá albergar todas las existencias, que seguirán dispersas en distintos depósitos regados por Londres. Y los defectos y deficiencias que parecen aquejarla hacen que el *Times Literary Supplement* la describa como "La Biblioteca Británica o el Gran Desastre". Yo, por supuesto, no la he visitado y cuando paso por allí miro a las esforzadas meretrices de las veredas, no a sus pétreas y sangrientas paredes, que hacen pensar en bancos, cuarteles o centrales eléctricas, no en tareas intelectuales. Yo, por supuesto, no pondré allí la suela de mis zapatos hasta que no me quede más remedio y seguiré proclamando hasta mi muerte que, sustituyendo aquel entrañable lugar por este horror, se ha cometido un crimen bochornoso, muy explicable por lo demás, pues ¿no son acaso estas mismas gentes las que mandaron a la cárcel al pobre Oscar Wilde y prohibieron el *Ulises* de Joyce y *El amante de Lady Chatterley* de Lawrence?

Londres, junio de 1997

La hora de los charlatanes

Aquella tarde fui al Institute of Contemporary Arts media hora antes de la conferencia de Jean Baudrillard para echar un vistazo a la librería del ICA, que, aunque pequeñita, siempre me pareció modélica. Pero me llevé una mayúscula sorpresa porque, entre la vez anterior que estuve allí y esta, el breve recinto había experimentado una revolución clasificatoria. A las anticuadas secciones de antaño —literatura, filosofía, arte, cine, crítica— habían reemplazado las posmodernas de teoría cultural, clase y género, raza y cultura y un estante titulado "El sujeto sexual", que me dio cierta esperanza, pero no tenía nada que ver con el erotismo, sino con la patrología filológica o machismo lingüístico.

La poesía, la novela y el teatro habían sido erradicados; la única forma creativa presente eran algunos guiones cinematográficos. En un puesto de honor figuraba un libro de Deleuze y Guattari sobre *Nomadología* y otro, al parecer muy importante, de un grupo de psicoanalistas, juristas y sociólogos sobre la deconstrucción de la justicia. Ni uno solo de los títulos más a la vista (como *El replanteamiento feminista del yo*, *El maricón material* (*The Material Queer*), *Ideología e identidad cultural* o *El ídolo lésbico*) me abrió el apetito de modo que salí de allí sin comprar nada, algo que rara vez me ocurre en una librería.

193

Fui a escuchar a Jean Baudrillard porque el sociólogo y filósofo francés, uno de los héroes de la posmodernidad, tiene una responsabilidad grande en lo que está ocurriendo en nuestro tiempo con la vida de la cultura (si este apelativo tiene aún razón de ser cotejado con fenómenos como el que vive la librería del ICA londinense). Y porque quería verle la cara, después de tantos años. A fines de los cincuenta y comienzos de los sesenta ambos frecuentamos los cursos del tercer ciclo que dictaban en la Sorbona Lucien Goldmann y Roland Barthes y echamos una mano al FLN argelino, en las redes de apoyo que creó en París el filósofo Francis Jeanson. Todo el mundo sabía ya entonces que Jean Baudrillard haría una brillante carrera intelectual.

Era muy inteligente y de una soberbia desenvoltura expositiva. Entonces, parecía muy serio y no le hubiera ofendido que se lo describiera como un humanista moderno. Recuerdo haberlo oído, en un *bistrot* de Saint Michael, pulverizar con encarnizamiento y humor la tesis de Foucault sobre la inexistencia del hombre en *Les mots et les choses*, que acababa de aparecer. Tenía muy buen gusto literario y fue uno de los primeros en Francia, en esos años, en señalar el genio de Italo Calvino, en un espléndido ensayo sobre este que le publicó Sartre en *Les Temps Modernes*. Luego, a fines de los sesenta escribió los dos libros densos, estimulantes, palabreros y sofísticos que consolidarían su prestigio, *El sistema de los objetos* y *La sociedad de consumo*. A partir de entonces, y mientras su influencia se extendía por el mundo y echaba raíces firmes sobre todo en el ámbito anglosajón —la prueba: el auditorio atestado del ICA y las centenares de personas que no consiguieron entrada para oírlo— su talento, en lo que parece ser la trayectoria fatídica de los mejores pensadores franceses de nuestros días, se ha ido concentran-

194

do cada vez más en una ambiciosa empresa: la demolición de lo existente y su sustitución por una verbosa irrealidad.

Su conferencia —que comienza citando a *Jurassic Park*— me lo confirma con creces. Sus compatriotas que lo precedieron en esta tarea de acoso y derribo eran más tímidos que él. Según Foucault el hombre no existe, pero, al menos esa inexistencia está allí, poblando la realidad con su versátil vacío. Roland Barthes sólo confería sustancia real al estilo, inflexión que cada vida animada es capaz de imprimir en el río de palabras donde, como fuego fatuo, aparece y desaparece el ser. Para Derrida la verdadera vida es la de los textos, universo de formas autosuficientes que se remiten y modifican unas a otras, sin tocar para nada a esa remota y pálida sombra del verbo que es la prescindible experiencia humana.

Los pases mágicos de Jean Baudrillard son todavía más definitivos. La realidad real ya no existe, ha sido reemplazada por la realidad virtual, la creada por las imágenes de la publicidad y los grandes medios audiovisuales. Hay algo que conocemos con la etiqueta de "información", pero se trata de un material que, en verdad, cumple una función esencialmente opuesta a la de informarnos sobre lo que ocurre a nuestro derredor. Él suplanta y vuelve inútil el mundo real de los hechos y las acciones objetivas: son las versiones clónicas de estos, que llegan a nosotros a través de las pantallas de la televisión, seleccionadas y adobadas por los comentarios de esos ilusionistas, los profesionales de la media, las que en nuestra época hacen las veces de lo que antes se conocía como realidad histórica, conocimiento objetivo del desenvolvimiento del mundo.

Las ocurrencias del mundo real ya no pueden ser objetivas; nacen socavadas en su verdad y consistencia ontológica por ese virus disolvente que es su proyección en las imágenes manipuladas y falsificadas de la realidad virtual, las únicas admisibles y comprensibles para una humanidad domesticada por la fantasía mediática dentro de la cual nacemos, vivimos y morimos (ni más ni menos que los dinosaurios de Spielberg). Además de abolir la historia, las "noticias" televisivas aniquilan también el tiempo, pues matan toda perspectiva crítica sobre lo que ocurre: ellas son simultáneas con los sucesos sobre los que supuestamente informan, y estos no duran más que el lapso fugaz en que son enunciados, antes de desaparecer, barridos por otros que, a su vez, aniquilarán unos nuevos, en un vertiginoso proceso de desnaturalización de lo existente que ha desembocado, pura y simplemente, en su evaporación y reemplazo por la verdad de la ficción mediática, la sola realidad real de nuestra era, la era —dice Baudrillard— "de los simulacros".

Que vivimos en una época de grandes representaciones que nos dificultan la comprensión del mundo real, me parece una verdad como un templo. Pero ¿no es acaso evidente que nadie ha contribuido tanto a enturbiar nuestro entendimiento de lo que de veras está pasando en el mundo, ni siquiera las supercherías mediáticas, como ciertas teorías intelectuales que, al igual que los sabios de una de las hermosas fantasías borgianas, pretenden incrustar el juego especulativo y los sueños de la ficción en la vida?

En el ensayo que escribió demostrando que la Guerra del Golfo "no había sucedido" —pues todo aquello que protagonizaron Saddam Hussein, Kuwait y las fuerzas aliadas no había pasado de ser una mojiganga televisiva—, Jean Baudrillard afirmó: "El escándalo, en nuestros días, no consiste en atentar contra los valores morales, sino contra el principio de realidad". Suscribo esta afirmación con todos sus puntos y comas. Al mismo tiempo, ella me da la impresión de una involuntaria y feroz autocrítica, de quien, desde hace ya un buen número de años, invierte su astucia dialéctica y los poderes persuasivos de su inteligencia en probarnos que el desarrollo de la tecnología audiovisual y la revolución de las comunicaciones en nuestros días ha abolido la facultad humana de discernir entre la verdad y la mentira, la historia y la ficción, y hecho de nosotros, los bípedos de carne y hueso extraviados en el laberinto mediático de nuestro tiempo, meros fantasmas automáticos, piezas de mecano privados de libertad y de conocimiento, y condenados a extinguirnos sin haber siquiera vivido.

Al terminar su conferencia, no me acerqué a saludarlo ni a recordarle los tiempos idos de nuestra juventud, cuando las ideas y los libros nos exaltaban y él aún creía que existíamos.

Fuschl, agosto de 1997

Caca de elefante

En Inglaterra, aunque usted no lo crea, todavía son posibles los escándalos artísticos. La muy respetable Royal Academy of the Arts, institución privada que se fundó en 1768 y que, en su galería de Mayfair, suele presentar retrospectivas de grandes clásicos, o de modernos sacramentados por la crítica, protagoniza en estos días uno que hace las delicias de la prensa y de los filisteos que no pierden su tiempo en exposiciones. Pero, a esta, gracias al escándalo, irán en masa, permitiendo de este modo —no hay bien que por mal no venga— que la pobre Royal Academy supere por algún tiempito más sus crónicos quebrantos económicos.

¿Fue con este objetivo en mente que organizó la muestra *Sensación*, con obras de jóvenes pintores y escultores británicos de la colección del publicista Charles Saatchi? Si fue así, bravo, éxito total. Es seguro que las masas acudirán a contemplar, aunque sea tapándose las narices, las obras del joven Chris Ofili, de 29 años, alumno del *Royal College of Art*, estrella de su generación según un crítico, que monta sus obras sobre bases de caca de elefante solidificada. No es por esta particularidad, sin embargo, por la que Chris Ofili ha llegado a los titulares de los tabloides, sino por su blasfema pieza *Santa Virgen María*, en la que la madre de Jesús aparece rodeada de fotos pornográficas.

199

No es este cuadro, sin embargo, el que ha generado más comentarios. El laurel se lo lleva el retrato de una famosa infanticida, Myra Hindley, que el astuto artista ha compuesto mediante la impostación de manos pueriles. Otra originalidad de la muestra resulta de la colaboración de Jack y Dinos Chapman; la obra se llama *Aceleración Zygótica* y —¿como indica su título?— despliega a un abanico de niños andróginos cuyas caras son, en verdad, falos erectos. Ni que decir que la infamante acusación de pedofilia ha sido proferida contra los inspirados autores. Si la exposición es verdaderamente representativa de lo que estimula y preocupa a los jóvenes artistas en Gran Bretaña, hay que concluir que la obsesión genital encabeza su tabla de prioridades. Por ejemplo, Matt Collishaw ha perpetrado un óleo describiendo, en un primer plano gigante, el impacto de una bala en un cerebro humano; pero lo que el espectador ve, en realidad, es una vagina y una vulva. ¿Y qué decir del audaz ensamblador que ha atiborrado sus urnas de cristal con huesos humanos y, por lo visto, hasta residuos de un feto?

Lo notable del asunto no es que productos de esta catadura lleguen a deslizarse en las salas de exposiciones más ilustres, sino que haya gentes que todavía se sorprendan por ello. En lo que a mí se refiere, yo advertí que algo andaba podrido en el mundo del arte hace exactamente treinta y siete años, en París, cuando un buen amigo, escultor cubano, harto de que las galerías se negaran a exponer las espléndidas maderas que yo le veía trabajar de sol a sol en su *chambre de bonne*, decidió que el camino más seguro hacia el éxito en materia de arte era llamar la atención. Y, dicho y hecho, produjo unas "esculturas" que consistían en pedazos de carne podrida, encerrados en cajas de vidrio, con moscas vivas revoloteando en torno. Unos parlantes aseguraban que el zumbido de las moscas resonara en todo el local como una amenaza terrífica. Triunfó, en efecto, pues hasta una estrella de la radio-televisión francesa, Jean-Marie Drot, le dedicó un programa.

La más inesperada y truculenta consecuencia de la evolución del arte moderno y la miríada de experimentos que lo nutren es que ya no existe criterio objetivo alguno que permita calificar o descalificar una obra de arte, ni situarla dentro de una jerarquía, posibilidad que se fue eclipsando a partir de la revolución cubista y desapareció del todo con la no figuración. En la actualidad "todo" puede ser arte y "nada" lo es, según el soberano capricho de los espectadores, elevados, en razón del naufragio de todos los patrones estéticos, al nivel de árbitros y jueces que antaño detentaban sólo ciertos críticos. El único criterio más o menos generalizado para las obras de arte en la actualidad no tiene nada de artístico; es el impuesto por un mercado intervenido y manipulado por mafias de galeristas y *marchands* y que no revela gustos y sensibilidades estéticas, sólo operaciones publicitarias, de relaciones públicas y en muchos casos simples atracos.

Hace más o menos un mes visité, por cuarta vez en mi vida (pero esta será la última), la Bienal de Venecia. Estuve allí un par de horas, creo, y al salir advertí que a ni uno solo de todos los cuadros, esculturas y objetos que había visto, en la veintena de pabellones que recorrí, le hubiera abierto las puertas de mi casa. El espectáculo era tan aburrido, farsesco y desolador como la exposición de la Royal Academy, pero multiplicado por cien y con decenas de países representados en la patética mojiganga, donde, bajo la coartada de la modernidad, el experimento, la búsqueda de "nuevos medios de expresión", en verdad se documentaba la terrible orfandad de ideas, de cultura artística, de destreza artesanal, de autenticidad e integridad que caracteriza a buena parte del quehacer plástico en nuestros días. Desde luego, hay excepciones. Pero, no es nada fácil detectarlas, porque, a diferencia de lo que ocurre con la literatura, campo en el que todavía no se han desmoronado del todo los códigos estéticos que permiten identificar la originalidad, la novedad, el talento, la desenvoltura formal o la ramplonería y el fraude y donde existen aún —¿por cuánto tiempo más?— casas editoriales que mantienen unos criterios coherentes y de alto nivel, en el caso de la pintura es el sistema el que está podrido hasta los tuétanos, y muchas veces los artistas más dotados no encuentran el camino del público por ser insobornables o simplemente ineptos para lidiar en la jungla deshonesta donde se deciden los éxitos y fracasos artísticos.

A pocas cuadras de la Royal Academy, en Trafalgar Square, en el pabellón moderno de la National Gallery, hay una pequeña exposición que debería ser obligatoria para todos los jóvenes de nuestros días que aspiran a pintar, esculpir, componer, escribir o filmar. Se llama *Seurat y los bañistas* y está dedicada al cuadro *Los bañistas de Asnières*, uno de los dos más famosos que aquel artista pintó (el otro es *Un domingo en la Grande Jatte*), entre 1883 y 1884. Aunque dedicó unos dos años de su vida a aquella extraordinaria tela, en los que, como se advierte en la muestra, hizo innumerables bocetos y estudios del conjunto y los detalles del cuadro, en verdad la exposición prueba que toda la vida de Seurat fue una lenta, terca, insomne, fanática preparación para llegar a alcanzar aquella perfección formal que plasmó en esas dos obras maestras.

En *Los bañistas de Asnières* esa perfección nos maravilla —y, en cierto modo, abruma— en la quietud de las figuras que se asolean, bañan en el río, o contemplan el paisaje, bajo aquella luz cenital que parece estar disolviendo en brillos de espejismo el remoto puente, la locomotora que lo cruza y las chimeneas de Passy. Esa serenidad, ese equilibrio, esa armonía secreta entre el hombre y el agua, la nube y el velero, los atuendos y los remos, son, sí, la manifestación de un dominio absoluto del instrumento, del trazo de la línea y la administración de los colores, conquistado a través del esfuerzo; pero todo ello denota también una concepción altísima, nobilísima, del arte de pintar, como fuente autosuficiente de placer y como realización del espíritu, que encuentra en su propio hacer la mejor recompensa, una vocación que en su ejercicio se justifica y ensalza. Cuando terminó este cuadro, Seurat tenía apenas 24 años, es decir, la edad promedio de esos jóvenes estridentes de la muestra *Sensación* de la Royal Academy; sólo vivió seis más. Su obra, brevísima, es uno de los faros artísticos del siglo XIX. La admiración que ella nos despierta no deriva sólo de la pericia técnica, la minuciosa artesanía, que ella delata. Anterior a todo eso y como sosteniéndolo y potenciándolo, hay una actitud, una ética, una manera de asumir la vocación en función de un ideal, sin las cuales es imposible que un creador llegue a romper los límites de una tradición y los extienda, como hizo Seurat. Esa manera de "elegirse artista" parece haberse perdido para siempre entre los jóvenes impacientes y cínicos de hoy que aspiran a tocar la gloria a como dé lugar, aunque sea empinándose en una montaña de mierda paquidérmica.

Londres, septiembre de 1997

Una doncella

Tiene la edad de la Julieta de Shakespeare —catorce años—
y, como esta, una historia romántica y trágica. Es bellísima,
principalmente vista de perfil. Su rostro exótico, alargado,
de pómulos altos y sus ojos grandes y algo sesgados, sugieren una remota estirpe oriental. Tiene la boca abierta, como
desafiando al mundo con la blancura de sus dientes perfectos, levemente salidos, que fruncen su labio superior en coqueto mohín. Su larguísima cabellera negra, recogida en
dos bandas, enmarca su rostro como la toca de una novicia y
se repliega luego en una trenza que baja hasta su cintura y la
circunda. Se mantiene silente e inmóvil, como un personaje
de teatro japonés, en sus vestiduras de finísima alpaca. Se
llama Juanita. Nació hace más de quinientos años en algún
lugar de los Andes y ahora vive en una urna de cristal (que,
en verdad, es una computadora disimulada), en un ámbito
glacial de diecinueve grados bajo cero, a salvo del tacto
humano y de la corrosión.

Detesto las momias y todas las que he visto, en museos,
tumbas o colecciones particulares, me han producido siempre infinita repugnancia. Jamás he sentido la emoción que
inspiran a tantos seres humanos —no sólo a los arqueólogos— esas calaveras agujereadas y trepanadas, de cuencas
vacías y huesos calcinados, que testimonian sobre las civilizaciones extinguidas. A mí, me recuerdan sobre todo nuestra

perecible condición y la horrenda materia en que quedaremos convertidos, si no elegimos la incineración.

Me resigné a visitar a Juanita, en el pequeño museo especialmente construido para ella por la Universidad Católica de Arequipa, porque a mi amigo, el pintor Fernando de Szyszlo, que tiene la pasión precolombina, le hacía ilusión. Pero fui convencido de que el espectáculo de la calavera pueril y centenaria me revolvería las tripas. No ha sido así. Nada más verla, quedé conmovido, prendado de la belleza de Juanita, y, si no fuera por el qué dirán, me la robaría e instalaría en mi casa como dueña y señora de mi vida.

Su historia es tan exótica como sus delicados rasgos y su ambigua postura, que podría ser de esclava sumisa o despótica emperatriz. El antropólogo Johan Reinhard, acompañado por el guía andinista Miguel Zárate, se hallaba, el 18 de septiembre de 1995, escalando la cumbre del volcán Ampato (6.380 metros de altura), en el sur del Perú. No buscaban restos prehistóricos, sino una visión próxima de un volcán vecino, el nevado Sabancaya, que se encontraba en plena erupción. Nubes de ceniza blancuzca y ardiente llovían sobre el Ampato y habían derretido la coraza de nieve eterna de la cumbre, de la que Reinhard y Zárate se encontraban a poca distancia. De pronto, Zárate divisó entre las rocas, sobresaliendo de la nieve, una llamarada de colores: las plumas de una cofia o tocado inca. A poco de rastrear el contorno, encontraron el resto: un fardo funerario, que, por efecto de la desintegración del hielo de la cumbre, había salido a la superficie y rodado sesenta metros desde el lugar donde, cinco siglos atrás, fue enterrado. La caída no había hecho daño a Juanita (bautizada así por el nombre de pila de Reinhard, Johan); apenas, desgarrado la primera manta en que estaba envuelta. En los veintitrés años que lleva escalando montañas —ocho en el Himalaya, quince en los Andes— en pos de huellas del pasado, Johan Reinhard no había sentido nada parecido a lo que sintió aquella mañana, a seis mil metros de altura, bajo un sol ígneo, cuando tuvo a aquella jovencita inca en sus brazos. Johan es un gringo simpático, que me explicó toda aquella aventura con una sobreexcitación arqueológica que (por primera vez en mi vida) encontré totalmente justificada.

Convencidos de que si dejaban a Juanita a la intemperie en aquellas alturas hasta regresar a buscarla con una expedición, se corría el riesgo de que fuera robada por los saqueadores de tumbas, o quedara sepultada bajo un aluvión, decidieron llevársela consigo. La relación detallada de los tres días que les tomó bajar con Juanita a cuestas las faldas del Ampato —el fardo funerario de ochenta libras de peso bien amarrado a la mochila del antropólogo— tiene todo el color y los sobresaltos de una buena película, que, sin duda, más pronto o más tarde, se hará.

En los dos años y pico que han corrido desde entonces, la bella Juanita se ha convertido en una celebridad internacional. Con los auspicios de la National Geographic viajó a Estados Unidos, donde fue visitada por un cuarto de millón de personas, entre ellas el presidente Clinton. Un célebre odontólogo escribió: "Ojalá las muchachas norteamericanas tuvieran dentaduras tan blancas, sanas y completas como la de esta jovencita peruana".

Pasada por toda clase de máquinas de altísima tecnología en la John Hopkins University; examinada, hurgada y adivinada por ejércitos de sabios y técnicos, y, finalmente, regresada a Arequipa en esa urna-computadora especialmente construida para ella, ha sido posible reconstruir, con una precisión de detalles que linda con la ciencia-ficción, casi toda la historia de Juanita.

Esta niña fue sacrificada al Apu (dios) Ampato, en la misma cumbre del volcán, para apaciguar su virulencia y a fin de que trajera bonanza a los asentamientos incas de la comarca. Exactamente seis horas antes de su ejecución por el sacrificador, se le dio de comer un guiso de verduras. La receta de ese menú está siendo revivida por un equipo de biólogos. No fue degollada ni asfixiada. Su muerte ocurrió gracias a un certero golpe de garrote en la sien derecha. "Tan perfectamente ejecutado que no debió sentir el menor dolor", me aseguró el doctor José Antonio Chávez, que codirigió con Reinhard una nueva expedición a los volcanes de la zona, donde encontraron las tumbas de otros dos niños, también sacrificados a la voracidad de los Apus andinos.

Es probable que, luego de ser elegida como víctima propiciatoria, Juanita fuera reverenciada y paseada por los Andes —tal vez llevada hasta el Cuzco y presentada al Inca—, antes de subir en procesión ritual, desde el valle del Colca y seguida por llamas alhajadas, músicos y danzantes y centenares de devotos, por las empinadas faldas del Ampato, hasta las orillas del cráter, donde estaba la plataforma de los sacrificios. ¿Tuvo miedo, pánico, Juanita, en aquellos momentos finales? A juzgar por la absoluta serenidad estampada en su delicada calavera, por la tranquila arrogancia con que recibe las miradas de sus innumerables visitantes, se diría que no. Que, tal vez, aceptó con resignación y acaso regocijo aquel trámite brutal, de pocos segundos, que la trasladaría al mundo de los dioses andinos, convertida ella misma en una diosa.

Fue enterrada con una vestimenta suntuosa, la cabeza tocada con un arcoiris de plumas trenzadas, el cuerpo envuelto en tres capas de vestidos finísimamente tejidos en lana de alpaca, los pies enfundados en unas ligeras sandalias de cuero. Prendedores de plata, vasos burilados, un recipiente de chicha, un plato de maíz, una llamita de metal y otros objetos de culto o domésticos —rescatados intactos todos ellos— la acompañaron en su reposo de siglos, junto a la boca de aquel volcán, hasta que el accidental calentamiento del casquete glacial del Ampato derritió las paredes que protegían su descanso y la lanzó, o poco menos, en los brazos de Johan Reinhard y Miguel Zárate.

Ahí está ahora, en una casita de clase media de la recoleta ciudad donde nací, iniciando una nueva etapa de su vida, que durará tal vez otros quinientos años, en una urna-computarizada, preservada de la extinción por un frío polar, y testimoniando —depende del cristal con que se la mire— sobre la riqueza ceremonial y las misteriosas creencias de una civilización ida, o sobre la infinita crueldad con que solía (y suele todavía) conjurar sus miedos la estupidez humana.

Arequipa, noviembre de 1997

La isla de Mandela

Cuando, en el invierno de 1964, Nelson Mandela desembarcó en Robben Island para cumplir su condena de trabajos forzados a perpetuidad, aquella isla llevaba a cuestas más de tres siglos de horror. Los holandeses primero, luego los británicos, habían confinado allí a los negros reacios a la dominación colonial, a la vez que la utilizaban también como leprosorio, manicomio y cárcel para delincuentes comunes. Las corrientes que la circundan y los tiburones daban cuenta de los temerarios que intentaban escapar de ella a nado. Cuando se estableció la Unión Surafricana, el Gobierno dejó de enviar a Robben Island a locos y leprosos; desde entonces fue únicamente prisión de forajidos y rebeldes políticos.

Hasta algunos años antes de que Mandela ingresara al penal, el gobierno del *apartheid,* que se inició en 1948 con la victoria electoral del Partido Nacional de Hendrik Verwoerd, tenía mezclados a presos comunes y políticos, a fin de que aquellos atormentaran a estos. Esa política cesó cuando las autoridades advirtieron que la cohabitación permitía el adoctrinamiento de muchos ladrones, asesinos o vagos, que, de pronto, pasaban a secundar a una de las dos principales fuerzas de la resistencia: el Congreso Nacional Africano (ANC) y el Congreso PanAfricano (PAC). Pero, aunque comunes y políticos se hallaban separados, dentro de estos últimos había también una rígida división, cuando Mandela llegó; los dirigentes considerados de alta peligrosidad, como era su caso, iban a la llamada Sección B, donde la vigilancia era más estricta y a los múltiples padecimientos se añadía el de vivir casi en permanente soledad.

Su celda, la número cinco, que ocupó durante los dieciocho años que estuvo en la isla —de los veintisiete que pasó en prisión— tiene dos metros por dos metros treinta, y tres de altura: parece un nicho, el cubil de una fiera, antes que un aposento humano. Las gruesas paredes de cemento aseguran que sea un horno en verano y una heladera en invierno. Por la única ventanita enrejada se divisa un patio cercado por una muralla en la que, en los tiempos de Mandela, se paseaban guardias armados. Estos eran todos blancos y, la inmensa mayoría, *afrikaans*, así como los penados de Robben Island eran todos negros. Los presos de raza blanca tenían cárceles separadas, y lo mismo los mestizos de origen indio o asiático, llamados *coloured* por el sistema.

El *apartheid* era algo mucho más profundo que una segregación racial. Dictaminaba una compleja escala en el grado de humanidad de las personas, en la que a la raza blanca correspondía el tope, al negro el mínimo, y a los híbridos cuotas mayores o menores de coeficiente humano según los porcentajes de blancura que detentara el individuo. El sistema carcelario surafricano aplicaba rigurosamente en 1964 esta filosofía que Hendrik Verwoerd —un intelectual más que un político— había defendido en su cátedra de sociología de la Universidad de Stellenbosh, antes de que, en 1948, la mayoría del electorado blanco de Suráfrica la hiciera suya. Ella determinaba un régimen diferente de alimento, vestido, trabajo y castigos para el penado según la coloración de su piel. Así, en tanto que el mulato o el hindú tenía derecho a la "Dieta D", que incluía pan, vegetales y café, los negros, merecedores de la "Dieta F", estaban privados de esos tres ingredientes y debían sustentarse sólo con potajes de maíz. Incluso en las dosis de los alimentos que compartían la discriminación era inflexible: un *coloured* recibía dos onzas y media de azúcar por día y un negro apenas dos. Los mestizos dormían sobre un colchón y los africanos en esteras de paja; aquellos se abrigaban con tres frazadas; estos, con dos.

Mandela aceptó sin protestar estas diferencias en lo que concernía a la alimentación y a la cama, pero, en cambio, con la manera respetuosa que siempre lució y que nunca dejó de aconsejar a sus compañeros que emplearan con las autoridades del penal, anunció a estas que no se pondría los calzones cortos que el régimen prescribía para los presos de raza negra (con propósitos humillantes, pues era el uniforme de los domésticos de color en las casas de los blancos). De nada valieron amenazas, sevicias, el aislamiento total y otros castigos feroces, como el del "cuadrado", que consistía en permanecer inmóvil, horas de horas, dentro de un pequeño rectángulo, hasta perder el sentido, una de las torturas que más suicidios provocó entre la población carcelaria. Al final, los presos políticos de Robben Island recibieron los pantalones largos que hasta entonces sólo correspondían a blancos y mestizos.

La jornada comenzaba a las cinco y media de la mañana. El penado tenía derecho a salir de su celda por unos minutos a vaciar el balde de excrementos y a asearse en un lavador común; aunque estaba prohibido cruzar palabra con el vecino, en aquellos momentos compartidos en la madrugada con los otros compañeros de la Sección B eran posibles, a veces, rápidos diálogos, o por lo menos una comunicación silenciosa, corporal y visual, que levantaba el ánimo. Después del primer potaje de maíz del día, los presos salían al patio, donde, sentados en el suelo, muy separados uno de otro y en silencio, picaban volúmenes de piedra caliza con una pequeña pica y un martillo de metal. A media mañana y a media tarde tenían derecho a un reposo de media hora, para dar vueltas al patio y desentumecer las piernas. Recibían otros dos potajes, uno al mediodía y otro a las cuatro de la tarde, en que eran encerrados en las celdas hasta el día siguiente. El foco de luz de cada cubil permanecía encendido las veinticuatro horas.

Los presos políticos tenían derecho a recibir una visita de media hora cada seis meses, siempre que no estuvieran sufriendo un castigo. Aquella se llevaba a cabo en una habitación en que penados y visitantes se hallaban separados por una pared de vidrio con pequeños orificios, en presencia de dos guardas armados que tenían obligación de interrumpir la conversación en el instante mismo en que ella se apartara del tema familiar y rozara la actualidad o asuntos políticos. Podían también escribir y recibir dos veces al año una carta que, antes, pasaba por una rigurosa censura que tachaba todas las frases que estimaba sospechosas, capaces de esconder algún mensaje político.

Esta rutina enloquecedora, orientada a destruir la humanidad del penado, a embrutecerlo y privarlo de reflejos vitales, de la más elemental esperanza, no consiguió su objetivo en el caso de Nelson Mandela. Por el contrario; el testimonio de sus amigos del ANC y de los adversarios del PAC, que compartieron con él los años de Robben Island, es contundente: cuando, a los nueve años de estar sometido a semejante régimen, este se atenuó, y pudo, por fin, estudiar —se graduó de abogado por correspondencia en la Universidad de

Londres—, cultivar un pequeño jardín y alternar con los otros presos políticos de la isla durante las horas de trabajo común en la cantera de piedra caliza situada a media milla del penal y en los recreos, se había vuelto un hombre más sereno y profundo de lo que era antes de entrar a la cárcel. Y adquirido una lucidez y sabiduría políticas que fueron determinantes para que su autoridad se impusiera primero sobre sus compañeros de Robben Island, luego sobre el Congreso Nacional Africano, y, finalmente, sobre el país entero, al extremo —casi cómico— de que hoy día, en Suráfrica, uno oye por doquier a los blancos, *afrikaans*, ingleses o de otros ancestros europeos, lamentarse de la decisión de Mandela de no presentarse en las próximas elecciones y haber cedido la presidencia del ANC a Thabo Mbeki. En efecto, lo extraordinario de lo ocurrido con Mandela en su primera década en Robben Island, en que estuvo inmerso en ese sistema infernal, no es que no perdiera la razón, ni la voluntad de vivir, ni sus ideales políticos. Es que, en esos años de espanto, en vez de impregnarse de odio y de rencor, llegara al convencimiento de que la única manera sensata de resolver el problema de África del Sur era una negociación pacífica con el Gobierno racista del *apartheid*, una estrategia encaminada a persuadir a la comunidad blanca del país —ese 12 por ciento de la población que explotaba y discriminaba sin misericordia desde hacía siglos al 88 por ciento restante— de que el cese del sistema discriminatorio y la democratización política no significaría, en modo alguno, lo que temían, el caos y las represalias, sino el inicio de una era de armonía y cooperación entre los surafricanos de las diversas razas y culturas.

Esta idea generosa había guiado al ANC en sus remotos orígenes, cuando era apenas una junta de notables negros empeñados en demostrar por todos los medios, a los blancos racistas, que las gentes de color no eran los bárbaros que creían, pero, a comienzos de los sesenta, cuando la ferocidad de la represión alcanzó extremos vertiginosos, la teoría de la acción violenta ganó, incluso, al trío dirigente más moderado del African National Congress: Mandela, Sisulu y Tambo. Aunque siempre rechazaron las tesis del PAC, de "África para los africanos" y de "Echar a los blancos al mar", ellos crearon, dentro del ANC, el grupo activista Umkhonto we Siswe, encargado de sabotajes y acciones armadas y enviaron a jóvenes africanos a recibir entrenamiento guerrillero a Cuba, China Popular, Corea del Norte y Alemania Oriental. Cuando Mandela llegó a Robben Island como el penado 466/64, la idea de que el *apartheid* sólo cesaría mediante la fuerza, jamás a través del diálogo y la persuasión, estaba firmemente arraigada en la mayoría africana. ¿Y quién se hubiera atrevido, en ese momento de apogeo del Partido Nacional y de desenfreno de sus políticas racistas, a contradecirla?

Nelson Mandela se atrevió. Lo hizo desde la terrible soledad de esa cueva donde estaba condenado a pasar el resto de sus días, desarrollando, en la segunda década de su encierro, prodigios de habilidad táctica, convenciendo, primero, a sus propios compañeros de partido, a los comunistas, a los liberales, y, en la tercera década de prisión, cuando sus condiciones mejoraron y pudo comunicarse ya con el exterior, a los propios *afrikaans* del Gobierno, exhortándolos a abrir el diálogo y a llegar a un acuerdo que asegurara a Suráfrica un futuro de sociedad libre y multirracial. Le costó veinte años más de esfuerzos, enfrentar con una voluntad de hierro indecibles obstáculos, pero, al final, lo consiguió, y terminó —mientras aún seguía sirviendo su condena perpetua— tomando té civilizadamente con los dos últimos presidentes del *apartheid:* Botha y De Klerk. Ahora es el presidente electo y universalmente respetado por blancos, negros, indios y mulatos, del más próspero y democrático país que haya conocido en su larga y tristísima historia el continente africano.

Por eso, si usted llega a este país, no se contente con recorrer las pulcras ciudades surafricanas que parecen recién lavadas y planchadas, ni sus playas espectaculares, ni sus refinados viñedos, ni sus grandes bosques donde leones, elefantes, leopardos y jirafas se pasean en libertad, ni se limite —para medir toda la injusticia que aún falta por remediar— a recorrer las barriadas negras, como la de Soweto, que, a pesar de su pobreza, arden de energía y creatividad. Vaya, sobre todo, a Robben Island, ese pedazo de tierra que se divisa desde los malecones de Cape Town, pardo y borroso en los bellos crepúsculos, en medio del mar. Porque uno de los más prodigiosos y esperanzadores acontecimientos históricos de este fin de siglo se gestó allí, en un calabozo inhumano, gracias a la inteligencia y a la grandeza de espíritu del más respetable político vivo de nuestro tiempo.

Ciudad del Cabo, enero de 1998

La otra cara del Paraíso

En su ensayo sobre Gandhi, George Orwell ridiculizaba el pacifismo explicando que el método practicado por aquel para lograr la independencia de la India sólo pudo tener éxito contra un país como Gran Bretaña, al que la legalidad democrática obligaba a actuar dentro de ciertos límites. ¿Hubiera sido exitoso contra un Hitler o un Stalin, a los que nada impedía cometer genocidios? Poner la otra mejilla puede tener un alto significado moral, pero carece totalmente de eficacia frente a regímenes totalitarios. Hay circunstancias en que la única manera de defender la libertad, la dignidad humana o la supervivencia es oponiendo la violencia a la violencia.

¿Era esta la situación de México el 1 de enero de 1994, cuando el subcomandante Marcos se alzó en armas con su Ejército Zapatista de Liberación Nacional y ocupó varios poblados de Chiapas? La corrompida dictadura del PRI, que desde 1929 ejercía un dominio poco menos que absoluto, había entrado en un proceso de debilitamiento, y, en razón de una creciente presión interna a favor de la democratización, cedido unos espacios de poder a las fuerzas de oposición e iniciado una lenta pero inequívoca apertura. A algunos nos pareció que este proceso se vería seriamente trabado con las acciones guerrilleras y que estas, antes que a los indígenas chiapanecos, favorecerían al régimen priísta, ofreciéndole

219

una coartada providencial para presentarse como el garante de la paz y el orden ante una clase media ansiosa de democracia, sin duda, pero alérgica a la idea de un México devastado por la guerra civil, en el que pudiera repetirse la situación de Guatemala o El Salvador durante los ochenta.

Nadie podía sospechar entonces la peculiar evolución que tendría la "primera revolución posmoderna", como la llamó Carlos Fuentes, ni la transformación del subcomandante de la máscara, la pipa y los dos relojes en las muñecas, en una estrella mediática internacional gracias al frenesí sensacionalista, ávido de exotismo, de los medios de comunicación y la irresponsable frivolidad de cierto progresismo occidental. Es una historia que deberá contarse alguna vez, con lujo de detalles, como testimonio de los delirantes niveles de enajenación a que puede llevar el *parti pris* ideológico y de la facilidad con que un bufón del Tercer Mundo, a condición de dominar las técnicas de la publicidad y los estereotipos políticos de moda, puede competir con Madonna y las Spice Girls en seducir multitudes.

Hay que agradecer a los periodistas Bertrand de la Grange, de *Le Monde*, y a Maite Rico, de *El País*, que aporten el más serio documento escrito hasta ahora sobre este tema, en su libro *Marcos, la genial impostura* (Nuevo Siglo/Aguilar, 1998), donde, con tanta paciencia como coraje, se esfuerzan por deslindar el mito y el embauque de la verdad, en los sucesos de Chiapas. Ambos han cubierto estos hechos sobre el terreno para sus respectivos diarios, conocen de primera mano la endiablada complejidad de la vida política de México y lucen —me quito el sombrero— una independencia de juicio que no suele ser frecuente entre los corresponsales de prensa que informan sobre América Latina. Su reportaje traza un retrato inmisericorde de la situación de los indígenas de Chiapas, desde la Colonia, y la terrible marginación y explotación de que han seguido siendo víctimas hasta nuestros días, a consecuencia del sistema económico y político imperante. Pero él muestra también, de manera inequívoca, que el levantamiento zapatista no ha servido para mejorar en absoluto la condición de las comunidades nativas; más bien —la otra cara del Paraíso— la ha agravado en términos económicos y sociales, introduciendo profundas divisiones en la sociedad indígena chiapaneca y elevando el nivel de la violencia que se abate sobre ella.

El primer mito que esta investigación eclipsa es que el movimiento zapatista es indígena y campesino. En verdad, desde los tiempos de las Fuerzas de Liberación Nacional, en cuyo seno nació, el EZLN estuvo dirigido —como todos sus congéneres latinoamericanos— por blancos o mestizos de origen urbano, fuertemente impregnados de ideología marxista-leninista y seducidos por el voluntarismo de la Revolución Cubana. Es el caso del universitario Rafael Guillén Vicente, el futuro subcomandante Marcos, entrenado en Cuba, donde, más que en la práctica militar, se afana por conocer detalles de la vida y la persona del Che Guevara, sobre el que, luego, se construirá una imagen clónica, aunque añadida de megalomanía publicitaria, algo que al sobrio revolucionario argentino siempre repugnó. En el movimiento zapatista los indígenas son un instrumento de manipulación —"simples cobayas", dicen Rico y De la Grange—, un decorado, una tropa de la que salen los inevitables muertos, y, a veces, los verdugos de otros indígenas. Pero nunca los protagonistas; o, mejor dicho, el protagonista, que es siempre Marcos, sobre todo cuando, con efusiones retóricas autocríticas, confiesa haberse excedido en sus exhibiciones y

221

promete ceder las candilejas a "los hermanos y hermanas zapatistas" (aún no lo ha hecho).

El segundo mito desbaratado es el supuesto carácter "no violento" del movimiento zapatista. Es verdad que las acciones militares cesaron a las dos semanas del alzamiento, cuando el presidente Salinas, en un acto típico del refinado maquiavelismo político del PRI, decretó "el alto el fuego" e inició unas conversaciones con los zapatistas que su sucesor, el presidente Zedillo, ha continuado. Estas han servido, sobre todo, para mostrar que los alzados carecían de un programa mínimo de reformas, orfandad que compensaban con vagas y confusas reivindicaciones en defensa de la "identidad" indígena, que hacen delirar de entusiasmo a los multiculturalistas de las universidades norteamericanas y europeas, pero inservibles para aliviar en algo las miserables condiciones de vida de los campesinos chiapanecos.

Un distinguido antropólogo mexicano, Roger Bartra, ha explicado que el retorno de la Iglesia al escenario político y el indigenismo fundamentalista que ha traído como consecuencia el movimiento zapatista representan "un retroceso de primera magnitud". Para la democratización de México, sin duda. En cambio, al régimen priísta lo ocurrido en Chiapas le ha prestado un considerable servicio, como muestra este libro, según el cual el EZLN se ha convertido, a su pesar, en "el principal valedor" del sistema. Por lo pronto, utilizando el espantajo de la seguridad amenazada, el Ejército mexicano ha conseguido "un aumento sustancial" de su presupuesto y efectivos —las compras de armamento ligero y vehículos blindados a Estados Unidos, Rusia y Francia han sido frecuentes en estos años— y los militares han pasado a desempeñar un papel central en la vida política, tragedia latinoamericana de la que México hasta ahora se había librado.

En tanto que los crímenes cometidos contra los zapatistas, como el salvaje asesinato de 45 indios tzotiles, en su mayoría mujeres y niños, en Acteal, el 22 de diciembre del año pasado, han dado la vuelta al mundo causando una justa indignación, hay otra violencia, en Chiapas, que ha sido silenciada —con deliberación y alevosía—, porque condenarla hubiera sido políticamente incorrecto: la ejercida por los zapatistas contra los indígenas renuentes u hostiles al subcomandante Marcos. Las páginas más dramáticas del libro de Maite Rico y Bertrand de la Grange son las que reproducen algunas de las centenas (acaso millares) de cartas enviadas por indígenas de distintas localidades de Chiapas, a los párrocos, a ONGs, a autoridades locales, denunciando —en un lenguaje rudimentario y a veces apenas comprensible, que delata la humildad del remitente— los robos y saqueos, las expropiaciones, las expulsiones de familias y a veces de aldeas enteras, los maltratos físicos y los chantajes a que se han visto sometidos los indígenas chiapanecos que se negaron a plegarse a los designios del enmascarado Marcos. Más de 30.000 campesinos —casi la mitad de la población de Las Cañadas—, dicen los autores, se han visto obligados a huir de sus lugares de origen, en razón de las operaciones de "limpieza política" ordenadas por este personaje a quien el distinguido sociólogo francés Alain Touraine llamó —sin que se le quebrara la voz— "el demócrata armado".

Que Touraine, o Régis Debray, otro aeda de Marcos (en su euforia lo ha llamado "el mejor escritor latinoamericano de nuestros días"), o la incesante viuda de François Mitterrand, luego de una visita turística a Chiapas quedaran en Babia sobre lo que allí ocurría y confundieran sus deseos con la realidad, es comprensible. En cambio, no lo es la conducta del escurridizo Samuel Ruiz, obispo de San Cristóbal de Las

Casas, que conoce la realidad de Chiapas muy a fondo, pues vive allí desde 1960, y quien ha sido recipiendario de aquellas desesperadas denuncias. ¿Por qué las ha ocultado de manera sistemática o, cuando no ha tenido cómo esquivar el bulto, minimizado al máximo? No por simpatía hacia Marcos y los zapatistas, a quienes, aunque ayudó los primeros años —en su loable afán de proteger a los indios contra las depredaciones de los caciques, el obispo llamó como asesores a un grupo de ¡militantes maoístas!—, luego mantuvo a distancia, pero no, como este libro documenta, por diferencias de principio, sino por razones de emulación y competencia hegemónica. El purpurado padece, como Marcos, de debilidades publicitarias y es sensible como una mimosa al qué dirán político.

Este libro transpira cariño y admiración por México, un país cuyo hechizo es, en efecto, difícilmente resistible. Al mismo tiempo, arde en sus páginas una justa indignación por la manera como los sucesos de Chiapas han sido deformados y canibalizados por los irredentos buscadores de Robin Hoods tercermundistas, con quienes aplacar su mala consciencia, distraer el aburrimiento político que les producen las pedestres democracias o saciar su sed de romanticismo revolucionario. La descripción de un cacaseno en bermudas, llamado John Whitmer, que renunció a la Antropología en Connecticut para ejercer de comisario zapatista y verificar la ortodoxia política de los periodistas que llegan a Chiapas, es, por sí sola, un alegato desopilante contra la especie. Uno de los muchos que, en este libro, entristecen e irritan a quienes de verdad desean que México se libre por fin, de una vez por todas, del sistema manipulador y abusivo —brutal en muchas ocasiones— que ha significado, por más de setenta años, el monopolio político del PRI. La mejora de las condiciones de vida de los indígenas de Chiapas, y del pueblo mexicano en general, tiene como requisito primero e indispensable la democratización de su vida política, la apertura de su sociedad, el refuerzo de sus instituciones, y el establecimiento de una legalidad que proteja a todos los ciudadanos contra los abusos de todos los poderes, sin excepción.

A ese proceso de democratización de México, el subcomandante Marcos no lo ha ayudado en lo más mínimo; lo ha entorpecido y confundido, restándole legitimidad a la oposición democrática y ofreciendo coartadas de supervivencia al poder que dice combatir. Desde luego, no es imposible que el héroe virtual que es él hoy día sea asesinado el día de mañana, por sus adversarios o por algún aliado envidioso, y pase entonces a engrosar el panteón de los héroes y de los libertadores: la Historia está trufada de esas prestidigitaciones. Pero, como este libro prueba hasta la saciedad, no es ese el destino que su trayectoria merece. Sino, más bien, el que preludian las ofertas que le han hecho llegar dos de sus más entusiastas admiradores: el cineasta Oliver Stone, para que encarne a su propio personaje en la película que piensa dedicarle, o como modelo de Benetton, en una campaña publicitaria de "los alegres colores" diseñada por Olivero Toscani, el creativo del modisto, cuyo botón de oro sería la imagen del subcomandante, antifaz en la cara, metralleta al hombro, cachimba en la boca, en el centro de una ronda de indígenas armados y uniformados mirando confiados un horizonte de radiante sol.

Berlín, 8 de marzo de 1998

Resistir pintando

Frida Kahlo es extraordinaria por muchas razones, y, entre ellas, porque lo ocurrido con su pintura muestra la formidable revolución que puede provocar, a veces, en el ámbito de las valoraciones artísticas, una buena biografía. Y, por eso mismo, lo precarias que han llegado a ser en nuestros días las valoraciones artísticas.

Hasta 1983, Frida Kahlo era conocida en México y en un círculo internacional restringido de aficionados a la pintura, más como una curiosidad surrealista elogiada por André Breton, y como mujer de Diego Rivera, que como una artista cuya obra merecía ser valorizada por sí misma, no como apéndice de una corriente ni como mero complemento de la obra del célebre muralista mexicano. En 1983 apareció en Estados Unidos el libro de Hayden Herrera: *Frida: A Biography of Frida Kahlo*. Esta fascinante descripción de la odisea vital y artística de la pintora mexicana, que fue leída con justa devoción en todas partes, tuvo la virtud de catapultar a Frida Kahlo al epicentro de la curiosidad en los polos artísticos del planeta, empezando por Nueva York, y en poco tiempo convirtió su obra en una de las más celebradas y cotizadas en el mundo entero. Desde hace unos diez años, los raros cuadros suyos que llegan a los remates de Sotheby's o Christie's logran los precios más elevados que haya alcanzado nunca un pintor latinoamericano, incluido, por supuesto,

Diego Rivera, quien ha pasado a ser conocido cada vez más como el marido de Frida Kahlo.

Lo más notable de esta irresistible y súbita ascensión del prestigio de la pintura de Frida Kahlo es la unanimidad en que se sustenta —la elogian los críticos serios y los frívolos, los inteligentes y los tontos, los formalistas y los comprometidos—, y al mismo tiempo que los movimientos feministas la han erigido en uno de sus iconos, los conservadores y antimodernos ven en ella una reminiscencia clásica entre los excesos de la vanguardia. Pero acaso sea aún más asombroso que aquel prestigio se haya consolidado antes incluso de que pudieran verse sus cuadros, pues, fuera de haber pintado pocos —apenas un centenar—, buena parte de ellos —los mejores— permanecían hasta hace poco confinados a piedra y lodo en una colección particular estrictísima, a la que tenían acceso sólo un puñado de mortales.

Esta historia daría materia, desde luego, para una interesante reflexión sobre la veleidosa rueda de la fortuna que, en nuestros días, encarama a las nubes o silencia y borra la obra de los artistas por razones que a menudo tienen poco que ver con lo que de veras hacen. La menciono sólo para añadir que, en este caso, por misteriosas circunstancias —el azar, la justicia inmanente, los caprichos de una juguetona divinidad— en vez de una de esas aberraciones patafísicas que suelen resultar de los endiosamientos inesperados que la moda produce, aquella biografía de Hayden Herrera y sus secuelas —todo habrá sido increíble en el destino de Frida Kahlo— han servido para colocar en el lugar que se merece, cuatro décadas después de su muerte, a una de las más absorbentes figuras del arte moderno.

Mi entusiasmo por la pintura de Frida Kahlo es recientísimo. Nace de una excursión de hace un par de semanas a la alpina Martigny, localidad suiza a la que, en dos mil años de historia, parecen haber acaecido sólo dos acontecimientos dignos de memoria: el paso por allí de las legiones romanas —dejaron unas piedras que se exhiben ahora con excesiva veneración— y la actual exposición dedicada a Diego Rivera y Frida Kahlo, organizada por la Fundación Pierre Gianadda. La muestra es un modelo en su género, por la calidad de la selección y la eficacia con que cuadros, dibujos, fotografías y gráficos han sido dispuestos a fin de sumergir al espectador durante unas horas en el mundo de ambos artistas.

La experiencia es concluyente: aunque Diego Rivera tenía más oficio y ambición, fue más diverso y curioso y pareció más universal porque aprovechó las principales corrientes plásticas de su tiempo para sumergirse, luego, en su propia circunstancia histórica y dejó una vastísima obra, Frida Kahlo, a pesar de las eventuales torpezas de su mano, de sus patéticas caídas en la truculencia y la autocompasión, y también, por cierto, de la chirriante ingenuidad de sus ideas y proclamas, fue el más intenso y personal artista de los dos —diría el más auténtico si esta denominación no estuviera preñada de malentendidos—. Venciendo las casi indescriptibles limitaciones que la vida le infligió, Frida Kahlo fue capaz de elaborar una obra de una consumada coherencia, en la que la fantasía y la invención son formas extremas de la introspección, de la exploración del propio ser, del que la artista extrae, en cada cuadro —en cada dibujo o boceto— un estremecedor testimonio sobre el sufrimiento, los deseos y los más terribles avatares de la condición humana.

Vi por primera vez algunos cuadros de Frida Kahlo en su casa-museo de Coyoacán, hace unos veinte años, en una visita que hice a la Casa Azul con un disidente soviético que había pasado muchos años en el Gulag, y al que la aparición en aquellas telas de las caras de Stalin y de Lenin, en amorosos medallones aposentados sobre el corazón o las frentes de Frida y de Diego, causó escalofríos. No me gustaron a mí tampoco y de ese primer contacto saqué la impresión de una pintora *naïve* bastante cruda, más pintoresca que original. Pero su vida me fascinó siempre, gracias a unos textos de Elena Poniatowska, primero, y, luego, con la biografía de Hayden Herrera, quedé también subyugado, como todo el mundo, por la sobrehumana energía con que esta hija de un fotógrafo alemán y una criolla mexicana, abatida por la polio a los seis años, y a los diecisiete por ese espantoso accidente de tránsito que le destrozó la columna vertebral y la pelvis —la barra del ómnibus en que viajaba le entró por el cuello y le salió por la vagina— fue capaz de sobrevivir, a eso, a las treinta y dos operaciones a que debió someterse, a la amputación de una pierna, y, a pesar de ello, y de tener que vivir por largas temporadas inmóvil, y, a veces, literalmente colgada de unas cuerdas, y con asfixiantes corsés, amó ferozmente la vida, y se las arregló no sólo para casarse, descasarse y volverse a casar con Diego Rivera —el amor de su vida—, tener abundantes relaciones sexuales con hombres y mujeres (Trotski fue uno de sus amantes), viajar, hacer política, y, sobre todo, pintar.

Sobre todo, pintar. Comenzó a hacerlo poco después de aquel accidente, dejando en el papel un testimonio obsesivo de su cuerpo lacerado, de su furor y de sus padecimientos, y de las visiones y delirios que el infortunio le inspiraba, pero, también, de su voluntad de seguir viviendo y exprimiendo todos los jugos de vida —los dulces, los ácidos, los venenosos—, hasta la última gota. Así lo hizo hasta el final de sus días, a los 47 años. Su pintura, observada en el orden cronológico con que aparece en la exposición de Martigny, es una hechizante autobiografía, en la que cada imagen, a la vez que grafica algún episodio atroz de su vida física o anímica —sus abortos, sus llagas, sus heridas, sus amores, sus deseos delirantes, los extremos de desesperación e impotencia en que a veces naufraga— hace también las veces de exorcismo e imprecación, una manera de librarse de los demonios que la martirizan trasladándolos al lienzo o al papel y aventándolos al espectador como una acusación, un insulto o una desgarrada súplica.

La tremenda truculencia de algunas escenas o la descarada vulgaridad con que en ellas aparece la violencia física que padecen o infligen los seres humanos están siempre bañadas de un delicado simbolismo que las salva del ridículo y las convierte en inquietantes alegatos sobre el dolor, la miseria y el absurdo de la existencia. Es una pintura a la que difícilmente se la podría llamar bella, perfecta o seductora, y, sin embargo, sobrecoge y conmueve hasta los huesos, como la de un Munch o la del Goya de la Quinta del Sordo, o como la música del Beethoven de los últimos años o ciertos poemas del Vallejo agonizante. Hay en esos cuadros algo que va más allá de la pintura y del arte, algo que toca ese indescifrable misterio de que está hecha la vida del hombre, ese fondo irreductible donde, como decía Bataille, las contradicciones desaparecen, lo bello y lo feo se vuelven indiferenciables y necesarios el uno al otro, y también el goce y el suplicio, la alegría y el llanto, esa raíz recóndita de la experiencia que nada puede explicar, pero que ciertos artistas que pintan, componen o escriben como inmolándose son capaces de hacernos presentir. Frida Kahlo es uno de esos casos aparte que Rimbaud llamaba: "*Les horribles travailleurs*". Ella no vivía para pintar, pintaba para vivir y por eso en cada uno de sus cuadros escuchamos su pulso, sus secreciones, sus aullidos y el tumulto sin freno de su corazón.

Salir de esa inmersión de buzo en los abismos de la condición humana a las apacibles calles de Martigny y al limpio y bovino paisaje alpino que rodea a la ciudad en esta tarde fría y soleada es un anticlímax intolerable. Y, por más que hago todo lo que, como forastero, debo hacer —saludar a las piedras romanas, llenarme los pulmones de tonificantes brisas, contemplar los pastos, las vacas y ordenar una *fondue*— el recuerdo de las despellejadas y punzantes imágenes que acabo de ver no me da tregua. Está siempre conmigo, susurrándome que toda esa tranquilizadora y benigna realidad que me rodea ahora es espejismo, apariencia, que la verdadera vida no puede excluir todo lo que quedó allá, en esos cuerpos desollados y fetos sangrantes, en los hombres arbolados y mujeres vegetales, en las fantasías dolorosas y los exultantes aullidos de la exposición. Una exposición de la que, como ocurre con pocas en estos tiempos, uno sale mejor o peor, pero ciertamente distinto de lo que era cuando entró.

Martigny, marzo de 1998

232

El lenguaje de la pasión

A la muerte de André Breton, Octavio Paz, en el homenaje que le rindió, dijo que hablar del fundador del surrealismo sin emplear el lenguaje de la pasión era imposible. Lo mismo podría decirse de él, pues, a lo largo de su vida, sobre todo las últimas décadas, vivió en la controversia, desatando a su alrededor adhesiones entusiastas o abjuraciones feroces. La polémica continuará en torno a su obra ya que toda ella está impregnada hasta las heces del siglo en que vivió, desgarrado por la confrontación ideológica y las inquisiciones políticas, las guerrillas culturales y la vesania intelectual.

Vivió espléndidamente sus 84 años, zambullido en la vorágine de su tiempo por una curiosidad juvenil que lo acompañó hasta el final. Participó en todos los grandes debates históricos y culturales, movimientos estéticos o revoluciones artísticas, tomando siempre partido y explicando sus preferencias en ensayos a menudo deslumbrantes por la excelencia de su prosa, la lucidez del juicio y la vastedad de su información. No fue nunca un diletante ni un mero testigo, siempre un actor apasionado de lo que ocurría en torno suyo y uno de esos *rara avis* entre las gentes de su oficio que no temía ir contra la corriente ni afrontar la impopularidad. En 1984, poco después de que una manifestación de perfectos idiotas mexicanos lo quemara en efigie (coreando, frente a la embajada de Estados Unidos: "Reagan, rapaz, tu amigo es Octavio Paz"), por sus críticas al gobierno sandinista, coincidí con él: en vez de deprimido, lo encontré regocijado como un colegial. Y tres años más tarde no me sorprendió nada, en Valencia, en medio de un alboroto con trompadas durante el Congreso Internacional de Escritores, verlo avanzar hacia la candela remangándose los puños. ¿No era imprudente querer dar sopapos a los setenta y tres años? "No podía permitir que le pegaran a mi amigo Jorge Semprún", me explicó.

Pasar revista a los temas de sus libros produce vértigo: las teorías antropológicas de Claude Lévi-Strauss y la revolución estética de Marcel Duchamp; el arte prehispánico, los haikus de Basho y las esculturas eróticas de los templos hindúes; la poesía del Siglo de Oro y la lírica anglosajona; la filosofía de Sartre y la de Ortega y Gasset; la vida cultural del Virreinato de la Nueva España y la poesía barroca de sor Juana Inés de la Cruz; los meandros del alma mexicana y los mecanismos del populismo autoritario instaurado por el PRI; la evolución del mundo a partir de la caída del Muro de Berlín y el desplome del imperio soviético. La lista, si se añaden los prólogos, conferencias y artículos, podría continuar por muchas páginas, al extremo de que no es exagerado decir de él que todos los grandes hechos de la cultura y la política de su tiempo excitaron su imaginación y le suscitaron estimulantes reflexiones. Porque, aunque nunca renunció a esa pasión que bulle entre líneas aun en sus más reposadas páginas, Octavio Paz fue sobre todo un pensador, un hombre de ideas, un formidable agitador intelectual, a la manera de un Ortega y Gasset, acaso la más perdurable influencia de las muchas que aprovechó.

A él le hubiera gustado, sin duda, que la posteridad lo recordara ante todo como poeta, porque la poesía es el príncipe de los géneros, el más creativo y el más intenso, como él mismo mostró en sus hermosas lecturas de Quevedo y de Villaurrutia, de Cernuda, Pessoa y tantos otros, o en sus admirables traducciones de poetas ingleses, franceses y orientales. Y él fue un magnífico poeta, sin duda, como descubrí yo, todavía estudiante, leyendo los fulgurantes versos de *Piedra de sol*, uno de los poemas de cabecera de mi juventud que siempre releo con inmenso placer. Pero tengo la impresión de que buena parte su poesía, la experimental principalmente (*Blanco*, *Topoemas*, *Renga*, por ejemplo) sucumbió a ese afán de novedad que él describió en sus conferencias de Harvard *Los hijos del limo: del romanticismo a la vanguardia* (Seix Barral, 1974) como un sutil veneno para la perennidad de la obra de arte.

En sus ensayos, en cambio, fue acaso más audaz y original que en sus poemas. Como tocó tan amplio abanico de asuntos, no pudo opinar sobre todos con la misma versación y en algunos de ellos fue superficial y ligero. Pero, incluso en esas páginas pergeñadas a vuclapluma sobre la India o el amor, que no dicen nada demasiado personal ni profundo, lo que dicen está dicho con tanta elegancia y claridad, con tanta inteligencia y brillo, que es imposible abandonarlas, hasta el final. Fue un prosista de lujo, uno de los más sugestivos, claros y luminosos que haya dado la lengua castellana, un escritor que modelaba el idioma con soberbia seguridad, haciéndole decir todo lo que se le pasaba por la razón o por la fantasía —a veces, verdaderos delirios razonantes como los que chisporrotean en *Conjunciones y disyunciones*— con una riqueza de matices y sutilezas que convertían sus páginas en un formidable espectáculo de malabarismo retórico. Pero, a diferencia de un Lezama Lima, ni siquiera cuando se abandonaba al juego con las palabras, sucumbía en la *jitan-*

jáfora (como llamó Alfonso Reyes al puro verbalismo, sin nervio y sin hueso). Porque él amaba tanto el significado conceptual como la música de las palabras, y estas, al pasar por su pluma, siempre debían decir algo, apelar a la inteligencia del lector al mismo tiempo que a su sensibilidad y a sus oídos.

Como nunca fue comunista, ni compañero de viaje, y jamás tuvo el menor empacho en criticar a los intelectuales que, por convicción, oportunismo o cobardía fueron cómplices de las dictaduras (es decir, las cuatro quintas partes de sus colegas), estos, que envidiaban su talento, los premios que le llovían, su presencia continua en el centro de la actualidad, le fabricaron una imagen de conservador y reaccionario que, me temo, va a tardar en disiparse: los carroñeros han comenzado ya a ensañarse con sus despojos. Pero, la paradójica verdad es que, en lo político, desde su primer libro de ensayos, de 1950, *El laberinto de la soledad*, hasta el último dedicado a este tema, de 1990 (*Pequeña crónica de grandes días*), el pensamiento de Paz estuvo mucho más cerca del socialismo democrático de nuestros días que del conservadurismo e, incluso, que de la doctrina liberal. De las simpatías trotskistas y anarquistas de su juventud marcada por el surrealismo evolucionó luego hasta la defensa de la democracia política, es decir, del pluralismo y el Estado de Derecho. Pero el mercado libre le inspiró siempre una desconfianza instintiva —estaba convencido de que anchos sectores de la cultura, como la poesía, desaparecerían si su existencia dependía sólo del libre juego de la oferta y la demanda— y por ello se mostró a favor de un prudente intervencionismo del Estado en la economía para —sempiterno argumento socialdemócrata— corregir los desequilibrios y excesivas desigualdades sociales. Que alguien que pensaba así, y que había condenado con firmeza todos los actos de fuerza estadounidense en América Latina, incluida la invasión de Panamá, fuera equiparado con Ronald Reagan y víctima de un acto inquisitorial por parte de la "progresía", dice leguas sobre los niveles de sectarismo e imbecilidad que ha alcanzado el debate político al sur del Río Grande.

Pero es cierto que su imagen política se vio algo enturbiada en los últimos años por su relación con los gobiernos del PRI, ante los que moderó su actitud crítica. Esto no fue gratuito, ni, como se ha dicho, una claudicación debida a los halagos y pleitesías que multiplicaba hacia él el poder con el ánimo de sobornarlo. Obedecía a una convicción que, aunque yo creo errada —a ello se debió el único diferendo que levantó una sombra fugaz en nuestra amistad de muchos años—, Octavio Paz defendió con argumentos coherentes. Desde 1970, en su espléndido análisis de la realidad política de México, *Postdata*, sostuvo que la forma ideal de la imprescindible democratización de su país era la evolución, no la revolución, una reforma gradual emprendida al interior del propio sistema mexicano, algo que, según él, empezó a tener lugar con el gobierno de Miguel de La Madrid y se aceleró luego, de manera irreversible, con el de su sucesor, Salinas de Gortari. Ni siquiera los grandes escándalos de corrupción y crímenes de esta Administración lo llevaron a revisar su tesis de que sería el propio PRI —esta vez simbolizado por el actual presidente Zedillo— quien pondría fin al monopolio político del partido gobernante y traería la democracia a México.

Muchas veces me pregunté en estos años por qué el intelectual latinoamericano que con mayor lucidez había autopsiado el fenómeno de la dictadura (en *El ogro filantrópico*, 1979) y la variante mexicana del autoritarismo, podía hacer gala en este caso de tanta ingenuidad. Una respuesta posible es la siguiente: Paz sostenía semejante tesis, menos por fe en la aptitud del PRI para metamorfosearse en un partido genuinamente democrático, que por su desconfianza pugnaz hacia las fuerzas políticas alternativas, el PAN (Partido Acción Nacional) o el PRD (Partido de la Revolución Democrática). Nunca creyó que estas formaciones estuvieran en condiciones de llevar a cabo la transformación política de México. El PAN le parecía un partido provinciano, de estirpe católica, demasiado conservador. Y el PRD un amasijo de ex priístas y ex comunistas, sin credenciales democráticas, que, probablemente, de llegar al poder, reestablecerían la tradición autoritaria y clientelista que pretendían combatir. Toquemos madera para que la realidad no confirme este sombrío augurio.

Como todos lo dicen, yo también me siento impulsado a decir que Octavio Paz, poeta y escritor abierto a todos los vientos del espíritu, ciudadano del mundo si los hubo, fue asimismo un mexicano raigal. Aunque, confieso, no tengo la menor idea de lo que eso pueda querer decir. Conozco muchos mexicanos y no hay dos que se parezcan entre sí, de modo que, respecto a las identidades nacionales suscribo con puntos y comas la afirmación del propio Octavio Paz: "La famosa búsqueda de la identidad es un pasatiempo intelectual, a veces también un negocio, de sociólogos desocupados". Salvo, claro está, que ser mexicano raigal quiera decir amar intensamente a México —su paisaje, su historia, su arte, sus problemas, su gente—, lo que, por cierto, volvería también mexicanos raigales a un Malcom Lowry y un John Huston. Paz amó México y dedicó mucho tiempo a reflexionar sobre él, a estudiar su pasado y discutir su presente, a analizar sus poetas y sus pintores, y en su obra inmensa

México centellea con una luz de incendio, como realidad, como mito y como mil metáforas. Que este México sea seguramente mucho más fantaseado e inventado por la imaginación y la pluma de un creador fuera de serie que el México a secas, sin literatura, el de la pobre realidad, es transitorio. Si de algo podemos estar seguros es que, con el paso inexorable del tiempo, aquel abismo se irá cerrando, que el mito literario irá envolviendo y devorando a la realidad, y que, más pronto que tarde, fuera y dentro, México será visto, soñado, amado y odiado, en la versión de Octavio Paz.

Berlín, 3 de mayo de 1998

La ciudad de los nidos

El Festival de Salzburgo se suma a la celebración del centenario de Bertolt Brecht (1898-1956), presentando este año por todo lo alto la ópera en tres actos que este escribió en 1930, con música de Kurt Weill (1900-1950): *Ascensión y caída de la ciudad de Mahagonny*. El montaje de Peter Zadek es excelente, magnífica la orquesta sinfónica de Radio Viena dirigida por Dennis Russell Davies e impecable el abanico de voces del elenco, entre las que figuran las de Dame Gwyneth Jones, Catherine Malfitano, Jerry Hadley, Udo Holdorf y Wilbir Pauley.

Pero acaso más interesante todavía que el grandioso espectáculo que tiene lugar en el escenario de la Grosses Festspielhaus (no menos de cien figurantes y unos coros multitudinarios) es el de los millares de espectadores que atestan la platea y las galerías del local, vestidos de esmoquin los caballeros y las engalanadas damas rutilando de joyas y oliendo a exquisitas esencias, que han pagado entre trescientos y quinientos dólares por asiento para venir a deleitarse con una obra concebida por sus autores, en el vórtice de las grandes confrontaciones ideológicas de la República de Weimar, en los años veinte, como una fulminación incendiaria de la utopía capitalista norteamericana, el sueño mentiroso del éxito material al alcance de todos y el culto desenfrenado del dólar, el nuevo dios Maimón del siglo XX, cuyo espejismo enajenante ocultaba una pesadilla de explotación, degradación de las costumbres, imperio de las mafias y de la violencia gangsteril.

A juzgar por las expresiones de respetuosa concentración durante las tres horas que dura la obra y los entusiastas aplausos con que premian a músicos, actores, cantantes y bailarines, da la impresión de que muy pocos, entre estos espectadores —altos ejecutivos, profesionales de éxito, rentistas de alto vuelo, banqueros, funcionarios de primer nivel, sirenas de la *jet-set*—, la encarnación misma del capitalismo triunfante en su expresión más satisfecha y menos acomplejada, advierten la deliciosa ironía de que son inconscientes protagonistas. Aquí están, divirtiéndose refinadamente con una bella obra que fue concebida como un explosivo artístico, por un escritor y un músico que los odiaban con todas las fuerzas de sus convicciones y que, con el enorme talento de que estaban dotados, trabajaron empeñosamente para desaparecerlos, junto con el sistema que les ha permitido llegar a esas alturas privilegiadas de vida cómoda y lujos artísticos de que disfrutan, a años luz de esas masas de pobres que, como los ingenuos pioneros de Alaska fantaseados por Brecht, sueñan con llegar alguna vez a Mahagonny, "la ciudad de los nidos", como la llama la viuda Leokadia Begbick, donde todos pueden encontrar aquel rincón de dicha, éxito y paz, que los haga sentirse seguros y arrullados como los pichoncitos bajo el ala maternal de la paloma. Por haber sucumbido a esta mentira y querer rebelarse luego contra ella, el infeliz Jimmy Mahoney y su amada Jenny Smith reciben el castigo que la sociedad de la libre empresa inflige a los insumisos: para él, la silla eléctrica, y, para ella, el burdel.

En el primoroso programa de la función (cuesta diez dólares, lo mismo que la copa de champagne del entreacto), ilustrado con severos retratos de Lucien Freud que muestran a los espíritus avisados la tristeza mortal y biliosa que el capitalismo inocula en los bípedos humanos, se han reunido, con una buena voluntad manifiesta, una serie de textos que no ahorran ejemplos y argumentos destinados a probar que aquella sociedad estadounidense de gángsters-empresarios, alcohólicos, putañeros y voraces, denunciada por Brecht y Weill en su ópera de hace sesenta y ocho años, no ha variado en lo sustancial, aunque las apariencias digan lo contrario, y que, por lo tanto, la moral y la filosofía política que permean *Ascensión y caída de la ciudad de Mahagonny* siguen vigentes. Así, Eduardo Galeano explica que la dictadura de Pinochet en Chile fue parida por las teorías económicas de Milton Friedman, y Serge Halimi, apoyándose en un Karl Polanyi al que no parece haber entendido a cabalidad, reclama una nueva utopía social para reemplazar a la que se hizo trizas con el muro de Berlín y enfrentar a la "utopía utilitarista" de Adam Smith. Dudo mucho que estos esforzados intelectuales persuadan al público que me rodea de las maldades intrínsecas del libre mercado, o que las laboriosas estadísticas compiladas por Jan Goossens, con ayuda de Noam Chomsky ("En Estados Unidos, el uno por ciento de la población posee el 39 por ciento de la riqueza") al final del programa, le produzcan el menor remordimiento o ganen para la revolución proletaria a uno solo de estos elegantes. Más todavía: apostaría que ni uno de ellos se ha tomado el trabajo de leerse este programa que le abriría la conciencia.

En verdad, si algo demuestra esta representación de *Mahagonny* no es que las ideas políticas de Brecht hayan sobrevivido a la hecatombe del estatalismo y el colectivismo marxistas, sino, más bien, que su genio literario era más sutil y más profundo que la ideología que lo animaba, y que, en

243

una obra como esta, podía emanciparlo de los estereotipos y lugares comunes, y llevarlo a expresar, como entre las líneas del mensaje político consciente, unas ideas, mitos o imágenes de contenido histórico y moral más originales y perennes, que matizaban la ideología explícita e incluso la contradecían. La ciudad de Mahagonny, que, por intentar materializar la utopía de la sociedad perfecta, destruye los sueños y las vidas de los pobres ingenuos que, como Jimmy Mahoney y Jenny Smith, acuden a ella en pos de la felicidad, no se parece en nada a la sociedad norteamericana que tuvo en mente Brecht cuando escribió la obra: ese Estados Unidos del jazz y los rascacielos que arañaban las nubes que hechizó tanto como repelió a la *intelligentsia* alemana de la entreguerra. Más bien, las circunstancias han hecho que se asemeje cada vez más a aquello en que han quedado convertidas las sociedades como Rusia, que, al despertar de la enajenación del paraíso socialista que pretendía acabar con el espíritu de lucro y el egoísmo en las relaciones humanas, se encontraron en un verdadero infierno de anarquía, corrupción, violencia social, tiranía económica de las mafias, y lucha desenfrenada por el dinero (de preferencia, dólares). Si en alguna parte la prostitución se ha convertido, como en la Mahagonny manipulada por los implacables codiciosos que son la viuda Begbick y sus matones, en la única escapatoria posible del hambre y la frustración de las muchachas sin recursos, no es en Nueva York o Los Ángeles —donde las prostitutas ganan más que los escritores y, además, no pagan impuestos— sino en la Cuba de Fidel Castro, una sociedad, además, en la que la lucha por el billete verde ha alcanzado las características feroces e inhumanas con que aparece en la ciudad brechtiana.

La obra que Brecht escribió en 1930, y que Kurt Weill musicalizó maravillosamente mezclando melodías populares con ritmos americanos en un alarde modernista que, sin embargo, rescataba también el mejor legado de la tradición operística alemana —presente en las alusiones irónicas al *Fidelio* de Beethoven—, ha dejado de ser lo que en un principio fue, la crítica de la utopía de la sociedad capitalista y la creencia en el desarrollo económico ilimitado, para convertirse en la crítica de la utopía social a secas, de todas las utopías que pretenden traer el paraíso a la Tierra y establecer la sociedad perfecta. Esta no existe, o, al menos, no en este mundo de la perpetua diversidad humana, en el que todo intento de imponer una única forma de felicidad a todos se ha saldado siempre, desde la noche de los tiempos, con cuantiosos saldos de desdicha e infelicidad para los más, y donde, mal que nos pese a quienes no nos resignamos a renunciar a la búsqueda tenaz del absoluto, de la realización plena, del paraíso terrenal, el único progreso real y múltiple —económico, social, moral y cultural— no ha premiado la ambición sino la modestia, las sociedades que se han fijado como meta, en vez de la perfección, los progresos parciales pero continuos, la renuncia a la utopía y la asunción de lo que Camus llamó "la moral de los límites", forma delicada y embellecedora de envolver la mediocridad y el pragmatismo democráticos.

Cuando *Ascensión y caída de la ciudad de Mahagonny* se estrenó, el 9 de marzo de 1930, en la ciudad de Leipzig, hubo violentos incidentes por la reacción exasperada de un sector del público; y, cuando, casi dos años más tarde, en diciembre de 1931, Brecht y Weill consiguieron un empresario berlinés que se atreviera a montar la obra en la capital alemana, el escándalo fue también enorme. Cuánta agua ha corrido bajo los puentes desde esos tiempos belicosos y románticos en que las obras de teatro y las óperas exaltaban o exasperaban a las gentes hasta la vociferación y el puñetazo. Las cosas han mejorado en muchos sentidos desde aquellos días en que, alrededor de la puerta de Brandeburgo, los estalinistas y los nazis se mataban a tiros y palazos y los demócratas tiritaban, impotentes y miedosos, olfateando el inminente apocalipsis. Pero, al menos en algo, aquellos tiempos eran más claros que el presente. Entonces, cuando iban al teatro, los burgueses sabían lo que les gustaba y lo que no les gustaba y lo hacían saber, aplaudiendo o pateando. Ahora ya no lo saben, y, los pocos que todavía distinguen entre sus gustos y disgustos artísticos, ya no tienen el coraje de manifestarlo. Aquí, en el Festival de Salzburgo, el temor de que los llamen filisteos y reaccionarios los lleva a aplaudir todo lo que el revoltoso Gérard Mortier les pone delante: el excelente *Mahagonny* de esta noche, por ejemplo. Pero, ayer, aplaudieron con la misma buena educación un *Don Carlo* de Verdi donde Felipe II aparecía con un coqueto sombrerito cordobés y don Carlo y don Rodrigo disfrazados de bailarines de flamenco (había también una procesión de inquisidores encapuchados, ajusticiados en la pira, campesinos con hoces y martillos, y guardias civiles garcialorquianos). Me aplaudirían también a mí, probablemente, si, trepado en el escenario y con música de fondo de Luigi Nono, les cantara el *Manifiesto comunista*, en clave de sol.

Fuschl, agosto de 1998

El *nasciturus*

El Congreso de los Diputados, en España, ha rechazado por un voto una ampliación de la ley del aborto que hubiera añadido, a las tres causales ya legitimadas para la interrupción del embarazo (violación, malformación del feto o peligro para la salud de la madre), un cuarto supuesto, social o psicológico, semejante al que, con excepción de Irlanda y Portugal, admiten todos los países de la Unión Europea, cuyas legislaciones, con variantes mínimas, permiten el aborto voluntario dentro de los tres primeros meses de gestación.

El resultado de la votación fue una gran victoria de la Iglesia católica, que se movilizó en todos los frentes para impedir la aprobación de esta ley. Hubo un tremebundo documento de la Conferencia Episcopal titulado *Licencia aún más amplia para matar a los hijos* que fue leído por veinte mil párrocos durante la misa, rogativas, procesiones, mítines y lluvia de cartas y llamadas a los parlamentarios (campaña que resultó eficaz, pues cuatro de ellos, cediendo a la presión, cambiaron su voto). Muchos intelectuales católicos, encabezados por Julián Marías —para quien la aceptación social del aborto es una de las peores tragedias de este siglo—, intervinieron en el debate, reiterando la tesis vaticana según la cual el aborto es un crimen perpetrado contra un ser indefenso, y, por lo mismo, una salvajada intolerable no sólo desde el punto de vista de la fe, también de la moral, la civilización y los derechos humanos.

Está dentro de los usos de la democracia que los ciudadanos se alisten en acciones cívicas en defensa de sus convicciones, y es natural que los católicos españoles lo hayan hecho con tanta beligerancia, en un tema que afecta sus creencias de manera tan íntima. En cambio, quienes estaban a favor del cuarto supuesto —en teoría, la mitad de la ciudadanía— permanecieron callados o se manifestaron con extraordinaria timidez en el debate, trasluciendo de este modo una inconsciente incomodidad. También es natural que sea así. Ocurre que el aborto no es una acción que entusiasme ni satisfaga a nadie, empezando por las mujeres que se ven obligadas a recurrir a él. Para ellas, y para todos quienes creemos que su despenalización es justa, y que han hecho bien las democracias occidentales —del Reino Unido a Italia, de Francia a Suecia, de Alemania a Holanda, de Estados Unidos a Suiza— en reconocerlo así, se trata de un recurso extremo e ingrato, al que hay que resignarse como a un mal menor.

La falacia mayor de los argumentos antiabortistas es que se esgrimen como si el aborto no existiera y sólo fuera a existir a partir del momento en que la ley lo apruebe. Confunden despenalización con incitación o promoción del aborto y, por eso, lucen esa excelente buena conciencia de "defensores del derecho a la vida". La realidad, sin embargo, es que el aborto existe desde tiempos inmemoriales, tanto en los países que lo admiten como en los que lo prohíben, y que va a seguir practicándose de todas maneras, con total prescindencia de que la ley lo tolere o no. Despenalizar el aborto significa, simplemente, permitir que las mujeres que no pueden o no quieren dar a luz, puedan interrumpir su embarazo dentro de ciertas condiciones elementales de seguridad y según ciertos requisitos, o lo hagan, como ocurre en "todos" los países del mundo que penalizan el aborto, de manera informal, precaria, riesgosa para su salud y, además, puedan ser incriminadas por ello.

Significa, también, reducir la discriminación que, de hecho, existe en este dominio. Donde está prohibido el aborto, la prohibición sólo tiene algún efecto en las mujeres pobres. Las otras, lo tienen a su alcance cuantas veces lo requieran, pagando las clínicas y los médicos privados que lo practican con la discreción debida, o viajando al extranjero. Las mujeres de escasos recursos, en cambio, se ven obligadas a recurrir a las aborteras y curanderos clandestinos, que las explotan, malogran, y a veces las matan.

Es absolutamente ocioso discutir sobre si el *nasciturus*, el embrión de pocas semanas, debe ser considerado un ser humano —dotado de un alma, según los creyentes— o sólo un proyecto de vida, porque no hay modo alguno de zanjar objetivamente la cuestión. Esto no es algo que pueda determinar la ciencia; o, mejor dicho, los científicos sólo pueden pronunciarse en un sentido o en otro no en nombre de su ciencia, sino de sus creencias y principios, igual que los legos. Desde luego que es respetabilísima la convicción de quienes sostienen, guiados por su fe, que el *nasciturus* es ya un ser humano imbuido de derechos, cuya existencia debe ser respetada. Y también lo es que, coherentes con sus principios, los publiciten y traten de ganar adeptos para su causa.

Sería un atropello intolerable que, por una medida de fuerza, como ocurrió en la India de Indira Gandhi, o como ocurre todavía en China, una madre sea obligada a abortar. Pero ¿no lo es, igualmente, que sea obligada a tener los hijos que

249

no quiere o no puede tener, en razón de creencias que no son las suyas, o que, siéndolo, impelida por las circunstancias, se ve inducida a transgredir? Esta es una delicada materia, que tiene que ver con el meollo mismo de la cultura democrática.

La clave del problema está en los derechos de la mujer, en aceptar si, entre estos derechos, figura el de decidir si quiere tener un hijo o no, o si esta decisión debe ser tomada, en vez de por ella, por la autoridad política. En las democracias avanzadas, y en función del desarrollo de los movimientos feministas, se ha ido abriendo camino, no sin enormes dificultades y luego de ardorosos debates, la conciencia de que corresponde decidirlo a quien vive el problema en la entraña misma de su ser, que es, además, quien sobrelleva las consecuencias de lo que decida.

No se trata de una decisión ligera, sino difícil y a menudo traumática. Un inmenso número de mujeres se ven empujadas a abortar por ese cuarto supuesto, precisamente: unas condiciones de vida en las que traer una nueva boca al hogar significa condenar al nuevo ser a una existencia indigna, a una muerte en vida. Como esto es algo que sólo la propia madre puede evaluar con pleno conocimiento de causa, es coherente que sea ella quien decida. Los Gobiernos pueden aconsejarla y fijarle ciertos límites —de ahí los plazos máximos para practicar el aborto, que van desde las 12 hasta las 24 semanas (en Holanda) y la obligación de un período de reflexión entre la decisión y el acto mismo—, pero no sustituirla en la trascendental elección. Esta es una política razonable que, tarde o temprano, terminará sin duda por imponerse en España y en América Latina, a medida que avance la democratización y la secularización de la sociedad (ambas son inseparables).

Ahora bien, que la despenalización del aborto sea una manera de atenuar un gravísimo problema, no significa que no puedan ser combatidas con eficacia las circunstancias que lo engendran. Una manera importantísima de hacerlo es, desde luego, la educación sexual, en la escuela y en la familia, de manera que mujer alguna quede embarazada por ignorancia o por no tener a su alcance un anticonceptivo. Uno de los mayores obstáculos para la educación sexual y las políticas de control de la natalidad ha sido también la Iglesia católica, que, hasta ahora, con algunas escasas voces discordantes en su seno, sólo acepta la prevención del embarazo mediante el llamado "método natural", y que, en los países donde tiene gran influencia política —muchos todavía, en América Latina— combate con energía toda campaña pública encaminada a popularizar el uso de condones y píldoras anticonceptivas.

Se impone una última reflexión, a partir de lo anterior, sobre este delicado tema: las relaciones entre la Iglesia católica y la democracia. Aquella no es una institución democrática, como no lo es, ni podría serlo, religión alguna (con la excepción del budismo, tal vez, que es una filosofía más que una religión). Las verdades que ella defiende son absolutas, pues le vienen de Dios, y la trascendencia y sus valores morales no pueden ser objeto de transacciones ni de concesiones respecto a valores y verdades opuestos. Ahora bien: mientras predique y promueva sus ideas y sus creencias lejos del poder político, en una sociedad regida por un Estado laico, en competencia con otras religiones y con un pensamiento arreligioso o antirreligioso, la Iglesia católica se aviene perfectamente con el sistema democrático y le presta un gran servicio, suministrando a muchos ciudadanos esa dimensión espiritual y ese orden moral que, para un gran número de seres humanos, sólo son concebibles por mediación de la fe. Y no hay democracia sólida, estable, sin una intensa vida espiritual en su seno.

Pero si ese difícil equilibrio entre el Estado laico y la Iglesia se altera y esta impregna aquel, o, peor todavía, lo captura, la democracia está amenazada, a corto o mediano plazo, en uno de sus atributos esenciales: el pluralismo, la coexistencia en la diversidad, el derecho a la diferencia y a la disidencia.

A estas alturas de la historia, es improbable que vuelvan a erigirse los patíbulos de la Inquisición, donde se achicharraron tantos impíos enemigos de la única verdad tolerada. Pero, sin llegar, claro está, a los extremos talibanes, es seguro que la mujer retrocedería del lugar que ha conquistado en las sociedades libres a ese segundo plano, de apéndice, de hija de Eva, en que la Iglesia, institución machista si las hay, la ha tenido siempre confinada.

Londres, 4 de octubre de 1998

Nuevas inquisiciones

El dirigente laborista Ron Davies, ministro encargado de Asuntos de Gales en el gabinete de Tony Blair y candidato de su partido a presidir la primera Asamblea galesa, renunció súbitamente a su cartera ministerial hace unos días. La renuncia sorprendió a todo el mundo, por las razones expuestas en la carta de Ron Davies al primer ministro británico. Reconociendo una "seria falta de buen juicio" en su conducta, el parlamentario y ministro confesaba haber aceptado la víspera, en un parque del sur de Londres —Clapham Common— una invitación a cenar de un desconocido rastafari, que, una vez subido a su automóvil y luego de recoger a una pareja cómplice, lo amenazó con un cuchillo y le robó su coche, su teléfono portátil, su credencial de congresista, su cartera y sus documentos de identidad. Para evitar que el episodio perjudicase al gobierno, Ron Davies renunciaba a su carrera política.

El señor Davies es un hombre bajito y fortachón, de 52 años, hijo de un operario, que aparecía a veces vestido de druida en las festividades folclóricas de su tierra galesa, en la que, debido en parte a su tenaz empeño, el Partido Laborista es ahora la primera fuerza política. No se le considera un pensador ni un doctrinario, ni un dirigente carismático; pero sí, un militante infatigable, serio, honrado y leal, una de esas hormigas laboriosas sin las cuales un partido político jamás podría durar, crecer ni alcanzar el poder. ¿Cómo fue posible que alguien, con tan buenos créditos, de vocación política tan manifiesta, renunciara a todo lo que era y tenía, simple y únicamente por haber sido víctima de un atraco callejero?

En realidad, el infortunado Ron Davies trataba, con su heroica renuncia, de inmolarse preventivamente, creyendo, el iluso, que apartándose de la política y retornando al grisáceo anonimato, evitaría las inquisiciones de la jauría periodística. Por el contrario, en vez de disuadirlos, su extraña renuncia enloqueció de excitación a los sabuesos de la prensa, que salieron de inmediato en cacería. No habían pasado cuarenta y ocho horas cuando las vísceras del pobre ex ministro alimentaban el morboso apetito de los millones de lectores de esa inmundicia impresa conocida en el Reino Unido con el denominador común de los tabloides, porque muchos de estos periódicos, aunque no todos, tienen este formato.

The Mail on Sunday consiguió una picante primicia (se ignora a cuánto la pagó): una entrevista exclusiva con la primera mujer de Ron, Ann. Esta reveló su zozobra y sus dudas, luego de la boda, en 1972, al advertir el poco interés sexual que despertaba en su marido, quien olvidaba hacerle el amor períodos largos, una vez de meses, por fin de dos años seguidos. Primeriza en estas delicadas cuestiones, Ann no sabía qué hacer. Compró perfumes y atrevidos *déshabillés*, pero nada. Y ella era tan, tan ingenua, que no presentía nada turbio cuando el desganado Ron pasaba los domingos en un baño turco de Newport, de donde retornaba al hogar contento y relajado.

Pero, como siempre, fue el periódico más leído de Gran Bretaña —acaso de Europa o tal vez del mundo—, *News of the World* (cuatro millones de ejemplares de tirada), el que

254

hizo las revelaciones más truculentas. Sus redactores documentaron que Clapham Common, el parque donde Ron Davies encontró al rasta que lo invitó a cenar, es un conocido lugar de levante de homosexuales, así como Battersea Park, donde el ministro y su acompañante recogieron a la pareja cómplice. Además, explayó declaraciones de testigos que aseguran haber visto a Ron Davies, varias veces en los últimos años, en otros reductos *gays*, como los excusados de una gasolinera de la carretera Nº 4, en las afueras de Bath, en peñas caribeñas del barrio de Brixton y en un urinario público del centro de Cardiff. Otro tabloide se jacta de haber obtenido declaraciones juradas de dos prostitutos —cuyo nombres guarda en reserva por el momento— que afirman haber prestado servicios profesionales al diputado.

Este, desde el refugio galés donde huyó con su segunda esposa y su hija tratando de ponerse a salvo de la persecución, envió un comunicado tan inútil como patético, negando las imputaciones de "conducta impropia" e implorando que los dejen en paz a él y a los suyos, ahora que ha decidido desaparecer de la luz pública. Y, en un gesto de extrema desesperación, compareció en el Parlamento, donde leyó un tembloroso texto contando que su padre lo brutalizaba de niño, y, como apostilla de una frase críptica ("Somos el producto de nuestros genes y experiencias"), pidiendo conmiseración.

No hay la menor esperanza de que la consiga, amigo Ron Davies. Sólo la irrupción de un nuevo escándalo, más efervescente, haría que la prensa inquisidora se olvide de usted. Cierre los puños, tráguese la bilis, encomiéndese al diablo y subaste su verdadera historia a los tabloides. Se la pagarán a precio de oro y no tendrá siquiera que escribirla, pues un inmejorable escribidor, acaso graduado en Oxford o en

Cambridge, lo hará por usted. Eso sí, apresúrese, porque dentro de una semana su historia será ya fiambre sin valor de uso.

Yo no leo los llamados tabloides y la repugnancia que me inspiran es tan grande que, en el metro o los ómnibus que tomo cada tarde para ir y venir de la British Library, desafío la tortícolis para evitar leerlos en las manos de mis vecinos de transporte. Y, sin embargo, conozco con pelos y señales la triste historia del maltratado Ron Davies. ¿Cómo se explica? De manera muy sencilla: porque es una mentira cada vez más pinochesca que los tabloides tengan el monopolio de la insidia, la chismografía, la malicia y los escándalos. Los virus del sensacionalismo impregnan ahora toda la atmósfera que respiran los diarios británicos, y ni siquiera los que pasan por sobrios y serios —*The Times*, *The Daily Telegraph*, *The Independent*, *The Guardian*— están inmunizados contra ellos. Es cierto que en las páginas de estos últimos prevalecen los asuntos importantes, y que en ellos se leen todavía enjundiosos artículos, debates de ideas y ensayos sobre ciencia, letras y artes. Pero ninguno de ellos puede dejar de hacerse eco de toda esa materia perversa, urdida husmeando en las intimidades de la vida privada de las personas públicas, que ha destruido a Ron Davies. Y es así porque la demanda por ese producto es universal e irresistible. El órgano de información que se abstuviese de modo sistemático de suministrarlo a sus lectores se condenaría a la bancarrota.

No se trata de un problema, porque los problemas tienen solución, y esto no lo tiene. Es una realidad de nuestro tiempo ante la cual no hay escapatoria. En teoría, la justicia debería fijar los límites pasados los cuales una información deja de ser de interés público y transgrede los derechos a la privacidad de los ciudadanos. Por ejemplo, los actores Tom Cruise y Nicole Kidman acaban de ganar un juicio contra un tabloide londinense, en el que un imaginativo cacógrafo les atribuyó una historia totalmente infundada (pero, eso sí, llena de sexo retorcido). Un juicio así sólo está al alcance de estrellas y millonarios. Ningún ciudadano de a pie puede arriesgarse a un proceso que, además de asfixiarlo en un piélago litigioso, en caso de perder le costaría muchos miles de libras esterlinas. Y, por otra parte, los jueces, con un criterio muy respetable, se resisten a dar sentencias que parezcan restringir o abolir la indispensable libertad de expresión e información, garantía de la democracia.

El periodismo escandaloso, amarillo, es un perverso hijastro de la cultura de la libertad. No se lo puede suprimir sin infligir a esta una herida acaso mortal. Como el remedio sería peor que la enfermedad, hay que soportarlo, como soportan ciertos tumores sus víctimas, porque saben que si trataran de extirparlos podrían perder la vida. No hemos llegado a esta situación por las maquinaciones tenebrosas de unos propietarios de periódicos ávidos de ganar dinero, que explotan las bajas pasiones de la gente con total irresponsabilidad. Esto es la consecuencia, no la causa.

La raíz del fenómeno está en la banalización lúdica de la cultura imperante, en la que el valor supremo es ahora divertirse, entretenerse, por encima de toda otra forma de conocimiento o quehacer. La gente abre un periódico —va al cine, enciende la televisión o compra un libro— para pasarla bien, en el sentido más ligero de la palabra, no para martirizarse el cerebro con preocupaciones, problemas, dudas. No: sólo para distraerse, olvidarse de las cosas serias, profundas, inquietantes y difíciles, y abandonarse, en un devaneo ligero, amable, superficial, alegre y sanamente estúpido. ¿Y hay algo más divertido que espiar la intimidad del prójimo, sorprender al vecino en calzoncillos, averiguar los descarríos de fulana, comprobar el chapoteo en el lodo de quienes pasaban por respetables y modélicos?

La prensa sensacionalista no corrompe a nadie; nace corrompida, vástago de una cultura que, en vez de rechazar las groseras intromisiones en la vida privada de las gentes, las reclama, porque ese pasatiempo, olfatear la mugre ajena, hace más llevadera la jornada del puntual empleado, del aburrido profesional y la cansada ama de casa. El ex ministro Ron Davies no fue víctima de la maledicencia reporteril, sino de la frivolidad, reina y señora de la civilización posmoderna.

Londres, noviembre de 1998

El sexo débil

La foto que tengo delante parece sacada de una película de horror. Muestra a seis jovencitas de Bangladesh, dos de ellas todavía niñas, con las caras destrozadas por el ácido sulfúrico. Una de ellas ha quedado ciega y oculta las cuencas vaciadas de sus ojos tras unos anteojos oscuros. No quedaron convertidas en espectros llagados por un accidente ocurrido en un laboratorio químico; son víctimas de la crueldad, la imbecilidad, la ignorancia y el fanatismo conjugados.

Gracias a organizaciones humanitarias han salido de su país y llegado a Valencia, donde, en el hospital Aguas Vivas, serán operadas y tratadas. Pero, basta verles las caras para saber que, no importa cuán notable sea lo que hagan por ellas cirujanos y psicólogos, la vida de estas muchachas será siempre infinitamente desgraciada. La doctora Luna Ahmend, de Dhaka, que las acompaña, explica que rociar ácido sulfúrico en las caras de las mujeres bangladesíes es una costumbre todavía difícil de erradicar en su país, donde se registran unos 250 casos cada año. Recurren a ella los maridos irritados por no haberles aportado la novia la dote pactada, o los candidatos a maridos con quienes la novia, adquirida mediante negociación familiar, se negó a casarse. El ácido sulfúrico se lo procuran en las gasolineras. Los victimarios rara vez son detenidos; si lo son, suelen ser absueltos gracias al soborno. Y, si son condenados, tampoco es grave, pues la multa que paga un hombre por convertir en un monstruo a una mujer es apenas de cuatro o cinco dólares. ¿Quién no estaría dispuesto a sacrificar una suma tan módica por el delicioso placer de una venganza que, además de desfigurar a la víctima, la estigmatiza socialmente?

Esta historia complementa bastante bien otra, que conocí anoche, por un programa de la televisión británica sobre la circuncisión femenina. Es sabido que es una práctica extendida en África, sobre todo en la población musulmana, aunque también, a veces, entre cristianos y panteístas. Pero yo no sabía que se practicaba en la civilizada Gran Bretaña, donde quien maltrata a un perro o un gato va a la cárcel. No así quien mutila a una jovencita, extirpándole o cauterizándole el clítoris y cortándole los labios superiores de la vagina, siempre que tenga un título de médico-cirujano. La operación cuesta cuarenta libras esterlinas y es perfectamente legal, si se realiza a solicitud de los padres de la niña. La razón de ser del programa era un proyecto de ley en el Parlamento para criminalizar esta práctica.

¿Se aprobará? Me lo pregunto, después de haber advertido la infinita cautela con que la portavoz de las organizaciones de derechos humanos que promueven la prohibición presentaba sus argumentos. Parecía mucho más empeñada en no ofender la susceptibilidad de las familias africanas y asiáticas residentes en el Reino Unido que circuncidan a sus hijas, que en denunciar el salvajismo al que se trata de poner fin. En cambio, quien discutía con ella no tenía el menor pudor ni escrúpulo en exigir que se respeten los derechos de las comunidades africanas y asiáticas de Gran Bretaña a preservar sus costumbres, aun cuando, como en este caso, colisionen con "los principios y valores de la cultura occidental".

Era una dirigente somalí, vestida con un esplendoroso atuendo étnico —túnicas y velos multicolores—, que se expresaba con desenvoltura, en impecable inglés. No cuestionó una sola de las pavorosas estadísticas sobre la extensión y consecuencias de esta práctica en el continente africano, compiladas por las Naciones Unidas y distintas organizaciones humanitarias. Reconoció que millares de niñas mueren a causa de infecciones provocadas por la bárbara operación, que llevan a cabo, casi siempre, curanderos o brujos, sin tomar las menores precauciones higiénicas, y que muchísimas otras adolescentes quedan profundamente traumatizadas por la mutilación, que estropea para siempre su vida sexual.

Su inamovible línea de defensa era la soberanía cultural. ¿Ha terminado ya la era del colonialismo, sí o no? Y, si ha terminado, ¿por qué va a decidir el Occidente arrogante e imperial lo que conviene o no conviene a las mujeres africanas? ¿No tienen estas derecho a decidir por sí mismas? En apoyo de su tesis, mostró una encuesta hecha por las autoridades de Somalia, entre la población femenina del país, preguntando si debía prohibirse la circuncisión de las niñas. El 90 por ciento respondió que no. Explicó que una costumbre tan arraigada no debe ser juzgada en abstracto, sino dentro del contexto particular de cada sociedad. En Somalia, una muchacha que llega a la edad púber y conserva sus órganos sexuales intactos es considerada una prostituta y jamás encontrará marido, de modo que, lo haya sido antes o no, terminará de todas maneras prostituyéndose. Si una gran mayoría de somalíes cree que la única manera de garantizar la virtud y la austeridad sexual de las mujeres es circuncidando a las niñas, ¿por qué tienen los países occidentales que interferir y tratar de imponer sus propios criterios en materia de sexo y moralidad?

261

Es posible que la ablación del clítoris y de los labios superiores de la vagina prive para siempre a esas jóvenes de goce sexual. Pero ¿quién dice que el goce sexual sea algo deseable y necesario para los seres humanos? Si una civilización religiosa desprecia esa visión hedonista y sensual de la existencia, ¿por qué tendrían las otras que combatirla? ¿Simplemente porque son más poderosas? Además, ¿no es el goce sexual algo de la exclusiva incumbencia de la interesada y su marido? Al final de su alegato, la beligerante ideóloga hizo una concesión. Dijo que en Somalia se intenta ahora, mediante campañas publicitarias, persuadir a los padres para que, en vez de recurrir a practicantes y chamanes, lleven a sus hijas a circuncidarse a los dispensarios y hospitales públicos. Así, habrá menos muertes por infección en el futuro.

Lo fascinante de esta exposición no era lo que la expositora decía, sino, más bien, su absoluta ceguera para advertir que casi todos los testimonios del documental, ilustrando los atroces corolarios de la circuncisión femenina, que rebatían de manera flagrante su argumentación, no provenían de arrogantes colonialistas europeas, sino de mujeres africanas y asiáticas, a quienes aquella operación había afectado física y psicológicamente como las más sangrientas torturas a ciertos perseguidos políticos. En el testimonio de todas ellas —de alto o de escaso nivel cultural— había una dramática protesta contra la injusticia que les fue infligida, cuando no podían defenderse, cuando ni siquiera imaginaban que cabía, para las mujeres, una alternativa, una vida sin la mutilación sexual. ¿Eran menos africanas que ella estas somalíes, sudanesas, egipcias, libias, por haberse rebelado contra una salvaje manifestación de "cultura africana" que malogró sus vidas?

El multiculturalismo no es una doctrina que naciera en África, Asia ni América Latina. Nació lejos del Tercer Mundo, en el corazón del Occidente más próspero y civilizado, es decir, en las universidades de Estados Unidos y de Europa Occidental, y sus tesis fueron desarrolladas por filósofos, sociólogos y psicólogos a los que animaba una idea perfectamente generosa: la de que las culturas pequeñas y primitivas debían ser respetadas, que ellas tenían tanto derecho a la existencia como las grandes y modernas. Nunca pudieron sospechar la perversa utilización que se llegaría a hacer de esa idealista doctrina. Porque, si es cierto que todas las culturas tienen algo que enriquece a la especie humana, y que la coexistencia multicultural es provechosa, de ello no se desprende que todas las instituciones, costumbres y creencias de cada cultura sean dignas de igual respeto y deban gozar, por su sola existencia, de inmunidad moral. Todo es respetable en una cultura mientras no constituya una violación flagrante de los derechos humanos, es decir de esa soberanía individual que ninguna categoría colectivista —religión, nación, tradición— puede arrollar sin revelarse como inhumana e inaceptable. Este es exactamente el caso de esa tortura infligida a las niñas africanas que se llama la circuncisión. Quien la defendía anoche con tanta convicción en la pantalla pequeña no defendía la soberanía africana; defendía la barbarie, y con argumentos puestos en su cerebro por los modernos colonialistas intelectuales de su odiada cultura occidental.

Londres, noviembre de 1998

263

Predadores

El escritor norteamericano Paul Theroux, autor, entre otras novelas, de la divertida *La costa de los mosquitos*, y de exitosos libros de viajes, descubrió hace un tiempo que un anticuario británico ofrecía en su catálogo varios libros suyos dedicados de puño y letra a su amigo, modelo y mentor, Sir Vidia S. Naipaul. Indignado, pidió explicaciones. Una nueva humillación lo esperaba: en vez de contestarle Naipaul en persona, lo hizo su nueva mujer, una periodista paquistaní tan bella como expeditiva, que desahució a Theroux con unas líneas burlonas. La venganza de este es un libro infame y entretenidísimo, *Sir Vidia's Shadow: A Friendship Across Five Continents*, que desaconsejo comprar, e incluso hojear en una librería, porque quien lo haga terminará leyéndolo de cabo a rabo.

Theroux conoció a Naipaul —unos diez años mayor que él— hace tres décadas, en Kenia, en la Universidad de Makerere, donde ambos trabajaban, y quedó fascinado por el talento y la personalidad del escritor indio-trinitario-inglés, a quien sus espléndidas novelas *Una curva en el río* y *Una casa para Mr. Biswas* ya habían hecho famoso. Se convirtió en su discípulo, su chofer, su mandadero, y, en premio a su devoción, Naipaul se dignaba de tanto en tanto instruirlo sobre los secretos de la genialidad literaria, y, también, a veces, como quien lanza unos cobres a un mendigo, sobre su concepción del mundo, del ser humano, del África y de la historia. Estas enseñanzas debieron ser fulgurantes y quedaron grabadas con fuego en la memoria del joven aprendiz porque, treinta y dos años más tarde, las reproduce literalmente, con sus puntos y comas y ademanes acompañantes.

Ni qué decir que las opiniones de Naipaul eran impublicables, y que, en ellas, la incorrección política y la pedantería se aderezaban de supina arrogancia. A los jóvenes poetas africanos que le leían sus poemas en busca de consejo, los conminaba a cambiar de profesión, y, en algún caso, completaba el desafuero reconociendo que el catecúmeno "tenía una aceptable caligrafía". Juez de un concurso literario, pontificó que, dado el material, sólo debía darse un tercer premio. Y, a quienes protestaron, replicó: "Ustedes dan al África una importancia que no se merece". Preguntado por su opinión sobre la literatura africana, preguntó a su vez: "Pero ¿existe?". No tenía escrúpulos en afirmar que, cuando los blancos partieran, el continente negro se barbarizaría, y, para irritar a los nativos, se empeñaba siempre en llamar a los países africanos por sus antiguos nombres coloniales. Y a su primera mujer, la inglesa y estoica Pat —"de lindos pechos", dice Theroux—, la trataba con tanta dureza que en el libro la vemos, siempre, relegada al asiento trasero del automóvil, lagrimeando. Así, hasta el infinito.

De todos los escritores que conozco podría escribir un libro tan perverso como este, porque a todos les he oído alguna vez, en la alta noche, al calor de la amistad y de las copas, en la tertulia y en las cenas rociadas de buen vino, decir barbaridades. Todos, sin excepción, se abandonan alguna vez a la exageración, la fanfarronada, el exabrupto, el chiste cruel. Era lo que hacía el querido Carlos Barral, por ejemplo, un hombre bueno y generoso como un pan, que a la segunda ginebra profería las más feroces extravagancias, los dicterios más malvados que yo he oído o leído jamás. Despojadas del contexto, del interlocutor, del tono, el gesto, la circunstancia y el humor en que se profirieron, aquellas afirmaciones mudan de naturaleza, pierden su gracia, se vuelven viles, racistas, prejuiciosas o simplemente estúpidas. Y, como Paul Theroux es un excelente escribidor (de segundo orden), se las arregla para que su ignominioso latrocinio tenga éxito: el personaje Vidia S. Naipaul que diseña su libro es casi tan repelente como el del narrador (que es Theroux mismo).

Sir Vidia's Shadow (*La sombra de Sir Vidia*) destila resentimiento y envidia en cada página, pero, aunque el lector tiene conciencia desde el principio de que el autor escribe por la herida, sin pretensiones de objetividad, desahogando el dolor y la cólera por la traición de alguien que idolatró, se resiste a echar esa basura a la basura. ¿Sólo porque sucumbe a la eficiente magia con que el ofídico narrador presenta y engarza las anécdotas, las colorea y las remata? También por eso, sin duda. Pero, sobre todo, tal vez, porque, sin proponérselo, en este testimonio de amigo y discípulo despechado y rabioso, Paul Theroux consigue mostrarnos esas cuotas de pequeñez y mezquindad, de mediocres emulaciones y sórdidas envidias, que cargan consigo inevitablemente los seres humanos, y que están siempre allí, avinagrándoles la vida, estropeándoles las relaciones con los demás, envenenándoles el alma y rebajando o impidiendo su felicidad.

Leyendo este libro, recordé de pronto un ensayo de Ortega y Gasset, acaso el mejor de los suyos, que me impresionó mucho cuando lo leí: un largo prólogo a un libro sobre la caza, del conde de Yebes. Lo que al principio parece un devaneo un tanto frívolo para que sirva de pórtico al ensayo de un aristócrata amigo, se va convirtiendo en una profunda meditación sobre el hombre ancestral, cavernario, agazapado en el seno del contemporáneo, y transpareciendo en él, a veces, en ciertos quehaceres y comportamientos, con sus instintos desbocados y su irracional urgencia predatoria. Ortega examina la relación del ser humano con la Naturaleza, la oscura y remotísima atracción que la muerte (propia y ajena, recibida o inferida) ejerce sobre él, y los diferentes términos con que el humano y el animal experimentan la violencia. Así como Huizinga vio en el juego la representación emblemática de la evolución histórica, Ortega, en este complejo y misterioso texto, divisa, en las distintas manifestaciones que a lo largo del desenvolvimiento humano, desde la caverna prehistórica hasta la edad de los rascacielos y el avión, ha tenido la cacería, una cifra de la condición humana, esa vocación destructora, sanguinaria, mortífera, de la que ninguna civilización, religión o filosofía ha conseguido librarlo. El hombre necesita matar, es un ser predatorio. Comenzó haciéndolo, hace millones de años, porque era la única manera de sobrevivir, de comer, de no ser matado. Y ha seguido haciéndolo siempre, en todas las épocas de su historia, de manera refinada o brutal, directamente o a través de testaferros, con puñales, balas, ritos y símbolos, porque si no lo hiciera se asfixiaría, como un pez fuera del agua. Por eso, la imagen del bípedo con botas y cazadora apuntando su carabina cargada contra la indefensa silueta de una corza (que algunos consideran una imagen galana) aparece en este ensayo estremecedor como un retrato espectral de la condición humana.

La literatura es un arte predatorio. Ella aniquila lo real de manera simbólica, sustituyéndolo por una irrealidad a la que da vida ficticia, con la fantasía y las palabras, un artificio armado con materiales saqueados siempre de la vida. Pero, generalmente, esta operación es discreta, y a menudo inconsciente, pues quien escribe roba y pilla —y manipula y deforma— lo vivido, la experiencia real, más por instinto e intuición que por deliberación consciente; luego, su arte, su hechicería, su prestidigitación verbal, tienden unos velos impenetrables sobre lo hurtado. Si tiene talento, el delito queda impune.

En el caso de este libro de Paul Theroux, no: la operación está a la vista. El autor no ha tomado la menor precaución para disimularla ni justificarla. Tenía un arreglo de cuentas con un antiguo amigo, al que quiso y admiró más que a ningún otro escritor, y por quien no fue correspondido, sino más bien vejado. Entonces, lo mató, escribiendo este violento y desgarrado libro.

Afortunadamente, los muertos por la literatura, a diferencia de las víctimas de las cacerías, suelen gozar de buena salud. Espero que Sir Vidia S. Naipaul sobreviva a esta dosis de estricnina. Él es el mejor escritor de lengua inglesa vivo y uno de los más grandes que ha producido nuestra época. En sus novelas, ensayos, libros de viajes y memorias, que se ramifican por todo el planeta, el lector se deleita con una prosa excepcionalmente precisa e inteligente, castigada sin misericordia para eliminar en ella toda hojarasca, y con una ironía sutil, a ratos cínica, a ratos cáustica, que suele morder carne y hacer explícitas verdades que desmienten o ridiculizan las "ideas recibidas" de nuestro tiempo. No existe escribidor más incorrectamente político en el mercado literario. Nadie ha pulverizado con más sutileza y gracia en sus novelas, y con más contundencia intelectual en sus ensayos, las falacias del tercermundismo y las poses y frivolidades del progresismo intelectual europeo, ni demostrado más persuasivamente la demagogia, la picardía y el oportunismo que

269

generalmente se emboscan tras esas doctrinas y actitudes. Por eso, aunque su talento haya sido reconocido por todo crítico con dos dedos de frente, suele ser universalmente detestado.

Se diría que, a este curioso hindú nacido en una islita del Caribe, que gracias a becas pudo estudiar en las ciudadelas del privilegio británico, Eton y Oxford, que resistió a la soledad y la discriminación a que en esos medios su piel oscura y su procedencia lo condenaban (estuvo a punto de suicidarse, pero no lo hizo porque no tenía monedas para hacer funcionar la llave del gas), no le molesta en absoluto esta situación, que el libro de Paul Theroux viene a apuntalar. Tal vez para defenderse contra los prejuicios y el infortunio, o por una disposición innata, ha cultivado la antipatía casi con tanto talento como la literatura. Es un maestro diciendo impertinencias y decepcionando a sus admiradores.

Yo lo invité a cenar una vez y me dijo que lo pensaría. Llamó días más tarde para averiguar quiénes serían los otros invitados. Se lo dijimos. Pero él todavía no se decidió. Volvió a llamar por vez tercera y preguntó por mi mujer. Exigió que le describiera el menú. Después de escuchar la desconcertada descripción, dio instrucciones: él era vegetariano y comería sólo este plato (cuya receta dictó). Añadió: "Siempre bebo champagne en las comidas". Aquella noche de la cena, esperamos su aparición presas de miedo pánico. Pero vino, bebió y comió con moderación y —¡uf!— hasta hizo algún esfuerzo para mostrarse simpático con la compañía.

Londres, diciembre de 1998

La erección permanente

Desde que, muy niño, oí describir al tío Lucho las magias y disfuerzos del Carnaval de Río, soñaba con verlo de cerca, y, en lo posible, de dentro, en carne y hueso. Lo he conseguido. Aunque 62 años de edad, frecuentes dispepsias y una hernia lumbar no sean las condiciones óptimas para disfrutar de ella, la experiencia es provechosa, y afirmo que si toda la humanidad la viviera, habría menos guerras, prejuicios, racismo, fealdad y tristeza en el mundo, aunque, sí, probablemente, más hambre, disparidades, locura, y un incremento cataclísmico de la natalidad y el sida.

¿En qué sentidos es provechosa la experiencia? En varios, empezando por el filológico. Nadie que no haya estado inmerso en la crepitación del Sambódromo durante los desfiles de las catorce Escolas de Samba (49.000 participantes, 65.000 espectadores), o en alguno de los 250 bailes populares organizados por la Alcaldía, y los centenares de bailes espontáneos desparramados por las calles de la ciudad, puede sospechar siquiera el riquísimo y multifacético contenido de que allí se cargan palabras sobre las que en otras partes se cierne una sospecha de vulgaridad, como "tetas" y "culo", que, aquí, resultan las más espléndidas y generosas del idioma, cada una un vertiginoso universo de variantes en lo referente a curvas, sinuosidades, consistencias, proyecciones, tonalidades y granulaciones.

271

Cito estos dos ejemplos para no hablar en abstracto, pero podría citar igualmente todos los demás órganos y pedazos de la anatomía humana, que, en el Carnaval de Río, a condición de llevar encima una prenda pigmea (la famosa tanga bautizada "hilo dental"), se exhiben con un desenfado, alegría y libertad que creía desaparecidos desde que la moral cristiana reemplazó a la pagana y pretendió ocultar y prohibir el cuerpo humano, en nombre del pudor. Todos ellos, de los talones al cabello, del ombligo a las axilas, del codo a los hombros y a la nuca, se lucen en esta fiesta con una soberbia confianza y orgullo de sí mismos, demostrando a los ignorantes —y recordando a los olvidadizos— que no hay rincón de la maravillosa arquitectura física del ser humano que no pueda ser bellísimo, fuente de excitación y de placer, y que, por tanto, no merezca tanto cuidado, fervor y reverencia como los privilegiados por la tradición y la poesía romántica: ojos, cuellos, manos, cintura, etcétera. No es la menor de las maravillas del Carnaval de Río conseguir dotar, gracias al ritmo, el colorido y la efervescencia contagiosa de la fiesta en la que todos practican, en estado de trance, el exhibicionismo, de atractivo erótico a comparsas tan aparentemente anodinas del juego amoroso como las uñas y la manzana de Adán ("Esa *menhina* tiene una linda calavera", oí entusiasmarse a un viejo, en la playa de Flamengo). No es de extrañar, por eso, que el "enredo" (el tema) de la Escola de Samba "Caprichosos de Pilares" fuera este año nada menos que el cirujano plástico Ivo Pitanguy, cuyos bisturíes y genio rejuvenecedor han derrotado a las escorias del tiempo en las caras y cuerpos de muchas bellezas (femeninas y masculinas) de esta época frívola. Cierra el desfile de la Escola, bailando en lo alto de una carroza como un adolescente, el propio Pitanguy, un sesentón inmortal cuya presencia y contorsiones enloquecen al público.

El espectáculo, en horas del amanecer, cuando la euforia, el baile, el gregarismo, las canciones, el calor, el frenesí, alcanzan el punto omega de la combustión, revela lo que debieron ser, allá atrás en la historia, las grandes celebraciones paganas, las fiestas báquicas sobre todo, esos cultos dionisíacos con sus libaciones desenfrenadas para sofocar el instinto de supervivencia y la razón, las copulaciones colectivas y sus sacrificios sangrientos. Aquí, la sangre no corre en el escenario mismo de la fiesta, pero la ronda, la acosa desde su periferia, y deja cadáveres en sus orillas (setenta asesinados de bala en los cuatro días de Carnavales, lo que prueba que Río es una ciudad pacífica: en São Paulo fueron 240).

¿Qué importa un muerto más o un muerto menos en este demencial estallido de alegría multitudinaria, en esta representación en la que, toda una ciudad, por cuatro días y cuatro noches, como para confirmar todas las tesis de Johan Huizinga sobre la evolución de la cultura y la historia a partir de los juegos humanos y los espacios reservados o escenarios en que ellos se encarnan, se disfraza y metamorfosea, renunciando a sus preocupaciones y angustias, prejuicios y expectativas, moral, creencias, simpatías y fobias, y, revistiéndose de otra personalidad —la del disfraz que se ha echado encima— se abandona a los disfuerzos, excesos y extravagancias que jamás se hubiera permitido la víspera, ni se permitirá mañana, cuando recobre su singularidad y sea, otra vez, la desesperación del parado, la angustia de la secretaria y el funcionario al que la creciente inflación merma el sueldo cada día, el empresario abrumado por la subida de los impuestos, el profesor al que la caída del real dejó sin viajar al extranjero o el sindicalista que echa la culpa de la crisis al Fondo Monetario Internacional y a sus imposiciones ultraliberales.

Porque, no olvidemos que estos Carnavales ocurren en medio de una crisis económica que tiene al mundo financiero internacional comiéndose las uñas por lo que pueda ocurrir en el Brasil. Si el durísimo Plan de Ajuste que ha permitido al Gobierno brasileño que preside Fernando Henrique Cardoso recibir préstamos por la astronómica suma de 40.000 millones de dólares fracasa, el colapso brasileño arruinará no sólo al Brasil, también a los demás países del Mercosur, y los coletazos de la catástrofe removerán las bolsas y las economías de todo el planeta, tanto o más que las *baterías* de las Escolas de Samba remecen las caderas de las comparsas *baianas*. ¿Alguien se acuerda de esas mezquindades lúgubres en estos días de alboroto feliz? Sí, unos tristes sociólogos que, en los periódicos, se desgañitan criticando "la alienación" de la que sería víctima el pueblo brasileño. Este, desde luego, no se preocupa en absoluto; se ríe a carcajadas de la crisis y se mofa de ella, exorcizándola en grotescos muñecones de los carros alegóricos que las tribunas aplauden a rabiar. Y, para que no quepa la menor duda al respecto, este año las Escolas de Samba han gastado un veinte por ciento más que el año pasado en la fabricación de los disfraces y las carrozas para el desfile, y las autoridades aumentado en varios millones de reales el presupuesto de la fiesta destinado a orquestas, fuegos artificiales, espectáculos y premios. ¿Va este derroche en contra de la sensatez, de la razón? Sí, naturalmente. Porque esta es todavía una fiesta auténtica, una fiesta en el sentido más antiguo y primitivo de la palabra: cuando la sensatez y la razón eran aún frutas exóticas y hombres y mujeres practicaban el *potlach* y eran todavía, esencialmente, emoción, sentidos a flor de piel, intuición, instinto.

Quien mejor me ha explicado lo que ocurre estos días en Río de Janeiro, no es Nietzsche, con su visión del hombre dionisíaco, ni siquiera mi amigo el antropólogo Roberto da Matta, en su magnífico ensayo sobre el Carnaval, sino un crítico literario ruso, que jamás pisó el Brasil, y al que la intolerancia estalinista tuvo malviviendo y enseñando en perdidas comarcas de las estepas soviéticas: Mijail Baktin. Todo lo que he visto y oído en esta fulgurante semana carioca parece una ilustración animada de sus tesis sobre la cultura popular, que desarrolló en su deslumbrante libro sobre Rabelais. Sí, aquí está, salida de las entrañas de los estratos más humildes de la escala social, esa respuesta desvergonzada, irreverente, ferozmente sarcástica, a los patrones establecidos de la moral y la belleza, esa negación vociferante de las categorías sociales y de las fronteras que tienden a separar y jerarquizar a las razas, a las clases, a los individuos, en una fiesta que todo lo iguala y lo confunde, al rico y al pobre, al blanco y al negro, al empleado y al patrón, a la señora y su sirvienta, que fulmina temporalmente los prejuicios y las distancias, y establece, en un paréntesis de ilusión, en un espejismo con sexo y música a granel, aquel "mundo al revés" del poema de José Agustín Goytisolo, donde las princesas son morenas y los barrenderos rubios, los mendigos felices y los millonarios desdichados, las feas bellas y las bellas feísimas, el día noche y la noche día, y donde el "abajo" triunfa sobre el "arriba" humano e impone su rijosa libertad, su materialismo sudoroso, sus apetitos desatados y su exuberante vulgaridad como una apoteosis de vida, donde los "frescos racimos" de la carne cantados por Rubén Darío son universalmente exaltados como la más valiosa de las aspiraciones humanas.

Al encerrar el desfile de las Escolas de Samba en el Sambódromo —una iniciativa de un sociólogo progresista, el fallecido Darcy Ribeyro— el *establishment* recuperó relativamente el Carnaval, y lo sujetó dentro de ciertas convenciones, pero, en la calle este no ha perdido un ápice su raigambre contestadora y revoltosa, su aura anárquica, y no sólo en los barrios populares, incluso en los de más austero cariz. En la principal avenida de la muy burguesa Ipanema, por ejemplo, me doy de bruces una noche con una comparsa de un millar o millar y medio de travestidos, muchachos y hombres maduros, que, vestidos de mujer o semidesnudos, "samban" frenéticamente detrás de un camión con una orquesta, y se besan, acarician y poco menos que hacen el amor ante las miradas divertidas, indiferentes o entusiastas de los vecinos, que, desde las ventanas, cambian bromas con ellos, los aplauden y les lanzan mistura y serpentinas.

El protagonista de la fiesta es el cuerpo humano, ya lo he dicho, y la atmósfera en que reina y truena, la música, envolvente, imperiosa, regocijada, ciega. Pero, al amanecer, lo que prevalece y exacerba la lechosa madrugada, es, por encima de los perfumes de marca, las refinadas lociones, los sudores, los vahos cocineros o alcohólicos, un espeso aroma seminal, de miles, cientos de miles, acaso millones de orgasmos, masculinos, femeninos, precoces o crepusculares, lentos o raudos, vaginales o rectales, orales o manuales o mentales, denso vapor de embrutecimiento feliz que contamina el aire y penetra en las narices de los aturdidos carnavaleros semidesahuciados, que, en los estertores de la fiesta, retornan a sus guaridas o se derrumban en parques y veredas, a tomar un descanso, para, algunas horas después, resucitar y continuar "sambando".

Los conservadores pueden dormir tranquilos: mientras exista el Carnaval, no habrá ninguna revolución social en el Brasil. Y serán fútiles todos los planes para controlar la libido de esa sociedad de demografía galopante que raspa ya los 170 millones de ciudadanos. Y sudará sangre, sudor y lágrimas el presidente Fernando Henrique Cardoso para imponer la austeridad y la disciplina económica al pueblo que lo eligió. Y si el infierno de los creyentes existe, la representación en él de brasileñas será seguramente mayor que el de todas las otras sociedades juntas (lo que no deja de ser un alivio para los pecadores irredentos como este escriba). Pero, mientras el Carnaval carioca exista, para quienes lo vivan o recuerden, o incluso imaginen, la vida será mejor que la basura que es normalmente, una vida que, por unos días —como juraba el tío Lucho— toca los fastos del sueño y se mezcla con las magias de la ficción.

Río de Janeiro, febrero de 1999

La batalla perdida de Monsieur Monet

La democratización de la cultura no deja de tener inconvenientes. Para ver hoy una gran exposición hay que esperar semanas o meses, y, el día reservado, lloverse y helarse a la intemperie en una larguísima cola, y ver luego los cuadros a salto de mata, dando y recibiendo codazos. Sin embargo, no vacilaría un segundo en pasar por todo aquello para visitar de nuevo *Monet en el siglo XX*, la exposición que presenta la Royal Academy.

Una buena muestra nos instruye sobre una época, un pintor o un tema, nos enriquece la visión de una obra y, por una o dos horas, nos arranca de la vida cotidiana, sumergiéndonos en un mundo aparte, de belleza o invención. Pero algunas raras excepciones, como esta, nos cuentan además —con cuadros, en vez de palabras— una hermosísima historia.

Tres ingredientes son indispensables para que aparezca un gran creador: oficio, ideas y cultura. Estos tres componentes de la tarea creativa no tienen que equilibrarse, uno puede prevalecer sobre los otros, pero si alguno de ellos falla ese artista lo es sólo a medias o no llega a serlo. El oficio se aprende, consiste en ese aspecto técnico, artesanal, del que *también* está hecha toda obra de arte, pero que, por sí solo, no basta para elevar una obra a la condición de artística. Dominar el dibujo, la perspectiva, tener dominio del color, es necesario, imprescindible, pero apenas un punto de partida. Las "ideas", una manera más realista de llamar a la inspiración (palabra que tiene resonancias místicas y oscurantistas), es el factor decisivo para hacer del oficio el vehículo de expresión de algo personal, una invención que el artista añade con su obra a lo ya existente. En las "ideas" que aporta reside la originalidad de un creador. Pero lo que da espesor, consistencia, durabilidad, a la invención son los aportes de un artista a la cultura. Es decir, la manera como su obra se define respecto a la tradición, la renueva, la enriquece, critica y modifica. La historia que *Monet en el siglo XX* nos cuenta es la de un diestro artesano al que, ya en los umbrales de la vejez, un terco capricho convirtió en un extraordinario creador.

En 1890, el señor Monet, que tenía cincuenta años y era uno de los más exitosos pintores impresionistas —los conocedores se disputaban sus paisajes— se compró una casa y un terreno a orillas del Sena, en un poblado sin historia, a unos setenta kilómetros al noroeste de París. En los años siguientes construyó un primoroso jardín, con enredaderas, azucenas y sauces llorones, un estanque que sembró de nenúfares y sobrevoló con un puentecillo japonés. Nunca sospecharía el sosegado artista que, instalado en aquel retiro campestre, se preparaba una burguesa vejez, las consecuencias que tendría para su arte —para el arte— su traslado a Giverny.

Había sido hasta entonces un excelente pintor, aunque previsible y sin mucha imaginación. Sus paisajes encantaban porque estaban muy delicadamente concebidos, parecían reproducir la campiña francesa con fidelidad, en telas por lo general pequeñas, que no asustaban a nadie y decoraban muy bien los interiores. Pero, desde que construyó aquella linda laguna a la puerta de su casa de campo y empezó a pasar largo rato contemplando los cabrilleos de la luz en el agua y los sutiles cambios de color que los movimientos del sol en el cielo imprimían a los nenúfares, una duda lo asaltó: ¿qué era el realismo?

Hasta entonces había creído muy sencillamente que lo que él hacía en sus cuadros: reflejar, con destreza artística en la tela, lo que sus ojos veían. Pero aquellos brillos, reflejos, evanescencias, luminosidades, todo ese despliegue féerico de formas cambiantes, esos veloces trastornos visuales que resultaban de la alianza de las flores, el agua y el resplandor solar ¿no era también la realidad? Hasta ahora, ningún artista la había pintado. Cuando decidió que él trataría de atrapar con sus pinceles esa escurridiza y furtiva dimensión de lo existente, *Monsieur* Monet tenía casi sesenta años, edad a la que muchos de sus colegas estaban acabados. Él, en cambio, empezaría sólo entonces a convertirse en un obsesivo, revolucionario, notable creador.

Cuando hizo los tres viajes a Londres, entre 1899 y 1902, para pintar el Támesis —la exposición se inicia en este momento de su vida— ya era un hombre obsesionado por la idea fija de inmovilizar en sus telas las metamorfosis del mundo, en función de los cambios de luz. Desde su balcón del Hotel Savoy pintó el río y los puentes y el Parlamento cuando salían de las sombras o desaparecían en ellas, al abrirse las nubes y lucir el sol, o velados y deformados por la niebla, el denso *fog* cuyo "maravilloso aliento" (son sus palabras) quiso retratar. Los treinta y siete cuadros de su paso por Londres, pese a sus desesperados esfuerzos por documentar las delicuescencias visuales que experimenta la ciudad en el transcurso del día, ya tienen poco que ver con esa realidad exterior. En verdad, lo muestran a él, embarcado en una aventura delirante, y creando, sin saberlo, poco a poco, un nuevo mundo, autosuficiente, visionario, de puro color, cuando creía estar reproduciendo en sus telas los cambiantes disfraces con que la luz reviste al mundo tangible.

Entre los sesenta y los ochenta y seis años, en que murió (en 1926), Monet fue, como Cézanne, uno de los artistas que, sin romper con la tradición, a la que se sentía afectivamente ligado, inició la gran transformación de los valores estéticos que revolucionaría la plástica, más, acaso, que ninguna de las artes, abriendo las puertas a todos los experimentados y a la proliferación de escuelas, ismos y tendencias, proceso que, aunque dando ya boqueadas, se ha extendido hasta nuestros días. Lo admirable de la exposición de la Royal Academy es que muestra, a la vez, la contribución de Monet a este gran cambio y lo poco consciente que fue él de estar, gracias a su terca búsqueda de un realismo radical, inaugurando una nueva época en la historia del arte.

En verdad, se creyó siempre un pintor realista, decidido a llevar a sus telas un aspecto hasta ahora descuidado de lo real, y que trabajaba sobre modelos objetivos, como antes de Giverny. Aunque sin duda más exigente y sutil que antaño, se consideraba siempre un paisajista. Por eso se levantaba al alba y estudiaba la húmeda superficie de los nenúfares, o las cabelleras de los sauces, o la blancura de los lirios, a lo largo de las horas, para que no se le escapara un solo matiz de aquel continuo tránsito, de esa perpetua danza del color. Ese milagro, aquel subyugante espectáculo que sus pobres ojos veían (las cataratas lo tuvieron casi impedido de pintar entre 1922 y 1923) es lo que quiso inmortalizar, en los centenares de cuadros que le inspiró el jardín de Giverny. Pasó dos meses en Venecia, en 1908, y luego otra temporada en 1912, para capturar los secretos de la ciudad en los mágicos colores del otoño. Incluso en la última etapa de su vida, cuando pintaba la serie que llamaría *Las grandes decoraciones*, enormes telas donde la orgía de colores y formas abigarradas se ha emancipado ya casi totalmente de la figuración, Monet cree estar, por fin, alcanzando su propósito de apresar lo inapresable, de congelar en imágenes esa desalada danza de transparencias, reflejos y brillos que eran la fuente y el objetivo de su inspiración.

Era una batalla perdida, por supuesto. Aunque Monet nunca se resignó a admitirlo, el mejor indicio de que jamás sintió que verdaderamente había logrado materializar su designio realista, es la maniática manera como retocó y rehízo cada cuadro, repitiéndolo una y otra vez con variantes tan mínimas que a menudo resultan invisibles para el espectador. Una y otra vez, aquella realidad de puras formas se le escapaba de los pinceles, como se escurre el agua entre los dedos. Pero, esas derrotas no lo abatían hasta el extremo de inducirlo a renunciar. Por el contrario, siguió combatiendo hasta el final por su utópico afán de pintar lo inefable, de encerrar en una jaula de colores la cara del aire, el espíritu de la luz, el vaho del sol. Lo que consiguió —demostrar que el "realismo" no existe, que es una mera ilusión, una fórmula convencional para decir, simplemente, que el arte tiene raíces en lo vivido, pero que sólo se plasma cuando crea un mundo distinto, que niega, no que reproduce el que ya existe— fue todavía más importante que lo que buscaba, la piedra miliar conceptual sobre la que se levantaría toda la arquitectura del arte moderno. Todo indica que el magnífico *Monsieur* Monet se murió sin saber lo que había logrado, y, acaso, con la pesadumbre de no haber realizado su modesto sueño.

Londres, marzo de 1999

Una muerte tan dulce

Luego de cuatro procesos en los que fue absuelto, el Dr. Jack Kevorkian, de setenta años de edad, y que, según confesión propia, ha ayudado a morir a 130 enfermos terminales, ha sido condenado en su quinto proceso, por un tribunal del Estado norteamericano donde nació (Michigan), a una pena de entre diez y 25 años de prisión. En señal de protesta, el "Doctor Muerte", como lo bautizó la prensa, se ha declarado en huelga de hambre. Por una curiosa coincidencia, el mismo día en que el Dr. Kevorkian dejaba de comer, el Estado de Michigan prohibía que las autoridades carcelarias alimentaran a la fuerza a los reclusos en huelga de hambre: deberán limitarse a explicar por escrito al huelguista las posibles consecuencias mortales de su decisión. Con impecable lógica, los abogados de Kevorkian preguntan si esta política oficial del Estado con los huelguistas de hambre no equivale a "asistir a los suicidas", es decir, a practicar el delito por el que el célebre doctor se halla entre rejas.

Aunque había algo macabro en sus apariciones televisivas, en su falta de humor, en su temática unidimensional, Jack Kevorkian es un auténtico héroe de nuestro tiempo, porque su cruzada a favor de la eutanasia ha contribuido a que este tema tabú salga de las catacumbas, salte a la luz pública y sea discutido en todo el mundo. Su "cruzada", como él la llamó, ha servido para que mucha gente abra los ojos sobre una monstruosa injusticia: que enfermos incurables, sometidos a padecimientos indecibles, que quisieran poner fin a la pesadilla que es su vida, sean obligados a seguir sufriendo por una legalidad que proclama una universal "obligación de vivir". Se trata, por supuesto, de un atropello intolerable a la soberanía individual y una intrusión del Estado reñida con un derecho humano básico. Decidir si uno quiere o no vivir (el problema primordial de la filosofía, escribió Camus en *El mito de Sísifo*) es algo absolutamente personal, una elección donde la libertad del individuo debería poder ejercitarse sin coerciones y ser rigurosamente respetada, un acto, por lo demás, cuyas consecuencias sólo atañen a quien lo ejecuta.

De hecho ocurre así, cuando quienes toman la decisión de poner fin a sus vidas son personas que pueden valerse por sí mismas y no necesitan ser "asistidas". Esto es, quizás, lo más lamentable de la maraña de hipocresías, paradojas y prejuicios que rodean al debate sobre la eutanasia. La prohibición legal de matarse no ha impedido a un solo suicida dispararse un pistoletazo, tomar estricnina o lanzarse al vacío cuando llegó a la conclusión de que no valía la pena continuar viviendo. Y ningún suicida frustrado ha ido a la cárcel por transgredir la ley que obliga a los seres humanos a vivir. Sólo quienes no están en condiciones físicas de poder llevar a cabo su voluntad de morir —pacientes terminales reducidos a grados extremos de invalidez—, es decir, a quienes más tormento físico y anímico acarrea la norma legal, se ven condenados a acatar la prohibición burocrática de morir por mano propia. Contra esta crueldad estúpida combatía desde hace tres décadas el Dr. Jack Kevorkian, a sabiendas de que tarde o temprano sería derrotado. Pero, incluso desde detrás de los barrotes, su caso sirve para demostrar que, en ciertos temas, como el de la eutanasia, la civilización occidental arrastra todavía —la culpa es de la religión, sempiterna adversaria de la libertad humana— un considerable lastre de barbarie. Porque no es menos inhumano privar de la muerte a quien lúcidamente la reclama ya que la vida se le ha vuelto un suplicio, que arrebatar la existencia a quien quiere vivir.

Sin embargo, pese a la ciudadela de incomprensión y de ceguera que reina todavía en torno a la eutanasia, algunos pasos se van dando en la buena dirección. Igual que en lo tocante a las drogas, los homosexuales o la integración social y política de las minorías inmigrantes, Holanda es el ejemplo más dinámico de una democracia liberal: un país que experimenta, renueva, ensaya nuevas fórmulas, y no teme jugar a fondo, en todos los órdenes sociales y culturales, la carta de la libertad.

Tengo siempre muy vivo en la memoria un documental televisivo holandés, que vi hace dos años, en Montecarlo, donde era jurado de un concurso de televisión. Fue, de lejos, la obra que más nos impresionó, pero como el tema del documental hería frontalmente las convicciones religiosas de algunos de mis colegas, no pudimos premiarlo, sólo mencionarlo en el fallo final como un notable documento en el controvertido debate sobre la eutanasia.

Los personajes no eran actores, encarnaban sus propios roles. Al principio, un antiguo marino, que había administrado luego un pequeño bar en Amsterdam y vivía solo con su esposa, visitaba a su médico para comunicarle que, dado el incremento continuo de los dolores que padecía debido a una enfermedad degenerativa incurable, había decidido acelerar su muerte. Venía a pedirle ayuda. ¿Podía prestársela? La película seguía con meticuloso detallismo todo el proceso que la legislación exigía para aquella muerte asistida.

Informar a las autoridades del Ministerio de Salud, someterse a un examen médico de otros facultativos que confirmara el diagnóstico de paciente terminal, y refrendar ante un funcionario de aquella entidad, que verificaba el buen estado de sus facultades mentales, su voluntad de morir. La muerte tiene lugar, al final, bajo la cámara filmadora, en la casa del enfermo, rodeado de su mujer y del médico que le administra la inyección letal. Durante el proceso, en todo momento, aun instantes previos al suicidio, el paciente se halla informado por su médico respecto a los avances de su enfermedad y consultado una y otra vez sobre la firmeza de su decisión. En el momento de mayor dramatismo del documental, el médico, al ponerle la última inyección, advierte al paciente que, si antes de perder el sentido, se arrepentía, podía indicárselo con el simple movimiento de un dedo, para suspender él la operación e intentar reanimarlo.

Como este documental, que se ha difundido en algunos países europeos y prohibido en muchos más, provocando ruidosas polémicas, fue filmado con el consentimiento de los personajes y es promovido por las asociaciones que defienden la eutanasia, se lo ha acusado de "propagandístico", algo que sin duda es. Pero ello no le resta autenticidad ni poder de persuasión. Su gran mérito es mostrar cómo una sociedad civilizada puede ayudar a dar el paso definitivo a quien, por razones físicas y morales, ve en la muerte una forma de liberación, tomando al mismo tiempo todas las precauciones debidas para asegurarse de que esta sea una decisión genuina, tomada en perfecto estado de lucidez, con conocimiento de causa cabal de lo que ella significa. Y procurando aliviar, con ayuda de la ciencia, los traumas y desgarros del tránsito.

El horror a la muerte está profundamente anclado en la cultura occidental, debido sobre todo a la idea cristiana de la trascendencia y del castigo eterno que amenaza al pecador. A diferencia de lo que ocurre en ciertas culturas asiáticas, impregnadas por el budismo por ejemplo, donde la muerte aparece como una continuación de la vida, como una reencarnación en la que el ser cambia y se renueva pero no deja nunca de existir, la muerte, en Occidente, significa la pérdida absoluta de la vida —la única vida comprobable y vivible a través del propio yo—, y su sustitución por una vaga, incierta, inmaterial vida de un alma cuya naturaleza e identidad resultan siempre escurridizas e inapresables para las facultades terrenales del más convencido creyente de la trascendencia. Por eso, la decisión de poner fin a la vida es la más grave y tremenda que puede tomar un ser humano. Muchas veces se adopta en un arrebato de irracionalidad, de confusión o desvarío, y no es entonces propiamente una elección, sino, en cierta forma, un accidente. Pero ese no es nunca el caso de un enfermo terminal, quien, precisamente por el estado de indefensión extrema en que se halla y la impotencia física en que su condición lo ha puesto, tiene tiempo, perspectiva y circunstancias sobradas para decidir con serenidad, sopesando su decisión, y no de manera irreflexiva. Para los 130 desdichados que, violando la ley, ayudó a morir, el Dr. Jack Kevorkian no fue el ángel de la muerte, sino el de la compasión y la paz.

Madrid, abril de 1999

Los pies de Fataumata

No conozco a esa señora, pero su exótico nombre, Fataumata
Touray, su país de origen, Gambia, y su residencia actual, la
catalana ciudad de Banyoles, me bastan para reconstituir su
historia. Una historia vulgar y predecible a más no poder,
comparable a la de millones de mujeres como ella, que
nacieron en la miseria y probablemente morirán en ella.
Sería estúpido llamar trágico a lo que acaba de ocurrirle,
porque ¿acaso hay algo, en la vida de esta señora, que no
merezca ese calificativo teatral? Para Fataumata y sus congéneres morir trágicamente es morir de muerte natural.

No neccsito ir al hospital Josep Trueta, de Girona, donde
ahora están soldándole las costillas, las muñecas, los huesos
y los dientes que se rompió al saltar por una ventana del
segundo piso del edificio donde vivía, para divisar su piel
color ébano oscuro, su pelo pasa, su nariz chata, sus gruesos
labios, esos dientes que fueron blanquísimos antes de que-
brarse, sus ojos sin edad y sus grandes pies nudosos, hincha-
dísimos de tanto caminar.

Son esos enormes pies agrietados, de callos geológicos y
uñas violáceas, de empeines con costras y dedos petrifica-
dos, lo que yo encuentro más digno de admiración y reverencia en la señora Fataumata Touray. Están andando desde que
ella nació, allá, en la remotísima Gambia, un país que muy
poca gente sabe dónde está, porque ¿a quién en el mundo le

interesa y para qué puede servir saber dónde está Gambia? A esos pies incansables debe el estar todavía viva Fataumata Touray, aunque es dificilísimo averiguar de qué le ha servido hasta ahora semejante proeza. Allá, en el África bárbara, echando a correr a tiempo, esos pies no la salvaron sin duda de la castración femenina que practican en las niñas púberes muchas familias musulmanas, pero sí de alguna fiera, o de plagas, o de esos semidesnudos y tatuados enemigos que, por tener otro dios, hablar en otra lengua, o haber heredado otras costumbres, estaban empeñados en desaparecerla a ella, sus parientes y toda su tribu.

Aquí, en la civilizada España, en la antiquísima Cataluña, esos pies alertas la salvaron de las llamas en que querían achicharrarlos a ella y a buen número de inmigrantes de Gambia, otros enemigos, tatuados también probablemente, y sin duda rapados, y desde luego convencidos, como aquellos salvajes, que Fataumata y su tribu no tienen derecho a la existencia, que el mundo —quiero decir Europa, España, Cataluña, Banyoles— estaría mucho mejor sin su negra presencia. Tengo la absoluta certeza de que, en la vida a salto de mata que lleva desde que nació, Fataumata no se ha preguntado ni una sola vez qué horrendo crimen ha cometido su pequeña, su minúscula tribu ahora en vías de extinción, para haber generado tanta animadversión, para despertar tanta ferocidad homicida en todas partes.

Metiendo mis manos al fuego para que me crean, afirmo que el viaje protagonizado por esos pies formidables desde Gambia hasta Banyoles representan una odisea tan inusitada y temeraria como la de Ulises de Troya a Ítaca (y acaso más humana). Y, también, que lo que dio fuerzas a la mujer encaramada sobre esos peripatéticos pies mientras cruzaba selvas, ríos, montañas, se apretujaba en canoas, sentinas de barcos, en calabozos y pestilentes albergues infestados de ratas, era su voluntad de escapar, no de las flechas, las balas o las enfermedades, sino del hambre. Del hambre vienen huyendo esos pies llagados desde que Fataumata vio la luz (en una hamaca, en un claro del bosque o a orillas de un arroyo), del estómago vacío y los vértigos y calambres que da, de la angustia y la rabia que produce no comer y no poder dar de comer a esos esqueletitos con ojos que en maldita hora parió.

El hambre hace milagros, estimula la imaginación y la inventiva, dispara al ser humano hacia las empresas más audaces. Miles de españoles, que hace cinco siglos pasaban tanta hambre como Fataumata, escaparon de Extremadura, Andalucía, Galicia, Castilla, y realizaron esa violenta epopeya: la conquista y colonización de América. Fantástica hazaña, sin duda, de la que fueron copartícipes, entre muchísimos otros, mis antecesores paternos, los hambrientos Vargas, de la noble y hambrienta tierra de Trujillo. Si hubieran comido y bebido bien, vivido sin incertidumbres sobre el alimento de mañana, no hubieran cruzado el Atlántico en barquitos de juguete, invadido imperios multitudinarios, cruzado los Andes, saqueado mil templos y surcado los ríos de la Amazonía; se hubieran quedado en casita, digiriendo y engordando, adormecidos por la molicie. Quiero decir con esto que la señora Fataumata Touray, a la que quisieron quemar viva en Banyoles por invadir tierras ajenas y tener una piel, una lengua y una religión distintas de las de los nativos, es, aunque a simple vista no lo parezca, una hembra de la raza de los conquistadores.

Hace apenas cuarenta años otra oleada de miles de miles de españoles —no es excesivo suponer que entre ellos figuraban algunos tíos, abuelos y hasta padres de los incendiarios de Banyoles— se esparció por media Europa, ilusionada con la idea de encontrar un trabajo, unos niveles de vida, unos ingresos, que la España pobretona de entonces era (como la Gambia de hoy a Fataumata) incapaz de ofrecerles. En Alemania, en Suiza, en Francia, en Inglaterra, trabajaron duro, sudando la gota gorda y aguantando humillaciones, discriminaciones y desprecios sin cuento, porque eran distintos, los negros de la Europa blanca. Esa es vieja historia ya. Los españoles ahora no necesitan ir a romperse los lomos en las fábricas de la Europa próspera, para que las familias murcianas o andaluzas puedan parar la olla. Ahora cruzan los Pirineos para hacer turismo, negocios, aprender idiomas, seguir cursos y sentirse europeos y modernos. No hay duda que lo son. España ha prosperado muchísimo desde aquellos años en que exportaba seres humanos, como hace Gambia. Y la memoria es tan corta, o tan vil, que un buen número de españoles ya han olvidado lo atroz que es tener hambre, y lo respetable y admirable que es querer escapar de él, cruzando las fronteras, inmigrando a otras tierras, donde sea posible trabajar y comer. Y se dan el lujo de despreciar, discriminar (y hasta querer carbonizar) a esos negros inmigrantes que afean el paisaje urbano.

Lo que Fataumata Touray hacía en Banyoles lo sé perfectamente, sin el más mínimo esfuerzo de imaginación. No estaba allí veraneando, disfrutando de las suaves brisas mediterráneas, saboreando los recios manjares de la cocina catalana, ni practicando deportes estivales. Estaba —repito que es la más digna y justa aspiración humana— tratando de llenarse el estómago con el sudor de su frente. Es decir: fregando pisos, recogiendo basuras, cuidando perros, lavando pañales, o vendiendo horquillas, alfileres y colguijos multicolores en las esquinas, ofreciéndose de casa en casa para lo que hubiera menester, a veces ni siquiera por un salario sino por la simple comida. Eso es lo que hacen los inmigrantes cuando carecen de educación e ignoran la lengua: los trabajos embrutecedores y malpagados que los nativos se niegan a hacer. No debía de irle tan mal a Fataumata en Banyoles, cuando, al igual que un buen número de gambios, se quedó en esa bonita localidad, y puso a sus grandes pies a descansar. ¿Pensaba que había llegado por fin la hora de la tranquilidad, de estarse quieta?

Vaya ilusión. Fataumata lo supo en la madrugada del 19 de julio, cuando, en la vivienda de inmigrantes de la calle de Pere Alsis donde vive, la despertaron las llamas y la sofocación, y sus rápidos pies la hicieron saltar de la tarima y, luego de descubrir que las lenguas de fuego ya se habían comido la escalera —los incendiarios sabían lo que hacían—, la lanzaron por una ventana hacia el vacío. Esos pies le evitaron una muerte atroz. ¿Qué importan esos estropicios que acaso le inutilicen las manos, las piernas e impidan a su boca masticar, si la alternativa era la pira? En cierto sentido, hasta cabría decir que Fataumata es una mujer con suerte.

Esta es una historia banal, en la Europa de finales del segundo milenio, donde intentar quemar vivos a los inmigrantes de pieles o culturas o religiones exóticas —turcos, negros, gitanos, árabes— se va volviendo un deporte de riesgo cada vez más extendido. Se ha practicado en Alemania, en Francia, en Inglaterra, en Italia, en los países nórdicos, y ahora también en España. Alarmarse por ello parece que es de pésimo gusto, una manifestación de paranoia o de siniestras intenciones políticas.

Hay que guardar la serenidad e imitar el ejemplo del alcalde de Banyoles, señor Pere Bosch, y del consejero de Gobernación de la Generalitat, señor Xavier Pomés. Ambos, con una envidiable calma, han negado enfáticamente que lo ocurrido fuera un atentado racista. El señor Pomés ha añadido, con énfasis y poco menos que ofendido: "No se puede hablar de xenofobia en la capital del Pla de l'Estany". Bien, el prestigio de esa civilizada localidad queda inmaculado. Pero ¿cómo explicamos entonces que, con toda premeditación y alevosía, unas manos prendieran fuego a la vivienda donde dormían Fataumata y sus compatriotas? "A una gamberrada" (en otras palabras: una travesura, una mataperrada).

Ah, menos mal. Los jóvenes que quisieron convertir en brasas a Fataumata Touray, no son racistas ni xenófobos. Son gamberros. Es decir, muchachos díscolos, traviesos, malcriados. Se aburrían en las noches apacibles de la capital del Pla de l'Estany y quisieron divertirse un poco, intentar algo novedoso y excitante. ¿No es típico de la juventud transgredir la regla, insubordinarse contra las prohibiciones? Se excedieron, desde luego, nadie va a justificar lo que hicieron. Pero tampoco hay que magnificar un episodio en el que ni siquiera hubo muertos. Esta explicación —inspirada en el noble patriotismo, sin duda— tiene un talón de Aquiles. ¿Por qué estos jóvenes enfermos de tedio, nada racistas, no quemaron la casa del alcalde, el señor Pere Bosch? ¿Por qué esos muchachos nada xenófobos no hicieron un *raid* con sus galones de gasolina hacia la vivienda del consejero señor Pomés? ¿Por qué eligieron el cuchitril de Fataumata? Sé muy bien la respuesta: por pura casualidad. O, tal vez: porque las casas de los inmigrantes no son de piedra sino de materiales innobles y arden y chisporrotean muchísimo mejor.

¿Se sentirá aliviada la señora Fataumata Touray con estas explicaciones? ¿Sobrellevará con más ánimo su probable cojera y cicatrices ahora que sabe que sus quemadores no son racistas ni xenófobos, sino unos chiquilines majaderos?

Todo es posible en este mundo, hasta eso. Pero, de lo que estoy totalmente seguro es que ella no se quedará a convivir con sus desconocidos incendiarios en la capital del Pla de l'Estany. Que, apenas salga del hospital, sus sabios pies se echarán una vez más a andar, a correr a toda prisa, sin rumbo conocido, por los peligrosos caminos llenos de fogatas de Europa, cuna y modelo de la civilización occidental.

Marbella, julio de 1999

El suicidio de una nación

Lo que ocurre en Venezuela es triste, pero no sorprendente. Ha ocurrido muchas veces en la historia de América Latina, y, al paso que van algunos países del nuevo continente, volverá a ocurrir: decepcionados con una democracia incapaz de satisfacer sus expectativas y que a veces empeora sus niveles de vida, amplios sectores de la sociedad vuelven los ojos hacia un demagógico "hombre fuerte", que aprovecha esta popularidad para hacerse con todo el poder e instalar un régimen autoritario. Así pereció la democracia peruana en abril de 1992 con el golpe de Estado fraguado por el presidente Fujimori y las Fuerzas Armadas enfeudadas al general Bari Hermosa y el capitán Montesinos, y así ha comenzado a desaparecer la venezolana bajo la autocracia populista del teniente coronel Hugo Chávez.

Que la democracia en Venezuela funcionaba mal nadie se atrevería a negarlo. La mejor prueba de ello es que un comandante felón, traidor a su Constitución y a su uniforme, esté en la presidencia del país, ungido por la votación mayoritaria de sus compatriotas, en lugar de seguir en la cárcel cumpliendo la condena que le impuso la justicia por amotinarse contra el Gobierno legítimo que había jurado defender, como hizo el teniente coronel Chávez en 1992. Fue el presidente Rafael Caldera quien lo puso en libertad, apenas a los dos años de prisión, en un gesto que quería ser magnánimo y era, en verdad, irresponsable y suicida. El paracaidista salió del calabozo a acabar por la vía pacífica y electoral la tarea de demolición del Estado de Derecho, de la sociedad civil y de la libertad que el pueblo venezolano había reconquistado en gesta heroica hace cuarenta y un años derrocando a la dictadura de Pérez Jiménez.

La acción de Caldera no sólo fue desleal con los electores que, todavía en aquella época, apoyaban mayoritariamente el sistema democrático y habían repudiado el intento golpista que pretendía imitar el ejemplo peruano. Lo fue también con los oficiales y soldados de las Fuerzas Armadas de Venezuela que, fieles a sus deberes, se negaron a apoyar el *putsch* del año 92 y —perdiendo algunos sus vidas en ello— derrotaron a los facciosos, dando así un ejemplo de conducta cívica a las instituciones castrenses de América Latina. ¿Qué pensarán hoy día de lo que ocurre a su alrededor esos militares constitucionalistas viendo cómo el ex *putchista* asciende y coloca en altos cargos de la Administración y del Ejército a sus cómplices de la conjura golpista? Pensarán, claro está, que, con dirigentes de esa estofa, aquella democracia no merecía ser defendida.

Como el comandante Hugo Chávez ganó las elecciones presidenciales, y acaba de ganar de manera abrumadora las convocadas para la Asamblea Constituyente —en la que su variopinta coalición, el Polo Patriótico, obtuvo 120 de los 131 escaños— se argumenta que, aunque sea a regañadientes, hay que reconocerle legitimidad democrática. Lo cierto es que la historia de América Latina está llena de dictadores, déspotas y tiranuelos que fueron populares, y que ganaron (o hubieran podido ganarlas si las convocaban) las elecciones con que, de tanto en tanto, se gratificaban a sí mismos, para aplacar a la comunidad internacional o para alimentar su propia megalomanía. ¿No es ese el caso de Fidel Castro, decano de caudillos con sus cuarenta años en el poder? ¿No lo fue el del general Perón? ¿No lo ha sido, hasta hace poco, el de Fujimori en el Perú, a quien el pueblo premió, según las encuestas, con una violenta subida de la popularidad cuando hizo cerrar el Congreso por los tanques? El dictador emblemático, el generalísimo Rafael Leonidas Trujillo gozó de aura popular y es probable que el pueblo dominicano hubiera despedazado a sus ajusticiadores si les echaba la mano encima la noche del 30 de mayo de 1961. Que un número tan elevado de venezolanos apoye los delirios populistas y autocráticos de ese risible personaje que es el teniente coronel Hugo Chávez no hace de este un demócrata; sólo revela los extremos de desesperación, de frustración y de incultura cívica de la sociedad venezolana.

Que en esta situación tienen buena parte de culpa los dirigentes políticos de la democracia es una evidencia. Uno de los países más ricos del mundo gracias al petróleo, es hoy día uno de los más pobres, debido al despilfarro frenético de los cuantiosos ingresos que producía el oro negro, deporte en el que rivalizaron todos los gobiernos, sin excepción. Pero, más que todos, el de Carlos Andrés Pérez, quien se las arregló, en su primer mandato, para volatilizar los vertiginosos 85.000 millones de dólares que el petróleo ingresó en las arcas fiscales. ¿En qué se iban esas sumas de ciencia ficción? Una parte considerable en los robos, desde luego, inevitables en un Estado intervencionista y gigantesco gracias a las nacionalizaciones, donde el camino hacia el éxito económico no pasaba por el mercado —los consumidores— sino por las prebendas, privilegios y monopolios que concedía el principal protagonista de la vida económica: el político en el poder. Y, el resto, en subsidiarlo todo, hasta el agua y el aire, de manera que Venezuela no sólo tenía la gasolina más barata del mundo —valía menos que lo que costaba trasladarla a los puestos de venta—; también se daba el lujo de importar del extranjero el 80 por ciento de los alimentos que consumía y de convertirse, un año, en el primer país importador de whisky escocés.

Ese sueño de opio en que vivía la Venezuela adormecida por el sistema de subsidios cesó cuando los precios del petróleo cayeron en picada. El despertar fue brutal. El Gobierno —el segundo de Carlos Andrés Pérez, para mayor paradoja— se vio forzado a desembalsar los precios, que subieron hasta las nubes. El pueblo, desconcertado, sin entender lo que ocurría, se lanzó a las calles a saquear supermercados. Desde el "caracazo" todo ha ido empeorando, hasta llegar al teniente coronel paracaidista, quien asegura a los venezolanos que la lastimosa situación del país —el Producto Interior Bruto (PIB) cayó en 9,9 por ciento en los últimos tres meses, y en ese mismo período la recesión pulverizó medio millón de puestos de trabajo— se acabará cuando desaparezcan los corruptos partidos políticos y los ladronzuelos parlamentarios se vayan a sus casas, y una nueva Constitución le garantice a él la fuerza para gobernar sin estorbos (y para hacerse reelegir). Para facilitarles el trabajo, el comandante Chávez ha entregado a los flamantes miembros de la Asamblea Constituyente un proyecto de la nueva Carta fundamental, y la orden perentoria de que lo aprueben en tres meses. Uno se pregunta para qué semejante pérdida de tiempo, por qué el comandante no la promulgó *ipso facto*, sin el trámite de los robots.

Lo que ha trascendido de esta nueva Constitución es un menjunje que refleja la confusión ideológica de que el comandante Chávez hace gala en sus aplaudidas peroratas:

la economía será "planificada" y "de mercado", y considerados traidores los empresarios que no reinviertan sus ganancias en el suelo patrio. Queda "prohibida la usura, la indebida elevación de los precios" y "¡todo tipo de maniobras que atenten contra la pulcritud de la libre competencia!". ¿Por qué razón esta puntillosa Constitución no prohíbe también la pobreza, la enfermedad, la masturbación y la melancolía?

El comandante Chávez, como muchos personajes de la especie que representa —el caudillo militar—, tiene la peregrina idea de que la sociedad venezolana anda mal porque no funciona como un cuartel. Este parece ser el único modelo claro de organización social que se delinea en los deletéreos discursos con que anuncia la futura República Bolivariana de Venezuela. Por eso ha trufado los entes públicos de militares, militarizado la educación pública y decidido que las Fuerzas Armadas participen desde ahora, de manera orgánica, en la vida social y económica del país. Está convencido de que la energía y disciplina de los oficiales pondrán orden donde hay desorden y honradez donde impera la inmoralidad. Su optimismo hubiera sufrido un rudo traspiés si hubiera estudiado los ejemplos latinoamericanos de regímenes militares y advertido las consecuencias que trajeron a los países-víctimas semejantes convicciones. Sin ir muy lejos, al Perú, donde la dictadura militar y socializante del general Juan Velasco Alvarado (1968-1980), que hizo más o menos lo que él se propone hacer en Venezuela, dejó un país en la ruina, sin instituciones, empobrecido hasta la médula, y con un Ejército que, en vez de haber regenerado a la sociedad civil, se había corrompido visceralmente a su paso por el poder (los casos repulsivos de Bari Hermosa y Montesinos no serían concebibles sin aquella nefasta experiencia).

303

A diferencia del Perú, cuya suerte no le importa mucho a la comunidad internacional, que ha visto con una curiosidad irónica —y a veces cierta complacencia— la implantación del pintoresco régimen autoritario y corrupto que allí impera, Venezuela es, gracias a su mar de petróleo, demasiado importante como para que aquella se cruce de brazos mientras este país se va al abismo al que la demagogia y la ignorancia del comandante Hugo Chávez lo conducirá, si pone en práctica las cosas que pretende. Es probable, pues, que, en este caso, los organismos financieros internacionales, y los países occidentales, empezando por Estados Unidos —que importa buena parte del petróleo venezolano y es consciente de la desestabilización que a toda la región traería una dictadura sumida en el caos económico en Venezuela—, multipliquen esfuerzos para moderar los excesos voluntaristas, verticalistas y planificadores del estentóreo caudillo, y exijan de él, en política económica, un mínimo de sensatez. De manera que en este dominio acaso no todo esté perdido para el sufrido pueblo venezolano.

Pero que haya o no democracia en Venezuela le importa una higa a la comunidad internacional, de manera que esta no moverá un dedo para frenar esa sistemática disolución de la sociedad civil y los usos elementales de la vida democrática que lleva a cabo el ex golpista, con la entusiasta y ciega colaboración de tantos incautos venezolanos. Una siniestra noche ha caído sobre la tierra de donde salieron los ejércitos bolivarianos a luchar por la libertad de América, y mucho me temo que tarde en disiparse.

Marbella, agosto de 1999

El alejandrino

El departamento donde el poeta Constantino Cavafis (1863-1933) vivió en Alejandría sus últimos 27 años está en un edificio venido a menos, en el centro de la ciudad, en una calle que se llamó Lepsius cuando habitaban el barrio los griegos y los italianos y que se llama ahora Charm-el-Sheik. Todavía quedan algunos griegos por el contorno, a juzgar por unos cuantos letreros en lengua helénica, pero lo que domina por doquier es el árabe. El barrio se ha empobrecido y está lleno de callejones hacinados, casas en ruinas, veredas agujereadas y —signo típico de los distritos miserables en Egipto— las azoteas han sido convertidas por los vecinos en pestilentes basurales. Pero la bella iglesita ortodoxa a la que acudían los creyentes en su tiempo está todavía allí, y también la airosa mezquita, y el hospital. En cambio, ha desaparecido el burdel que funcionaba en la planta baja de su piso.

El departamento es un pequeño museo a cargo del consulado griego y no debe recibir muchas visitas, a juzgar por el soñoliento muchacho que nos abre la puerta y nos mira como si fuésemos marcianos. Cavafis es poco menos que un desconocido en esta ciudad que sus poemas han inmortalizado —ellos son, con la famosísima Biblioteca quemada de la antigüedad y los amores de Cleopatra, lo mejor que le ha pasado desde que la fundó Alejandro el Grande en el 331 a.C.— donde no hay una calle que lleve su nombre ni una estatua que lo recuerde, o, si las hay, no figuran en las guías y nadie sabe dónde encontrarlas. La vivienda es oscura, de techos altos, lúgubres pasillos y amoblada con la circunspección con que debió estarlo cuando se instaló aquí Cavafis, con su hermano Pablo, en 1907. Este último convivió con él apenas un año y luego se marchó a París. Desde entonces, Constantino vivió aquí solo, y, al parecer, mientras permanecía dentro de estos espesos muros, con irrenunciable sobriedad.

Este es uno de los escenarios de la menos interesante de las vidas de Cavafis, la que no dejó huella en su poesía y que nos cuesta imaginar cuando lo leemos: la del atildado y modesto burgués que fue agente en la Bolsa del algodón y que, durante treinta años, como un burócrata modelo, trabajó en el Departamento de Irrigación del Ministerio de Obras Públicas, en el que, por su puntualidad y eficiencia fue ascendiendo, hasta llegar a la Subdirección. Las fotos de las paredes dan testimonio de ese prototipo cívico: los gruesos anteojos de montura de carey, los cuellos duros, la ceñida corbata, el pañuelito en el bolsillo superior de la chaqueta, el chaleco con leontina y los gemelos en los puños blancos de la camisa. Bien rasurado y bien peinado, mira a la cámara muy serio, como la encarnación misma del hombre sin cualidades. Ese es el mismo Cavafis al que mató un cáncer en la laringe y que está enterrado en el cementerio greco-ortodoxo de Alejandría, entre ostentosos mausoleos, en un pequeño rectángulo de lápidas de mármoles, que comparte con los huesos de dos o tres parientes.

En el pequeño museo no hay una sola de las famosas hojas volanderas donde publicó sus primeros poemas y que, en tiradas insignificantes —treinta o cuarenta copias— repartía avaramente a unos pocos elegidos. Tampoco, alguno de los opúsculos —cincuenta ejemplares el primero, setenta el segundo— en los que reunió en dos ocasiones un puñadito de poemas, los únicos que, durante su vida, alcanzaron una forma incipiente de libro. El secretismo que rodeó el ejercicio de la poesía en este altísimo poeta no sólo tenía que ver con su homosexualidad, bochornosa tara en un funcionario público y un pequeño burgués de la época y del lugar, que en sus poemas se explayaba con tan sorprendente libertad sobre sus aficiones sexuales; también, y acaso sobre todo, con la fascinación que ejercieron sobre él la clandestinidad, la catacumba, la vida maldita y marginal, que practicó a ratos y a la que cantó con inigualable elegancia. La poesía, para Cavafis, como el placer y la belleza, no se daban a la luz pública ni estaban al alcance de todos: sólo de aquellos temerarios estetas hedonistas que iban a buscarlos y cultivarlos, como frutos prohibidos, en peligrosos territorios.

De ese Cavafis, en el museo hay solamente una rápida huella, en unos dibujitos sin fecha esbozados por él en un cuaderno escolar cuyas páginas han sido arrancadas y pegadas en las paredes, sin protección alguna: muchachos, o acaso un mismo muchacho en diferentes posturas, mostrando sus apolíneas siluetas y sus vergas enhiestas. A este Cavafis me lo imagino muy bien, desde que lo leí por primera vez, en la versión en prosa de sus poemas hecha por Marguerite Yourcenar, aquel Cavafis sensual y decadente que discretamente sugirió E. M. Foster en su ensayo de 1926 y el que volvió figura mítica el *Cuarteto de Alejandría* de Lawrence Durrell. Aquí, en su ciudad, pululan todavía los cafetines y las tabernas de sus poemas y que, como estos, carecen casi totalmente de mujeres y de parejas heterosexuales. No me consta, pero estoy seguro de que, en ellos, todavía, entre el aroma del café turco y las nubes de humo que despiden los aparatosos fumadores de *shiska*, en esas muchedumbres masculinas que los atestan se fraguan los ardientes encuentros, los primeros escarceos, los tráficos mercantiles que preceden los acoplamientos afiebrados de los amantes de ocasión, en casas de cita cuya sordidez y mugre aderezan el rijo de los exquisitos. Hasta diría que lo he visto, en las terrazas de La Corniche, o en los cuchitriles humosos que rodean el mercado de las telas, caballero de naricilla fruncida, labios ávidos y ojitos lujuriosos, a la caída de la noche, bajo la calidez de las primeras estrellas y la brisa del mar, espiando a los jóvenes de aire forajido que se pasean sacando mucho el culo, en busca de clientes.

A diferencia de la serenidad y la naturalidad con que los hombres —mejor sería decir los adolescentes— se aman entre ellos en los poemas de Cavafis, y disfrutan del goce sexual con la buena conciencia de dioses paganos, para él esos amores debieron ser extremadamente difíciles y sobresaltados, impregnados a veces de temor y siempre de ilusiones que se frustraban. Lo genial de su poesía erótica es que aquellas experiencias, que debieron ser limitadas y vividas en la terrible tensión de quien en su vida pública guardaba siempre la apariencia de la respetabilidad y rehuía por todos los medios el escándalo, se transforman en una utopía: una manera suprema de vivir y de gozar, de romper los límites de la condición humana y acceder a una forma superior de existencia, de alcanzar una suerte de espiritualidad laica, en la que, a través del placer de los sentidos y de la percepción y disfrute de la belleza física, un ser humano llega, como los místicos en sus trances divinos, a la altura de los dioses, a ser también un dios. Los poemas eróticos de Cavafis arden de una sensualidad desbocada y, pese a ello, y a su utilería romántica de decadencia y malditismo, son sin embargo curiosamente fríos, con cierta distancia racional, la de una inteligencia que gobierna la efusión de las pasiones y la fiesta de los instintos, y, a la vez que la representa en el verso, la observa, la estudia y, valiéndose de la forma, la perfecciona y eterniza.

Sus temas y su vocación sexual estaban infiltrados de romanticismo decimonónico —de exceso y transgresión, de individualismo aristocrático—, pero, a la hora de coger la pluma y sentarse a escribir, surgía del fondo de su ser y tomaba las riendas de su espíritu, un clásico, obsesionado con la armonía de las formas y la claridad de la expresión, un convencido de que la destreza artesanal, la lucidez, la disciplina y el buen uso de la memoria eran preferibles a la improvisación y a la desordenada inspiración para alcanzar la absoluta perfección artística. Él la alcanzó, y de tal manera, que su poesía es capaz de resistir la prueba de la traducción —una prueba que casi siempre asesina a la de los demás poetas— y helarnos la sangre y maravillarnos en sus distintas versiones, a quienes no podemos leerla en el griego demótico y de la diáspora en que fue escrita. (A propósito, la más hermosa de las traducciones que he leído de los poemas de Cavafis es la de los veinticinco poemas que vertió al español Joan Ferraté. La publicó Lumen en 1970, en una bella edición ilustrada con fotografías, y, por desgracia, que yo sepa no ha sido reimpresa).

Ese es el tercer Cavafis de la indisoluble trinidad: el extemporáneo, el que en alas de la fantasía y la historia vivió, al mismo tiempo, bajo el yugo británico contemporáneo y veinte siglos atrás, en una provincia romana de griegos levantiscos, judíos industriosos y mercaderes procedentes de todos los rincones del mundo, o unas centenas de años después, cuando cristianos y paganos se cruzaban y descruzaban en una confusa sociedad donde proliferaban las virtudes y los vicios, los seres divinos y los humanos y era casi imposible diferenciar a los unos de los otros. El Cavafis heleno, el romano, el bizantino, el judío, salta fácilmente de un siglo a otro, de una civilización a la siguiente o a la anterior, con la facilidad y la gracia con que un diestro danzarín realiza una acrobacia, conservando siempre la coherencia y la continuidad de sus movimientos. Su mundo no es nada erudito, aunque sus personajes, lugares, batallas, intrigas cortesanas, puedan ser rastreados en los libros de historia, porque la erudición antepone una barrera glacial de datos, precisiones y referencias entre la información y la realidad, y el mundo de Cavafis tiene la frescura y la intensidad de lo vivido, pero no es la vida al natural, sino la vida enriquecida y detenida —sin dejar de seguir viviendo— en la obra de arte.

Alejandría está siempre allí, en esos poemas deslumbrantes. Porque en ella ocurren los episodios que evoca, o porque es desde esa perspectiva que se vislumbran o recuerdan o añoran los sucesos griegos, romanos o cristianos, o porque quien inventa y canta es de allí y no quiere ser de ninguna otra parte. Era un alejandrino singular y un hombre de la periferia, un griego de la diáspora que hizo por su patria cultural —la de su lengua y la de su antiquísima mitología— más que ningún otro escritor desde los tiempos clásicos. Pero ¿cómo podría ser adscrito, sin más, a la historia de la literatura griega moderna europea, este medio oriental tan identificado con los olores, los sabores, los mitos y el pasado de su tierra de exilio, esa encrucijada cultural y geográfica donde el Asia y el África se tocan y confunden, así como se han confundido en ella todas las civilizaciones, razas y religiones mediterráneas?

Todas ellas han dejado un sedimento en el mundo que creó Cavafis, un poeta que con todo ese riquísimo material histórico y cultural fue capaz de crear otro, distinto, que se reaviva y actualiza cada vez que lo leemos. Los alejandrinos de hoy día no frecuentan su poesía y la gran mayoría de ellos ni siquiera conoce su nombre. Pero, para quienes lo hemos leído, la Alejandría más real y tangible, cuando llegamos aquí, no es la de su hermosa playa y su curvo malecón, la de sus nubes viajeras, sus tranvías amarillos y el anfiteatro erigido con piedras de granito traídas de Assuán, ni siquiera la de las maravillas arqueológicas de su museo. Sino la Alejandría de Cavafis, aquella en la que discuten e imparten sus doctrinas los sofistas, donde se filosofa sobre las enseñanzas de las Termópilas y el simbolismo del viaje de Ulises a Ítaca, donde los vecinos curiosos salen de sus casas a ver a los hijos de Cleopatra —Cesáreo, Alejandro y Tolomeo— asistir al Gimnasio, cuyas calles apestan a vino e incienso cuando pasa el cortejo de Baco, inmediatamente después de los dolidos funerales a un gramático, donde el amor es sólo cosa de hombres y donde, de pronto, sobreviene el pánico, porque ha corrido el rumor de que pronto llegarán los bárbaros.

Alejandría, febrero de 2000

Vida y miserias de Elián

En la tristísima aventura que lleva viviendo el niño cubano Elián González, desde que quedó abandonado en medio del Caribe a merced de los tiburones y fue salvado en extraordinarias circunstancias por un pescador que lo llevó a Miami, el gran triunfador ha sido Fidel Castro. Incluso quienes lo tenemos por uno de los más repugnantes dictadores que haya producido la fauna autoritaria latinoamericana, debemos quitarnos el sombrero: en su cuadragésimo segundo año de dominio absoluto sobre la desdichada isla de Cuba, el tirano más longevo del hemisferio occidental se las ha arreglado, manipulando con fría lucidez y escalofriante cinismo el caso de Elián, para que, por un buen número de meses, nadie hable de la satrapía en que ha convertido a su país, ni de la catastrófica situación económica que padece el pueblo cubano, sino del niño mártir y de la controversia jurídica y política en torno a su destino; para desprestigiar al exilio cubano, presentándolo ante la opinión pública internacional como intolerante, extremista e insubordinado contra la legalidad; y para acorralar a la justicia y al Gobierno de Estados Unidos de tal modo que parezcan dándole la razón y actuando según sus designios. A esos extremos hemos llegado: Fidel Castro, defensor de la patria potestad y valedor de un pobre padre al que los bandidos nazi-fascistas de Miami querían robarle su hijo, y el gobierno y la justicia estadounidenses dándole la razón.

313

Sin embargo, en vez de indignarse, conviene tratar de examinar lo ocurrido con serenidad. Parece inútil, a estas alturas, recordar que quien está en el corazón de esta historia es un niño de pocos años, de padres divorciados, que ha vivido una de las más terribles experiencias que cabe imaginar —la fuga de Cuba en condiciones más que precarias, el naufragio y la muerte de su madre y casi todos los otros fugitivos, y las largas horas a la deriva en alta mar encaramado en una llanta—, lo que debería haberle ganado un mínimo de consideración, pues es obvio que quien ha pasado por semejante trance, es un ser desgarrado, con un profundo trauma como secuela por delante. Pero no ha sido así, y desde un primer momento, Fidel Castro primero, y, luego, el exilio de Miami, vieron en el niño un instrumento que podía ser utilizado en la lucha política para ganar puntos contra el adversario. Error fatal del exilio, que cayó ingenuamente en la trampa tendida por el dictador, fue aceptar una puja política sobre un asunto que debió confinarse en el estricto plano jurídico. Como cabía suponer que el principio de la patria potestad, universalmente aceptado, prevalecería a los ojos de la justicia, era imprudente convertir a la tesis del arraigo de Elián en Estados Unidos en una bandera de la lucha contra la dictadura, porque esa batalla era difícil, para no decir imposible, de ganar. Eso es lo que ha ocurrido hasta ahora, y probablemente se confirme cuando el tribunal de Atlanta dé su veredicto definitivo: que Elián vuelva con quien ejerce sobre él ese derecho incuestionado de la paternidad.

Que esta solución fuera previsible, y según la ley, no quiere decir que sea justa. Yo creo que es injusta e inmoral, porque, dadas las particularísimas circunstancias del caso del niño cubano, a quien el tribunal de Estados Unidos va a entregar a Elián no es a su padre, sino a Fidel Castro, la única persona que ejerce de verdad la patria potestad sobre todos los cubanos de la isla de Cuba, como lo explicó, en un artículo admirable refutando el libelo propagandista que escribió García Márquez sobre este tema, el historiador Manuel Moreno Fraginals. Pero esta es una verdad ética y política, y los tribunales de los países democráticos no juzgan en función de realidades políticas y morales, sino de leyes, aunque estas contradigan y hagan escarnio de aquellas, como ha sucedido en este caso. Con su buen olfato de animal político que nunca se ha apartado del designio central de su existencia —permanecer aferrado con uñas y dientes al poder absoluto del que disfruta hace más de cuatro décadas— Fidel Castro advirtió el provecho que podía sacar de Elián y se puso en acción.

Para saber que su designio no era la defensa de la niñez desvalida, basta echar un vistazo a su prontuario. Hace apenas siete años, en 1993, el dictador cubano, sin que lo turbara el menor escrúpulo moral, mandó hundir el remolcador *Trece de marzo* en el que trataba de huir de la isla un buen número de cubanos indefensos, y entre las víctimas perecieron cerca de una docena de niños, algunos de ellos de pocos meses. Y el escritor cubano César Leante acaba de dar testimonio, citando el ejemplo de sus propios hijos, sobre la suerte de niñez y adolescencia que depara el régimen castrista, con sus escuelas regimentadas, campos de trabajo obligatorio, servicio militar de tres años y aventuras militares internacionales para satisfacer la megalomanía del líder. Así que cabe poner en duda que la formidable movilización desatada por Fidel Castro hace meses en "defensa" de Elián González obedezca a sentimientos altruistas suyos en favor de la paternidad. En verdad, era una maniobra psicológica de distracción en el frente interno, y una astuta provocación al exilio de Miami para inducirlo a adoptar unas posturas que dañaran su imagen y parecieran confirmar los rasgos de extremismo y cerrazón con que lo describe la propaganda castrista. En ambos objetivos, el dictador ha triunfado en toda la línea.

Desde el exterior, los mítines multitudinarios que se llevaban a cabo a diario, por toda la isla, reclamando el regreso de Elián, daban la misma lastimosa impresión que esas grandiosas manifestaciones populares estalinistas, hitlerianas, maoístas, o de Kim Il Sung, que pretendían mostrar la compacta unidad política de un pueblo uniformado detrás del líder máximo, y en verdad mostraban la servidumbre y regimentación de una sociedad, despojada de la más insignificante cuota de libertad, iniciativa y espontaneidad, convertida en un ejército de autómatas, actuando ciegamente en función del miedo, la propaganda, el servilismo y las consignas del poder. Pero es probable que, desde adentro, el espectáculo adoptara otro cariz y que, machacados por la información unilateral incesante y demagógica de todo un sistema mediático orientado a la manipulación psicológica del pueblo, muchos cubanos se tragaran los embustes oficiales y salieran a manifestarse de buena gana, en contra de los "secuestradores" de Elián y a favor del pobre padre despojado de su hijo. Si hasta destacados poetas, y un Premio Nobel, pusieron su pluma al servicio de semejante farsa ¿qué cabe esperar del desorientado cubano del común, sin otras fuentes de información que las que destila sobre él la propaganda del régimen? Durante varios meses, el hambre, las miserables condiciones de vida, la indigna condición de cautivos políticos, y la falta total de libertades y garantías ciudadanas, pasaron a segundo plano, para ese pueblo movilizado en zafarrancho de combate "por la liberación de Elián".

¿Por qué respondió el exilio a esta maquiavélica provocación pretendiendo retener al niño en Miami a como diera lugar, aun en contra de los tribunales y la Administración de

Estados Unidos? En muchos casos, sin duda, por un genuino sentimiento de solidaridad con la madre de Elián, que perdió la vida tratando de que su hijo viviera como un ser libre, y por cariño hacia el desventurado niño. Pero, en muchísimos otros, por desesperación y frustración, ante un régimen que, pese a haber arruinado el país y haberlo convertido en un campo de concentración, parece más inconmovible que nunca, con una comunidad internacional cada vez más indiferente a la suerte de los cubanos, y que, resignada a Fidel Castro como a una alimaña ya inofensiva para todos los demás (salvo el pueblo cubano), lo ayuda a sobrevivir, enviándole masas de turistas y dólares, o montando allí industrias que aprovechan el trabajo esclavo que el régimen les ofrece, y reclamando el fin del embargo estadounidense porque ¿por qué negarle a la dictadura cubana lo que se concede a la dictadura china o vietnamita? Yo entiendo muy bien la sensación de impotencia y de rabia que debe a veces abatirse sobre esos cubanos que, en el exilio, sienten que se pasan los años y que sus esfuerzos para acabar con la tiranía que azota a su país son inútiles, que el tiranuelo sigue allí, indemne e insolente, sin ceder un milímetro en lo que concierne a la represión y a las libertades públicas, o a los derechos humanos, y que son ellos quienes, más bien, envejecen, o mueren, con la horrible sensación de la derrota.

Pero la lucha política no debe ceder jamás a la irracionalidad y a la mera pasión, sin que se desnaturalicen los ideales y los principios. La superioridad del exilio sobre la dictadura es que esta está erigida sobre la arbitrariedad y la fuerza y que aquel defiende un sistema de libertad y de legalidad, en el que los derechos humanos están protegidos y el interés general se define por un sistema jurídico que las autoridades libremente elegidas tienen la obligación de hacer respetar. Los exiliados de Miami que, en un insensato desplante, se negaron a acatar las decisiones judiciales y administrativas que ordenaban entregar a Elián a su padre, no sólo cometieron un error político; hicieron un daño a su causa, privándola de su mejor justificación, que es el respeto a la legalidad, base del sistema democrático. Este respeto no puede estar subordinado a la justicia de una causa, pues, si así fuera, lo que terminaría por imperar en la sociedad sería el caos, la anarquía y esa arbitrariedad que es el mejor caldo de cultivo para las dictaduras.

La conducta del Gobierno norteamericano en este asunto ha sido bastante penosa, sobre todo la noche del 22 de abril, cuando, con el agravante de la nocturnidad, mandó asaltar la casa de los parientes de Elián en Miami a un comando encasquetado y armado como si fuera a tomar a sangre y fuego un cubil de terroristas. Lo ha dicho de manera inmejorable un columnista de *The New York Times*, William Safire: lo ocurrido allí "ha desprestigiado a Clinton, indignado a los moderados y degradado a Estados Unidos". Por eso, las encuestas muestran que, aunque una mayoría de norteamericanos estaba a favor de que Elián fuera entregado a su padre, una mayoría aún mayor condena por excesivo el despliegue de fuerza bruta empleada para capturar al niño y llevarlo a Washington. La fotografía del soldado robotizado apuntando un enorme fusil ametralladora a un Elián aterrado, que se encoge en los brazos del pescador que le salvó la vida, perseguirá a Clinton tanto como su propensión a bajarse los pantalones delante de las secretarias de la gobernación de Arkansas y de la Casa Blanca, seguramente contribuirá a la derrota del Partido Demócrata frente a los republicanos en las próximas elecciones, y acaso impida a Hillary Clinton ganarle al alcalde Giuliani la senaduría por Nueva York que ambos disputan. No deja de ser paradójico que un presidente bajo cuya administración Estados Unidos ha alcanzado la mayor prosperidad económica en su historia, sea recordado, en el futuro, sobre todo, por propasarse con las oficinistas a su servicio, y por mandar un truculento comando militar a capturar como si se tratara de un asesino de alta peligrosidad a un niñito de pantalón corto, en una casa donde el FBI no encontró una sola arma, a la que no protegía un solo guardaespaldas y donde nadie opuso la menor resistencia física a la incursión militar. Cuando, loco de contento por lo sucedido, Fidel Castro proclamó que aquella noche había sido la primera, en cuarenta años, en que Estados Unidos y Cuba habían vivido una tregua y un acercamiento, dijo una inquietante verdad.

Toda esta penosa historia ilustra, de una manera muy vívida, una antigua realidad: las dictaduras tienen ventajas indiscutibles sobre las democracias cuando se trata de dirimir diferencias sobre el terreno de la legalidad, una legalidad que impone unas reglas de juego que estas se hallan obligadas a respetar y que limitan su acción, pero que aquellas no respetan en absoluto salvo en los casos concretos en que favorecen sus tesis. En el caso de Elián se ha visto con meridiana claridad cómo la ley, dentro de una sociedad democrática, podía servir los intereses de un sátrapa, que se ha valido de ella para infligir un revés a sus adversarios y darse, por un momento, un baño de legitimidad. La patria potestad es respetable, aun cuando en este caso sólo sirva para darle un poco de oxígeno al totalitarismo cubano y para debilitar la imagen política del exilio de Miami.

¿Cuál será el destino de Elián, si regresa a Cuba? No es difícil imaginarlo. Por un tiempo, mientras Fidel Castro pueda sacarle todavía algún provecho político, la mojiganga continuará. El niño pródigo será objeto del embeleso popular, el pajecito del régimen, y su fotografía, sonriendo en brazos del

Comandante regalón —acaso mesándole cariñosamente las barbas con sus manitas— ante una multitud que brinca y aúlla de felicidad, dará la vuelta al mundo, y acaso un destacado escribidor con muchos laureles dedique un elaborado reportaje a mostrar el precioso trabajo de orfebrería psicológica que un puñado de maestros, analistas y doctores de la Revolución lleva a cabo para devolver al pionero Eliancito el equilibrio mental y emocional luego de las tormentosas pruebas a que lo sometió la gusanería instrumentada por el imperialismo. En su bellísima casa con piscina, Elián tendrá la impresión de que en Cuba se vive con más comodidades y opulencias que en Miami y disfrutará mucho cuando, en los desfiles, en la tribuna de honor, los manifestantes lo saluden y coreen su nombre. Hasta que, más tarde o más temprano, Elián, acaso niño todavía, acaso adolescente, dejará de servir al gran histrión y su vida experimentará otro de esos cambios radicales que la jalonan desde que nació: el regreso al anonimato, a la grisura y la escasez y la falta de horizontes que es el destino compartido de la inmensa mayoría de sus compatriotas, y a la abulia y la resignación que permiten sobrevivir dentro de las sociedades estupradas por un dictador. O, quién sabe, a la silenciosa y creciente rebeldía que lleva a muchos de sus compatriotas a actos tan temerarios como militar en un grupo de derechos humanos, o de información, lo que puede conducirlo a la cárcel, o, incluso, a treparse a una balsa de fortuna y lanzarse una vez más al mar, como hizo su madre con él en brazos años atrás, dispuesto a todo —a morir ahogado o devorado por los tiburones— con tal de escapar de esta patria avasallada a la que lo devolvieron, en estricta aplicación de la ley, jueces, gobernantes y soldados de la más poderosa democracia del mundo.

Madrid, 26 de abril de 2000

La inutilidad perniciosa

La última vez que la OEA (Organización de Estados Americanos) sirvió para algo fue hace casi medio siglo, a fines de los años cincuenta, cuando, luego del intento de asesinato por el generalísimo Trujillo del presidente venezolano Rómulo Betancourt, acordó que todos los países miembros rompieran relaciones diplomáticas y comerciales con la dictadura dominicana, medida que significó el principio del fin para la satrapía trujillista. Desde entonces, ha sido una organización perfectamente inútil, incapaz de contribuir en lo más mínimo a preservar o promover la democracia y los derechos humanos en el Continente, objetivos para los que fue creada. Todos los pasos importantes que se han dado en este sentido, como las negociaciones de paz que pusieron fin a las guerras civiles en América Central, o facilitaron procesos de transición de regímenes autoritarios a democráticos (en Chile, por ejemplo) fueron iniciativas de la ONU o de las grandes potencias occidentales, sin que la OEA desempeñara en estas operaciones otro papel que el de una comparsa. Por eso su nulo prestigio, su imagen de institución-carcamal atiborrada de diplomáticos enviados allí por los gobiernos como a una jubilación anticipada, para descansar, o cebarse discretamente la cirrosis a orillas del Potomak.

El problema es que, de un tiempo a esta parte, no contenta con ser inútil, la OEA se está volviendo francamente perniciosa. Es decir, una institución que actúa sólo para socavar las bases ya bastante endebles de la legalidad y la libertad en América Latina, y para proporcionar coartadas y justificaciones a sus verdugos. Así, por ejemplo, sin la OEA es probable que la dictadura peruana cuya cabeza visible es Fujimori (pero que dirige en la sombra el asesino, torturador, ladrón y cómplice de narcotraficantes Vladimiro Montesinos y una cúpula militar a sus órdenes) no hubiera llegado nunca a existir, y, en todo caso, hubiera desaparecido luego de la grotesca farsa electoral perpetrada el 28 de mayo pasado, que todas las organizaciones internacionales de observadores —empezando por la de la propia OEA, encabezada por el ex canciller guatemalteco Stein— se negaron a avalar por carecer de la más mínima limpieza y equidad.

Al severo informe de la OEA firmado por Eduardo Stein respecto a la nula posibilidad de que, en las condiciones fijadas por el régimen, la segunda vuelta electoral fuera legítima, se sumaron idénticas conclusiones de las misiones de la Fundación Carter, del Instituto Nacional Demócrata, de Transparencia, y de todas las otras delegaciones de observadores enviadas al Perú para vigilar las elecciones peruanas. Ni una sola de ellas la legitimó. Todas se retiraron del país para no justificar con su presencia el escandaloso montaje que pretende alargar por cinco años más la existencia del régimen autoritario peruano (el candidato de oposición, Alejandro Toledo, se había retirado también de la amañada contienda). En estas condiciones parecía obvio que la OEA, haciendo suyas las conclusiones de su propia misión, procediera a desconocer la burda farsa, a condenarla y a exigir nuevas elecciones bajo estricta vigilancia internacional, como lo pedían el pueblo peruano y numerosos gobiernos democráticos del mundo entero.

Sin embargo, nada de eso ocurrió en la reunión de ministros de Relaciones Exteriores de la OEA en Canadá, pese al empeño que pusieron en ello los cuatro gobiernos que actuaron con verdadera consecuencia democrática y que es preciso recordar (los de Costa Rica, Canadá, Estados Unidos y Argentina) porque ellos representaron un saludable contraste de decencia y responsabilidad, en el feo espectáculo de cobardía, duplicidad, o franca colusión con la dictadura andina que brindaron los demás. El acuerdo adoptado hubiera hecho las delicias de Poncio Pilatos: enviar al Perú una comisión, de la que formarán parte el ministro canadiense de Relaciones Exteriores Lloyd Axworthy y el Secretario General de la OEA César Gaviria, para verificar si el Gobierno de Fujimori está adoptando las medidas necesarias a fin de restablecer la legalidad democrática en el Perú. ¿Es esto serio o una burla de dimensiones planetarias?

El señor César Gaviria, además de ser la mediocridad encarnada —lo demostró con creces cuando fue presidente de Colombia y lo ha confirmado en exceso a la cabeza de la OEA—, luce un prontuario de iniciativas y gestos a favor de la dictadura peruana (intrigó eficazmente para que la OEA legitimara las dos previas mojigangas electorales celebradas por el tándem Fujimori-Montesinos), que lo descalifica moralmente para integrar esta misión. Su opinión podemos anticiparla sin dificultad: entre nubes de jerga jurisprudente, formulará la astuta impresión de que el régimen, sin haberlas eliminado del todo, va haciendo meritorios esfuerzos para "superar las ineficiencias habidas en los últimos comicios y orientar al país de una vez por todas por la verdadera senda de la...", etcétera.

El canciller canadiense Lloyd Axworthy es otra cosa. Representa a una de las democracias más genuinas y admirables en el mundo de hoy, y ha dado una principista y enérgica batalla para que, fieles a la Carta de la OEA que sus colegas latinoamericanos incumplen olímpicamente, los países miembros de la organización condenaran en términos severos el fraude electoral del 28 de mayo y exigieran nuevas elecciones, y esta vez limpias, en el Perú. Que, con las excepciones de Estados Unidos, Argentina y Costa Rica, nadie más lo secundara, debe haberlo dejado sorprendido. Sin embargo, si uno escarba, descubre que detrás del ponciopilatismo de los cancilleres de la OEA, hay en algunos casos razones muy sólidas y comprensibles (aunque no justificables, claro está). ¿Cómo podría apoyar una condena a un fraude electoral el gobierno mexicano del PRI, que, muy probablemente, se dispone a perpetrar también un fraude electoral el 2 de julio próximo para impedir el triunfo del candidato de oposición, Vicente Fox, e imponer al priísta Labastida? ¿No sería una insensatez que el gobierno venezolano condenara un fraude electoral cuando estuvo a punto de consumar uno, también el 28 de mayo, y fue impedido de hacerlo *in extremis* por los tribunales, que aplazaron la elección? Amparando a Fujimori, las seudodemocracias venezolana y mexicana, ecuatoriana y paraguaya, se curan en salud: quieren evitar que, mañana o pasado mañana, la comunidad internacional les tome cuentas a ellos también por las estafas cívicas o los crímenes que cometen sus gobiernos. Y para ello, cuándo no, se desgarran las vestiduras nacionalistas y agitan los espectros terroristas del "respeto a la soberanía" y "la obligación fraterna de defendernos, unidos, contra la intromisión extranjera". Uno oye hablar a estos bufones de la democracia y se pregunta en qué se diferencian de los que mandaban a representarlos en la OEA los Gobiernos de Somoza, de Pérez Jiménez, de Odría o de Trujillo.

Más difícil de entender, desde luego, es la actitud de otros gobiernos, que no son ni dictaduras ni aspirantes a serlo, como los de México y Venezuela, sino democracias bastante respetables. Uruguay, por ejemplo, o Chile, y hasta la desintegrada Colombia. He leído en alguna parte que su reticencia a condenar explícitamente a la dictadura peruana se debe a pudores "progresistas": no querrían aparecer apoyando demasiado a Estados Unidos, cuyo congreso y gobierno se han pronunciado en términos tajantes contra el fraude electoral fujimorista. Como la imbecilidad también es un factor que debe ser tomado en cuenta en la vida política, no se debe descartar esta interpretación de la penosa conducta de los cancilleres uruguayo, chileno, colombiano (y, el peor de todos) brasileño, en la reunión de Canadá. Pero sí vale la pena escudriñar lo que ella implica: comprarse la apariencia de independencia y progresismo, mediante el abyecto recurso de cohonestar un régimen nacido de un golpe militar que, desde 1992, ha ido destruyendo todos los espacios de legalidad y libertad en el Perú, sumiendo en la miseria a grandes sectores de la población, avasallando la información, destruyendo la justicia, cometiendo crímenes horrendos contra los derechos humanos, y estableciendo un nuevo modelo de dictadura para el siglo XXI que ya comienza a ser imitado en otros países de América Latina.

No es difícil imaginarse los diálogos que celebrarán los miembros de la Comisión de la OEA con las autoridades peruanas, a fin de verificar los "avances" de la democracia en el Perú. "¿No volverán ustedes a torturar a un periodista, como hicieron en vísperas de las elecciones con el reportero Fabián Salazar, a quienes un comando del SIN (Servicio de Inteligencia Nacional), la Gestapo peruana, serruchó un brazo para que entregara los vídeos donde se veía al presidente del Jurado Nacional de Elecciones y a la flor y nata de la institucionalidad recibiendo órdenes de Montesinos?". "Nunca más" "¿No volverán ustedes a falsificar un millón de firmas para inscribir la candidatura de Fujimori para los comicios del año 2005, como hicieron en esta elección?". "Semejante desperfecto involuntario, achacable al mero subdesarrollo, no se repetirá". "¿Devolverán ustedes los canales de televisión y las estaciones de radio que les robaron a los señores Baruch Ivcher y Delgado Parker porque criticaban al régimen?" "El asunto está en manos del Poder Judicial, cuya independencia es para el régimen principio sacrosanto". "¿Permitirán ustedes que los canales de señal abierta difundan, por lo menos de tiempo en tiempo, alguna información relativa a la oposición, y no exclusivamente las que convienen a la propaganda del régimen?". "Respetamos demasiado la libertad de prensa para inmiscuirnos en la política de los canales, cuyo amor al régimen es tan grande que les impide amparar los infundios de sus enemigos. Pero, en señal de buena voluntad, les rogaremos que tengan en cuenta su solicitud". "¿Se comprometen ustedes a no apoderarse también del diario *El Comercio*, al que vienen amenazando de distintas formas desde que dejó de apoyar al régimen y comenzó a dar espacio a la crítica?". "Respetamos la discrepancia alturada. Eso sí, nada podríamos hacer si el Poder Judicial acoge favorablemente las múltiples demandas entabladas contra él, o la SUNAT (oficina de impuestos) envía a la quiebra al Canal N, de cable (perteneciente a aquel diario), el único medio televisivo en el país que emite una información independiente, no dictada por Montesinos". "Que los comandos del SIN que asesinaron a los estudiantes y al profesor de La Cantuta, que masacraron a los vecinos de los Barrios Altos confundiéndolos con senderistas, que descuartizaron a Mariella Barreto, que torturaron y violaron a Leonor La Rosa hasta convertirla en el guiñapo humano que es ahora, anden sueltos por las calles de Lima, causa muy mala impresión en el extranjero. Y, más todavía, que, cuando la justicia internacional echa mano a uno de esos criminales, como ocurrió con el torturador y violador mayor Ricardo Anderson Kohatsu, el gobierno lo salve concediéndole estatuto diplomático. ¿No se podría hacer algo en esta materia?". "Es difícil, teniendo en cuenta que aquellas personas ya se han beneficiado de una ley de amnistía, dada en aras de la fraternidad que debería reinar siempre entre peruanos. Pero, están bajo observación, y, al próximo asesinato, tortura, secuestro o violación que cometan, la justicia fujimorista caerá sobre ellos y será implacable. ¡Palabra de honor!".

Madrid, junio de 2000

Índice bibliográfico

Las mil y una noches, 91

Baudrillard, Jean, *El sistema de los objetos*, 194
— *La Guerra del Golfo no ha tenido lugar*, 196
— *La sociedad de consumo*, 194

Borges, Jorge Luis, *Las ruinas circulares*, 91

Brecht, Bertolt, *Ascensión y caída de la ciudad de Mahagonny*, 242-245

Camus, Albert, *El mito de Sísifo*, 286

Cervantes, Miguel de, *El Quijote*, 69, 141

Drieu La Rochelle, Pierre, *Journal de la guerre (1939-1945)*, 129-131
— *Le feu follet*, 129

Durrell, Lawrence, *Cuarteto de Alejandría*, 307

Enzensberger, Hans Magnus, *La gran migración*, 79
— *Perspectivas sobre la guerra civil*, 79

Foucault, Michel, *Les mots et les choses*, 194

Gil de Biedma, Jaime, *Diario del artista seriamente enfermo*, 21

Herrera, Hayden, *Frida: A Biography of Frida Kahlo*, 227, 228, 230

Herzen, Alexandr, *Pasado y pensamiento*, 190

Himmelfarb, Gertrude, *Mirando al abismo*, 33

Hugo, Victor, *Los miserables*, 165

Joyce, James, *Finnegan's Wake*, 140
— *Ulises, 192*

Lawrence, David Herbert, *El amante de Lady Chatterley*, 192

Malraux, André, *La condición humana*, 69

Marlowe, Christopher, *El judío de Malta*, 40

Martínez, Tomás Eloy, *Santa Evita*, 120-124

Norris, Frank, *The Octopus*, 190

Paz, Octavio, *Blanco*, 235
— *El laberinto de la soledad*, 236

— *El ogro filantrópico*, 237

— *Los hijos del limo: del romanticismo a la vanguardia*, 235

— *Pequeña crónica de grandes días*, 236

— *Piedra de sol*, 235

— *Postdata*, 237

— *Renga*, 235

— *Topoemas*, 235

Queneau, Raymond, *Les enfants du limon*, 189

Raczymow, Henri, *La mort du gran écrivain*, 65

Rico, Maite y Grange, Bertrand de la, *Marcos, la genial impostura*, 220-224

Sartre, Jean-Paul, *El idiota de la familia*, 100

Shakespeare, William, *El mercader de Venecia*, 40, 42-43

Steiner, George, *Lenguaje y silencio*, 139

Theroux, Paul, *La costa de los mosquitos*, 265

— *Sir Vidia's Shadow: A Friendship Across Five Continents*, 265, 267

Tolstói, Liev Nikoláievich, *Guerra y Paz*, 69, 141

Trask, Margaret Elizabeth, *Confidencias*, 12

— *Hierba amarga*, 12

— *Irresistible*, 12

— *Susurros de primavera*, 12

— *Vierto mi corazón*, 12

Trilling, Lionel, *La imaginación liberal*, 33, 36

Vargas Llosa, Mario, *Desafíos a la libertad*, 7

— *La tía Julia y el escribidor*, 120

Verne, Jules, *Viaje al centro de la tierra*, 183

Wilson, Edmond, *Hacia la estación de Finlandia*, 37, 187

330

Índice onomástico

Aguirre, Jesús, 20
Agustín, san, 132
Ahmend, Luna, 259
Alejandro el Grande, 305
Angelou, Maya, 144
Apollinaire, Guillaume, 189
Aquino, santo Tomás de, 132
Arafat, Yaser, 170
Arciniegas, Germán, 159
Arguedas, José María, 176
Aron, Raymond, 101
Artaud, Antonin, 27
Axworthy, Lloyd, 323
Baktin, Mijail, 275
Balaguer, Joaquín, 116
Balzac, Honoré de, 66,
Banzer, Hugo, 62
Bari Hermosa, general, 178, 299,
    303
Barker, Eileen, 159, 160
Barral, Carlos, 20, 22-23, 266
Barreto, Mariella, 327
Barthes, Roland, 194, 195
Bartra, Roger, 222
Bataille, Georges, 231
Batista, Fulgencio, 58
Baudelaire, Charles, 66, 103,
    132
Baudrillard, Jean, 193-197

Beauvoir, Simone de, 189
Bedoya, Rosario de, 8
Beethoven, Ludwig van, 231, 245
Benjamin, Walter, 20
Berlin, Isahia, 169
Berlusconi, Silvio, 60
Besançon, Alain, 102
Betancourt, Rómulo, 321
Blair, Tony, 253
Bocángel, Gabriel, 22
Bocuse, Paul, 99
Bolnes, Catharina, 135
Bongiovanni, Gerardo, 119-120
Borges, Jorge Luis, 21, 79, 88
Bosch, Pere, 295-296
Botha, Pier Willem, 217
Brasillach, Robert, 102
Brecht, Bertolt, 241-245
Brel, Jacques, 182
Breton, André, 185, 227, 233
Caldera, Rafael, 299-300
Calvin, Maric, 169
Calvino, Italo, 194
Campbell, Naomí, 144
Camus, Albert, 245, 286
Cardoso, Fernando Henrique,
    274, 277
Casas, fray Bartolomé de las, 26,
    27

Castro, Fidel, 54, 58, 162, 244, 301, 313-315, 317, 319
Cavafis, Constantino, 305-311
Cavafis, Pablo, 306
Ceaucescu, Nicolae, 111, 113-117
Celine, Louis-Ferdinand, 99, 102
Cermat, Manuela, 112
Cernuda, Luis, 235
Cervantes, Miguel de, 39
Cézanne, Paul, 282
Claudel, Paul, 74, 99
Cleopatra, 305, 311
Clinton, Bill, 144, 207, 318
Clinton, Hillary, 318
Cocteau, Jean, 27
Collishaw, Matt, 200
Conrad, Joseph, 122
Constantinescu, Emil, 114
Copperfield, David, 79
Corea, Chick, 160
Craxi, Bettino, 63
Cromwell, Henry, 71
Cruise, Tom, 160, 161, 257
Cruz, sor Juana Inés de la, 234
Chapman, Dinos, 200
Chapman, Jack, 200
Chávez, Hugo, 299-304
Chávez, José Antonio, 208
Chirico, Giorgio de, 184
Churchill, sir Winston Leonard Spencer, 32
D'Annunzio, Gabriele, 124
Dalí, Salvador, 17, 27
Dante, Alighieri, 39, 141
Dario, Rubén, 275
Davies, Ann, 254
Davies, Ron, 253-258
De Gaulle, Charles, 26-28

De Klerk, Frederik, 217
Debray, Régis, 223
Deleuze, Giles, 193
Delgado Parker, Genero, 326
Delvaux, Paul, 182-186
Derrida, Jacques, 33, 34, 102, 195
Drieu La Rochelle, Pierre, 102, 129-132
Drot, Jean-Marie, 201
Duchamp, Marcel, 141, 234
Durrell, Lawrence, 307
Duvalier, François, Papá Doc, 53
Duvalier, Jean-Claude, Baby Doc, 53
Edwards, Jorge, 93, 99
Eliot, Thomas Stearns, 36
Elon, Amos, 167
Ensor, James, 182, 186
Enzensberger, Hans Magnus, 79-82, 85
Ferrara, Giuliano, 57-58, 60, 63
Ferraté, Gabriel, 17-19, 22
Ferraté, Joan, 309
Flaubert, Gustave, 66, 99, 101
Foix, Josep Vicenç, 17
Forbes, Steve, 148
Foster, E. M., 307
Foucault, Léon, 99
Foucault, Michel, 33, 34, 102, 194, 195
Fox, Vicente, 324
Freud, Lucien, 243
Friedman, Milton, 243
Fuentes, Carlos, 220
Fujimori, Alberto Kaynia, 29, 32, 176-179, 299, 301, 322-324, 326
Furet, François, 102

Galeano, Eduardo, 243
Gandhi, Indira, 50, 249
García de Meza, Luis, 63
García Hortelano, Juan, 19-22
García Márquez, Gabriel, 121, 124, 315
García, Alan, 174
Garvey, Marcos, 71
Gaviria, César, 323
Genet, Jean, 99
Ghelderode, Michel de, 186
Gide, André, 65, 131
Gil de Biedma, Jaime, 20-22
Gobineau, Joseph Arthur, conde de, 102
Goethe, Johann Wolfgang von, 39
Goldmann, Lucien, 194
Goldstein, 169
Gombrowicz, Witold, 18
González, Elián, 313-320
Goossens, Jan, 243
Goya, Francisco de, 231
Goytisolo, José Agustín, 275
Goytisolo, Luis, 20
Grange, Bertrand de la, 220, 223
Greene, Graham, 122
Gross, John, 39, 40, 42, 44
Guattari, Félix, 193
Guevara, Che, 221
Guimarães Rosa, João, 18
Gumucio, Juan Carlos, 169
Guzmán, Abimael, 173
Hadley, Jerry, 241
Halimi Serge, 243
Hayek, Friedrich August, 151
Heidegger, Martin, 130
Henschel, Johann Friederich, 105
Herrera, Hayden, 227, 228, 230

Herzen, Alexandr, 190
Herzl, Teodoro, 93
Himmelfarb, Gertrude, 33-34, 36-37
Hindley, Myra, 200
Hitler, Adolf, 40, 130, 219
Holdorf, Udo, 241
Hubbard, Ron, 161
Hugo, Victor, 65
Huizinga, Johan, 31, 268, 273
Hussein, Saddam, 196
Huston, John, 238
Iliescu, Ion, 111, 113-116
Ivcher, Baruch, 326
Jeanson, Francis, 194
Johnson, Paul, 108-109
Jones, Dame Gwyneth, 241
Joyce, James, 36, 140, 141, 192
Juan Carlos I, rey de España, 113
Juan XXIII, 183
Juana de Arco, la Doncella de Orléans, 99
Kafka, Franz, 18
Kemp, Jack, 148
Kevorkian, Jack, 285-286, 289
Khalo, Frida, 227-232
Kidman, Nicole, 161, 257
Kim Il Sung, 29, 115, 316
Kohatsu, Ricardo Anderson, 327
Kohl, Helmut, 106-107
La Madrid, Miguel de, 237
La Rosa, Leonor, 327
Lacan, Jacques, 102
Lanza del Vasto, Joseph Jean, 120
Lawrence, David Herbart, 192
Le Bon, Gustave, 102
Le Pen, Jean Marie, 29, 32, 99, 147
Leante, César, 315

333

Lenin, Vladímir Ilich Uliánov,
    37, 162, 230
Lessing, Doris, 144
Levi-Strauss, Claude, 102, 234
Lezama Lima, José, 235
Lida, Raimundo, 9
Lowry, Malcom, 238
Madonna, 220
Maeterlinck, Maurice, 186
Magritte, René, 182, 186
Mahoney, Jimmy, 244
Maistre, Joseph de, 102
Malfitano, Catherine, 241
Malraux, André, 131
Mallarmé, Stéphane, 22
Man, Paul de, 33, 36,
Mandela, Nelson, 211-217
Mañara, Juan de, 139
Mao Tse-tung, 115, 162
Marcos, Ferdinand, 53, 55
Marcos, subcomandante, Rafael
    Guillen Vicente, 219-221,
    223-225
Marías, Julián, 247
Marinetti, Filippo Tomaso, 124
Marley, Bob Nesta, 71-75, 77
Marlowe, Christopher, 22, 40
Martelaere, Anne-Marie de, 183
Martínez, Tomás Eloy, 120-123
Marx, Karl, 188
Matta, Roberto da, 275
Maurras, Charles, 102
Mbeki, Thabo, 215
Meciar, Vladimir, 32
Melgarejo, Mariano, 61
Michelet, Karl Ludwig, 37
Mihail I, rey de Rumania, 113
Mises, Ludwig von, 155

Mobutu, Sese Seko, 53, 55, 150
Molière, Jean-Baptiste Poquelin,
    103
Monet, Claude, 279-283
Montero, Rosa, 52
Montesinos, Vadimiro, 178, 179,
    299, 303, 322-323, 326
Montesquieu, Charles-Louis de
    Secondat, barón de, 101
Moon, Sun Myung, 159
Moori Koenig, Carlos Eugenio,
    122-123
Moreno Fraginals, Manuel, 315
Mortier, Gérard, 246
Munch, Edvard, 231
Muñóz-Nájar Pinillos, Lucía, 8
Naipaul, Pat, 266
Naipaul, Vidia S. 144, 265-269
Nasrim, Taslima, 46
Neruda, Pablo, 93, 120
Netanyahu, Benjamin, 171
Netanyahu, Bibi, 167
Nietzsche, Friederich, 275
Nono, Luigi, 246
Norris, Frank, 190
Ocampo, Victoria, 129
Odría, Manuel Arturo, 177, 178,
    324
Ofili, Chris, 199
Ortega y Gasset, José, 9, 69, 234,
    267, 268
Orwell, George, 219
Pascal, Blaise, 99
Pauley, Wilbir, 241
Paulhan, Jean, 131
Paz Estenssoro, Víctor, 61-63
Paz Zamora, Jaime, 62
Paz, Octavio, 7, 68, 233-239

Peres, Simon, 167, 170
Pérez Jiménez, Marcos, 300, 324
Pérez, Carlos Andrés, 301-302
Perón, Eva, 121-125
Perón, Juan Domingo, 122, 301
Perot, Ross, 29, 32
Pessoa, Fernando, 235
Petrarca, Francesco, 141
Picasso, Pablo Ruiz, 18
Pinochet, Augusto, 179, 243
Pitanguy, Ivo, 272
Pla, Josep, 17
Plano, Mortimo, 74-75
Poe, Edgar Allan, 91
Polanyi, Karl, 243
Polay, Víctor, 173
Pomés, Xavier, 295-296
Poniatowska, Elena, 230
Popper, Karl, 151, 152, 154, 157
Preste Juan, 72
Proust, Marcel, 36, 66
Puig, Manuel, 124
Queneau, Raymond, 189
Quevedo, Francisco de, 235
Rabelais, François, 275
Rabin, Isaac, 167, 170
Racine, Jean, 103
Raczymow, Henri, 65-69
Rafferty, Kevin, 54
Raimón, Ramón Pelegero, 20
Ras Tafari Makonnen, 71
Reagan, Ronald, 233, 237
Reinhard, Johan, 206-209
Rembrandt, 134
Revel, Jean-François, 99, 102
Reyes, Alfonso, 236
Riba, Carles, 18
Ribeyro, Darcy, 276

Rico, Maite, 220, 223
Rilke, Rainer Maria, 19
Rimbaud, Arthur, 66, 74, 231
Rivera, Diego, 227-230
Robespierre, Maximilien de, 102
Ruiz, Samuel, 223
Rusell, Bertrand, 27
Rushdie, Salman, 46
Russell Davies, Dennis, 241
Saarchi, Charles, 199
Sade, Donatien Alphonse
    François, marqués de, 99
Safire, William, 318
Saint-John Perse, René Auguste
    Léger, 131
Salazar, Fabian, 325
Salinas de Gortari, Carlos, 222,
    237
Sánchez de Lozada, Gonzalo, 62
Sartre, Jean-Paul, 9, 26, 27, 65,
    68, 100, 194, 234
Savater, Fernando, 92
Schiffer, Claudia, 175
Schulz, Werner, 107
Selassie, Haile, 71, 76
Semprún, Jorge, 234
Seurat, Jean, 202-203
Shakespeare, William, 22, 39-40,
    43-44, 88, 205
Siles Suazo, Hernán, 61
Sisulu, Walter, 216
Smirke, Sidney, 187
Smith, Adam, 154, 155, 243
Smith, Jenny, 244
Somoza, Anastasio, 58, 324
Soros, George, 151-152, 154-157
Soustelle, Jacques, 159
Spice Girls, las, 220

Spielberg, Steven, 196
Stalin, Iósiv Vissariónovic, 219, 230
Stein, Eduardo, 322
Steiner, George, 139-144
Steiner, Rudolf, 105
Stevenson, Robert, 91
Stone, Oliver, 225
Stroessner, Alfredo, 58
Szyszlo, Fernando de, 206
Tambo, Olivier, 216
Tàpies, Antoni, 17
Tellado, Corín, 12
Theroux, Paul, 265-270
Thomas, Hugh, 191
Tinguely, Jean, 142
Tocqueville, Charles Alexis Henri Clérel, señor de, 68, 101
Toledo, Alejandro, 322
Toscani, Olivero, 225
Touraine, Alain, 223
Touray, Fataumata, 291-297
Trask, Margaret Elizabeth, Betty Trask, 11-15
Travolta, John, 160
Trilling, Lionel, 33-34, 36-38,
Trostki, Liev Davídovich, 230
Troyes, Chrétien de, 99
Trujillo, Rafael Leonidas, 58, 116, 301, 321, 324

Tylor, J. P., 148
Unamuno, Miguel de, 68
Valéry, Paul, 65
Vallejo, César, 231
Van Gogh, Vicent, 134
Velasco Alvarado, Juan, 303
Velasco, José Miguel, 178, 179
Verdi, Giuseppe, 246
Vermeer, Johannes, 134-138
Verne, Jules, 183
Verwoerd, Hendrik, 211, 212
Vico, Giambattista, 37
Villaurrutia, Xavier, 235
Villiers, Philippe de, 82-83
Voltaire, François Marie Arouet, 65
Waigel, Theo, 106
Weber, Max, 25, 29-31
Weill, Kurt, 241-245
Wetter, Friedrich, 106-107
Whitmer, John, 224
Wilde, Oscar, 192
Wilson, Edmond, 37-38, 187, 188
Yeats, William Butler, 36
Yourcenar, Marguerite, 307
Zadek, Peter, 241
Zárate, Miguel, 206, 209
Zedillo, Ernesto, 222, 237
Zola, Emile, 65

Índice

Prólogo 7
Piedra de Toque 9
La señorita de Somerset 11
Sombras de amigos 17
La moral de los cínicos 25
Posmodernismo y frivolidad 33
Tragicomedia de un judío 39
Dios los cría 45
Ayuda para el Primer Mundo 51
Italia no es Bolivia 57
La muerte del gran escritor 65
Trench Town Rock 71
El príncipe agorero 79
Bajo el cielo de Jerusalén 87
La identidad francesa 97
La señal de la cruz 105
La casa de Ceaucescu 111
Placeres de la necrofilia 119
El viejito de los juanetes 127
Un paraíso burgués 133
Las profecías de Casandra 139
Los inmigrantes 145
El diablo predicador 151

Defensa de las sectas 159
Un paseo por Hebrón 165
Siete años, siete días 173
Señoras desnudas en un jardín clásico. 181
Epitafio para una biblioteca 187
La hora de los charlatanes. 193
Caca de elefante. 199
Una doncella 205
La isla de Mandela 211
La otra cara del Paraíso 219
Resistir pintando 227
El lenguaje de la pasión 233
La ciudad de los nidos. 241
El *nasciturus* 247
Nuevas inquisiciones. 253
El sexo débil. 259
Predadores 265
La erección permanente 271
La batalla perdida de Monsieur Monet 279
Una muerte tan dulce 285
Los pies de Fataumata 291
El suicidio de una nación 299
El alejandrino. 305
Vida y miserias de Elián 313
La inutilidad perniciosa 321

Índice bibliográfico 329
Índice onomástico 331

El lenguaje de la pasión terminó de imprimirse en abril de 2001, en Litográfica Ingramex, S.A. de C.V. Centeno 162, Col. Granjas Esmeralda, C.P. 09810, México, D.F.